불교로 바라본 생태철학

민족사학술총서 71

불교로 바라본 생태철학

남궁선

민족사

서문

20세기 후반부터 시작된 기후변화와 환경오염이 가져온 재해는 해가 갈수록 강도를 더해가고 있습니다. 인간의 탐욕심과 어리석음이 만든 인공재앙입니다. 자연을 착취해서 인간을 편하게 하려는 탐욕과 유한한 지구의 자원을 무한하다고 생각하는 어리석음이 합작한 결과가 바로 현재의 생태문제입니다.

결코 인간은 자연과 분리할 수 없는 존재입니다. 자연은 어머니의 품과 같습니다. 그것을 불교에서는 의정불이(依正不二)라 하여 자연과 나는 둘이 아니라고 표현합니다. 또 다른 표현으로는 이 세상은 인간만이 홀로 자연과 떨어져 살 수 없는 관계라 하여 연기(緣起)의 세계라고 합니다. 인간과 자연의 조화로운 삶이 필요한 이유입니다. 이러한 불교의 가르침을 통하여 현재 일어나고 있는 생태위기를 해결할 수 있는 방법을 모색해 보고자 합니다.

필자가 생태문제에 관심을 가지고 연구해 온 지 20년이 넘었습니다. 생명의 존중에 대한 가르침을 불교에서 배우고 나서입니다. 불교의 소욕지족 정신과 발우공양은 하나의 충격이었습니다. 필자는 인간의 생명만 소중한 것으로 알고 아픈 사람을 치료해 주는 의사로서, 다른 생명체들의 생명도 존중받아야 한다는 것을 불교를 통해서 문득 깨닫게 되었습니다.

소의(小醫)는 병을 다스리고, 중의(中醫)는 사람을 다스리고, 대의(大醫)는 나라를 다스린다는 말이 있습니다. 부처님은 의왕(醫王)입니다. 생태문제는 온 지구촌의 문제입니다. 이 생태위기를 다스리기 위해서 의왕의 지혜를 빌리는 것이 현명한 생각이라는 판단으로 불교의 연기법과 업 사상을 토대로 하고 그 밖의 여러 자료를 섭렵하여 이 책이 태어나게 되었습니다.

그 동안 수많은 분들의 도움이 있었습니다. 특히 박경준 지도교수님, 학형 이정희 박사님, 대학원에서 만나 15년 이상을 동고동락해 온 전옥배 선생님 그리고 친구 김성익 님의 지도와 편달에 감사드립니다. 이 책을 출판해 주신 민족사에도 심심한 감사를 표합니다.

2017년 햇살 따사로운 봄날
남궁선 두 손 모음

읽기 전에

불교교리에 친숙하지 않은 독자의 이해를 돕기 위해 본문에 나오는 불교 용어를 간단하게 풀어 보았습니다. 많은 참고가 되시길 바랍니다.

- **기세간(器世間):** 기세계(器世界)라고도 함. 무생물과 초목을 포함한 자연 세계를 말하며, 유정(有情, 생명체)이 사는 거주처를 그릇으로 생각하여 기세간이라고 부름.
- **무기업(無記業):** 선도 악도 아니어서 과보를 불러오지 않는 업.
- **무명(無明):** 무지, 어리석음, 번뇌. 진실을 보지 못하는 무지. 일체 사물에 대한 도리를 밝게 알지 못하는 것.
- **무아(無我):** 만물에는 고정 불변하는 실체(ātman)가 없다는 뜻으로 범어(梵語) 아나뜨만(Anātman)의 의역.
- **무상(無常):** 온갖 것들이 변해가며 조금도 머물러 있지 않음.
- **붓다:** 범어 붓다(Buddha)의 음역으로 불(佛), 불타(佛陀). 진리를 깨달은 사람, 석가모니 부처님.
- **사대(四大):** 대(大)는 원소를 의미함. 붓다 당시에 우주는 지수화풍(地水火風) 4가지 기본 원소로 구성되어 있다고 생각함.
- **사리불(舍利弗):** 부처님의 10대 제자로 지혜가 제일 뛰어 났음. 사리자(舍利子)
- **사생(四生):** 생명체가 태어나는 4가지 방법으로 태생(胎生), 난생(卵生), 습생(濕生), 화생(化生)이 있다. 태생은 인간이나 짐승처럼 태에서 태어나

는 것이고, 난생은 새처럼 알에서 태어나는 것이고, 습생은 장구벌레나 파리처럼 습한 곳에서 태어나는 것이고, 화생은 신(神)들이나 지옥 중생처럼 홀연히 변화되어 태어나는 것.

- **4성제(四聖諦):** 4가지의 성스러운 진리라는 뜻으로 고성제(苦聖諦), 집성제(集聖諦), 멸성제(滅聖諦), 도성제(道聖諦)가 있다. 고성제는 이 세상의 삶에는 고통이 있다는 진리, 집성제는 고통의 원인이 번뇌와 망집에 있다는 진리, 멸성제는 번뇌와 망집을 끊는 것이 깨달음의 경지라는 것, 도성제는 고통이 없는 세계에 이르기 위해서는 8정도(八正道) 수행을 해야 한다는 것.

- **4유(四有):** 유정(有情, 情識이 있는 생명체)이 죽고 다시 태어나는 과정을 4종류로 나눈 것. 생유(生有)는 어딘가에 태어나는 일순간의 존재, 본유(本有)는 태어나서 죽기 전까지의 존재, 사유(死有)는 죽을 때 최후의 일순간의 존재, 중유(中有)는 죽고 나서 다시 태어나기 전까지의 존재.

- **4제(四諦):** 4성제의 줄임말.

- **3계(三界):** 중생이 생사를 거듭하며 태어나는 3가지의 세계로 욕계(欲界), 색계(色界), 무색계(無色界)를 말함. 욕계는 3계 가운데 가장 밑에 있는 세계로 욕심이 번성한 세계이다. 욕계에는 지옥·아귀·축생·수라·인간·천상의 세계가 있어 이를 6도(六道) 또는 6취(六趣)라 부른다. 색계는 욕계 위에 있으며 욕심을 떠난 깨끗한 물질의 세계로 사선천(四禪天)이 있다. 무색계는 최상의 영역으로 물질을 초월한 고도의 정신적 세계이다. 4무색정(四無色定)의 수행을 닦는 사람이 태어나는 세계.

- **3독심(三毒心):** 탐·진·치(貪瞋癡) 즉 탐욕, 분노, 어리석음을 말함. 이는 인간을 파멸로 이끄는 독(毒)이 된다 하여 이를 3독 또는 3독심이라 함.

- **3법인(三法印):** 불교에서 주장하는 세 가지 진리로 제행무상(諸行無常), 제법무아(諸法無我), 열반적정(涅槃寂靜)을 말함. 제행무상은 마음과 물질 등의 모든 현상은 고정 불변하는 것이 아니라 생멸하고 변화하는 무상한 것이라고 생각함. 제법무아는 만유의 모든 법은 인연(연기)에 의해

서 생긴 것으로 실체인 자아가 없는 것. 열반적정은 모든 번뇌의 불꽃이 꺼진 평온한 마음 상태. 온갖 번뇌와 분별이 소멸된 마음의 상태를 말함.

- **3유(三有):** 3개의 생존영역으로, 여기서 말하는 유(有)는 마음을 가진 생물의 생존을 말함. 3유에는 욕유(欲有: 욕계의 생존), 색유(色有: 색계의 생존), 무색유(無色有: 무색계의 생존)가 있음. 3계 참조

- **3학(三學):** 불도를 닦는 사람이 반드시 닦아야 할 3가지 수행을 말하며 계학(戒學)과 정학(定學)과 혜학(慧學)이 있음. 흔히 계·정·혜(戒定慧) 3학이라 말함. 계(戒)는 악을 멈추고 선을 닦는 것이고, 정(定)은 심신을 정결히 하여 정신을 통일하고 잡념을 몰아내어 생각을 바르게 하는 것이고, 혜(慧)는 정결해진 마음으로 바르고 진실한 모습을 판별하는 것이다. 간단히 말하면 계를 잘 지켜서 마음을 가라앉혀 바른 세계관을 갖게 하는 수행법이다.

- **상락아정(常樂我淨):** 열반이 가져다주는 4가지 덕으로 상(常)은 생멸 변천함이 없는 덕을, 락(樂)은 생사의 고통이 없는 안락한 덕을, 아(我)는 망집의 아를 여의고 진아를 찾는 덕을, 정(淨)은 번뇌의 더러움을 여의어 담연청정(湛然淸淨)해지는 덕을 말함. 이를 열반 4덕이라고 말함.

- **12연기(十二緣起):** 12인연. 인간이 생로병사의 고통을 반복하는 원인을 추구하여 그 단계를 12가지의 항목으로 나누어 설명한 것. 무명(無明)을 원인으로 하여 12번째로 노사(老死)에 이르는 과정을 설명함.

- **12처(十二處):** 눈과 그 상대가 되는 물질, 귀와 그 대상이 되는 소리, 코와 그 대상이 되는 냄새, 혀와 그 대상이 되는 맛, 몸과 그 대상으로 촉감을 일으키는 것, 마음과 그 대상이 되는 것 등의 12가지를 말함. 즉 주관이 되는 6가지 기관인 6근(六根, 눈과 귀 등의 6가지 감각기관)과 6근 각각의 대상인 객관의 6경(六境)을 말함.

- **18계(十八界):** 인간 존재의 18개의 구성요소. 12처인 6근(六根)과 6경(六境)에 6식(六識)을 합한 것. 6식은 시각·청각·취각·미각·촉각과 마음의 식별 작용을 말함.

- **아라한:** 나한. 수행을 완성한 사람. 성자.
- **연기법(緣起法):** 불교의 가장 기본적인 교설이다. 모든 현상은 무수한 원인과 조건에 의해서 발생하는 것으로 독립 자존하는 것이 아니며, 여러 조건과 원인이 없어지면, 결과도 저절로 없어진다는 것.
- **5도(五道):** (아)수라를 지옥에 포함시켜 6도에서 수라를 뺀 것.
- **5온(五蘊):** 존재를 구성하는 5가지 집합체. 온(蘊)은 모임·적집(積集)을 의미함. 5온에는 색수상행식(色受想行識)이 있으며 색온(色蘊)은 존재의 모든 물질적 요소를 의미하며, 수온(受蘊)은 감각이나 감정을 말하고, 상온(想蘊)은 마음에 떠오르는 상으로 표상(表象)작용을 의미함. 행온(行蘊)은 의지작용, 식온(識蘊)은 인식(식별)작용을 의미함.
- **외도(外道):** 불교 이외의 다른 종교.
- **유정(有情):** 살아 있는 것으로 감정이나 의식을 가진 것을 말함. 중생과 같은 말. 인간과 동물.
- **유정세간(有情世間):** 유정이 살아가는 세계. 기세간(器世間)의 상대적인 말.
- **6도(六道):** 6취(六趣). 천상, 인간, (아)수라, 축생, 아귀, 지옥. 여섯 가지 생존방식으로 미혹의 존재인 중생들이 사는 형태이다.
- **이숙(異熟):** 선악의 원인에 의해 이루어진 행위가 선도 악도 아닌 무기(無記)의 결과를 생기게 하는 것. 결과의 성질이 원인 그 자체와 다른 까닭에 이같이 말함.
- **이숙과(異熟果):** 이숙인의 결과. 예를 들면 선악의 업력(이숙인)에 의해 태어나는 우리 몸은 선도 악도 아닌 결과이다.
- **이숙인(異熟因):** 도덕적인 의미에서 선악의 행위. 이숙인의 결과를 이숙과(異熟果)라 함.
- **인드라망(網):** 인드라라는 그물은 한없이 넓고 그 그물의 이음새마다 구슬이 달려 있는데, 그 구슬들은 서로를 비추어줄 뿐만 아니라 그물로써 서로 연결되어 있다. 그것이 바로 인간세상의 모습이라는 것이다. 우리는

마치 스스로 살아가는 것 같지만 실제로는 서로 연결되어 있으며 서로 비추고 있는 밀접한 관계이고 이러한 현상은 인간관계뿐만 아니라 세상과 인간의 관계도 마찬가지라는 것이다.

- **제행무상(諸行無常):** 마음과 물질 등의 모든 현상은 고정 불변하는 것이 아니라 생멸하고 변화하는 것.
- **탐·진·치(貪瞋癡):** 탐욕과 분노와 무지, 욕심과 화냄과 어리석음. 이것은 마음에 독이 되는 세 가지라 하여 3독(三毒) 또는 3독심(三毒心)이라고도 함.

목차

I. 머리말

지구촌의 기상이변은 나날이 지난날의 기록을 갱신하고 있다. 여름과 겨울이면 혹심한 더위와 추위가 나타나고, 봄과 가을은 실종되어 가고 있다. 현재와 같은 상태로 환경과 생태문제가 방치된다면 2060년경에는 북극의 빙하가 모두 녹아내려 북극권의 수많은 생물들이 멸종될 뿐만 아니라 해수면 상승으로 인류의 생존을 위협하는 지역이 발생할 것으로 전문가들은 예측하고 있다.[1]

유엔이 '사막화 방지협약' 제정 10주년을 맞아 보고한 자료에 의하면 지구표면의 ⅓이 사막으로 변해버릴 위험에 처해 있고, 1970년대보다 2배나 빠른 속도로 사막화 현상이 진행되고 있으며, 20년 뒤에는 아시아 땅의 약 33%가 사막으로 변할 가능성이 있다고 전망했다.[2]

'지구생명보고서 2014'에 의하면 지구생명지표(Living Planet Index, LPI)가 1970년 이후 52%나 하락한 것으로 나타났다. 지구생명지표(LPI)는 대표적인 포유류, 조류, 파충류, 어류 1만여 종을 선별하여 측정하는데, 이와 같은 감소 양상은 두 세대도 채 되지 않

---

1) *TIME*, October 3, 2005, "Are we making hurricaines worse?: The impact of global warming."
2) 2004년 6월 17일, 한겨레신문.

은 기간에 척추동물 종의 개체수가 절반으로 감소했음을 알려주고 있다.

환경의 오염은 인류의 건강에도 영향을 미쳐 인간의 생존 여부까지 염려할 상황에 이르렀다. 식품의약품안전청(식약청)이 연세대학교 의과대학 비뇨기과에 의뢰한 연구결과에 의하면 "건강한 20대 한국 성인 남자 중 약 54%에서 정자의 활동성이 국제의학기준에 미달할 정도로 떨어져 있는 것으로 나타났다."라고 발표했다.[3] 이는 환경오염 물질이 비뇨생식기계에 직접 작용하여 인류의 존속을 위태롭게 할 수 있다는 것을 의미한다.

어떤 보도를 접하더라도 지구촌의 미래에 대한 밝은 전망은 찾아보기 어렵다. 이는 현재의 생태위기가 인간의 생존을 위협하고 있음을 예고해 주는 징표라고 할 수 있을 것이다. 현 상황이 개선되지 않는 한 환경악화로 인한 각종 재해는 기존의 어떤 질병이나 전쟁보다도 훨씬 더 심각한 피해를 가져올 것으로 예상된다.

환경문제의 심각성은 그 용어에서도 잘 나타난다. 그린피스의 창설자인 로버트 헌터(Robert Hunter)는 '종교로서의 생태학'이라는 표현을 사용했으며, 스코리모프스키(Henryk Skolimowski)도 그와 비슷한 맥락에서 생태학을 '우리 시대의 종교'라고 했고 종교학자 김종서 또한 '환경교'라는 용어를 사용했다.[4] 종교란 이성적인 분석을 통해서 합리성을 따지기보다는 현실에 대한 직시와 실천이 중요한 분야이다. 생태문제도 그와 같이 다루어져야 한다는 것이다.

---

3) 연세의대 비뇨의과학 연구소(이무상 외 13명), 「한국 남성의 정자수와 비뇨기계질환관련 연구(Ⅴ)」『내분비계장애물질연구보고서 Vol 5, 2003』, 261쪽.
4) 소기석, 「현대환경윤리의 종교학적 고찰」(서울대학교 종교학과 박사학위 논문, 2004), 97쪽.

생태학이 곧 종교라는 말은 인간이 자연을 지배할 수 있다는 생각이 환상임을 깨달았다는 것이며, 자연을 벗어나서 인간의 존립은 불가능하다는 것을 자각했음을 의미한다. 이제 생태문제는 현 시대의 피할 수 없는 화두로 등장하여 모든 분야의 핵심 주제로 다루어지고 있다.

　산업문명은 인류에게 일찍이 경험하지 못했던 풍요로움과 편리함을 제공하였지만 그 부작용으로 나타난 어두운 그림자는 인류의 존립을 위태롭게 만들고 있다. 산업문명의 혜택은 자연자원을 활용함으로써 이루어진 것이고, 자연자원의 활용 뒤에는 자원의 고갈이 뒤따르고 원치 않는 폐기물이 배출되어 생태계에 악영향을 미치기 때문이다.

　인간의 자연파괴는 문명생활의 출발과 함께 시작되었지만 지금과 같이 심각한 생태문제를 불러일으킨 것은 과학이 주도한 산업문명 이후에 벌어진 일이다. 과학의 발달은 자연에 입혀 있던 신비로운 옷을 벗겨버렸고 종교가 지녔던 과거의 권위를 대부분 상실하게 만들었다.[5]

　이에 따라 욕망의 제어를 미덕으로 삼던 종교의 역할은 왜소해졌고, 그 대신 인간의 욕망 충족에 주도적인 역할을 하는 경제문제가 최우선 가치로 대두하게 되었다. 영리를 목적으로 하는 자본주의 경제가 이끄는 현대사회는 물질적인 재화의 소유와 소비의 양을 행복의 양으로 삼고 있다.

　이러한 경제 중심적 사고는 바로 인간 중심의 욕망에서 비롯된 것

---

5)　윤원철, 「현대 한국불교의 사회적 역할」『회당학보』 6집(서울: 회당학회 (2000), 134쪽.

이다. 하지만 생태문제는 인간을 포함한 모든 생물종이 공존공생하자는 생존의 문제로, 인간의 욕망 충족을 전제로 하는 경제문제와는 차원이 다르다. 인간 우선주의로 자연을 바라보는 것은 인간과 자연의 상의상관성(相依相關性)을 염두에 두지 않기 쉽다. 이러한 문제를 불교적인 시각에서 분석해 보자는 것이 이 책에서 말하고자 하는 주제이다.

물론 2600년 전 불교가 태동할 당시에는 환경오염이나 생태문제가 대두되지 않았다. 그 당시는 인구가 적었을 뿐만 아니라 인류 모두가 자연의 자정능력이나 재생능력을 거스르지 않고 자연친화적인 삶을 영위하고 있었기 때문이었다. 그러나 지금은 상황이 그때와 판이하게 달라 지구상의 모든 생명체들이 인간이 야기한 환경오염으로 고통을 받으며 생존의 기로에 서 있다.

불교의 궁극적인 목표는 고통을 해결하는 데 있다. 그렇다면 현 생태문제로 인한 고통의 해결에 불교의 지혜를 빌려 그 타개책을 모색할 수 있을 것이다. 불교는 관념론이라기보다는 현실론이요, 실천론이라고 할 수 있다. 그래서 시급히 실천해야 할 일은 여러 가지 생각이 필요하지 않다는 것을 강조하기도 한다. 예를 들어 어떠한 사건이 발생했을 때 곧바로 시행해야 될 일이 무엇인지를 설명하는 내용이 『중아함경』 권60의 「전유경(箭喩經)」에 나오는 독화살 비유이다.[6] 독화살을 맞은 사람은 그 화살을 빨리 잡아 빼는 것이 가장 시급한 일이다. 그 화살을 누가 쏘았는지 또는 그 독약의 성분이 무엇인지 등등을 따지는 것은 차후에 생각할 문제라는 것이다.

---

6)　『大正藏』1, 804下.

그와 같이 생태문제 역시 관념보다는 실천이 중요하다. 따라서 실천을 중요시하는 불교의 근본이념을 현 시점에서 재조명하여 생태문제의 원인과 해법을 제시하고자 한다. 그것이 바로 불교가 중생을 고해(苦海)에서 건져낼 수 있는 사회적 역할이라 생각되기 때문이다.

업사상은 불교 성립 이전부터 인도인들이 믿어 왔던 인도의 전통사상이다. 불교는 기존 인도의 업사상을 창조적으로 수용하여 인간의 고통 해소에 기여하고자 하였다. 이 책에서는 불교 성립 당시의 업사상에 대한 교설 내용을 윤리적인 측면에서 조명해 보고 그 재해석을 통하여 생태문제에 적용해 보고자 한다.

생태학은 서양에서 태동했고 서양인들이 주도적으로 전개해 왔다. 그렇기 때문에 지금까지 생태문제를 다룬 대부분의 학문은 서양적인 사고와 그들의 전통문화에 근거하여 연구되었고, 그들의 연구 경향에 맞춰서 논리를 개발 정리하는 경우가 대부분이었다. 그러나 이 책에서는 서양 생태철학의 이해나 분석보다는 불교 사상에 입각하여 생태문제를 다루어보고자 한다. 왜냐하면 기존 생태철학에서 주장하는 바와 같은 서양인들의 자연관이나 생명관만 가지고는 생태문제의 해법에 한계를 드러내고 있기 때문이다.

불교는 연기법(緣起法)을 근간으로 하여 3법인(三法印)을 주창하면서 4성제(四聖諦)를 통하여 인류가 갖고 있는 고통에 대한 해법을 제시하고 있다. 업사상이 불교에 도입되어 채용된 것도 이에 뿌리를 두고 있다. 따라서 업사상이 불교교설과 어떤 관계가 있는지 먼저 간략히 논하고, 이어서 생태적인 관점에서 업에 대하여 논하려 한다.

장구한 불교의 역사 속에서 업에 대한 논의는 다양할 수밖에 없다. 그래서 이 책에서는 생태문제를 불교적인 시각에서 조명하기 위한 자료로 초기불교 경전을 비롯하여 시대에 제한을 두지 않고 그 이후의 경전과 논서(論書)를 자료로 선택하였다. 그리고 신문이나 잡지 등에 보도된 시사성이 있는 자료를 참조하여 현재 나타난 생태문제의 심각성을 부각시키려 한다.

본 저술은 업사상에 대한 교학 차원의 연구에 목적이 있지 않고 업사상의 적용을 통하여 생태문제의 원인 및 해법을 제시하는 것이 주목적이므로 업의 근본원인이 되는 탐욕·분노·어리석음[貪瞋癡] 문제와 관련해서는 생태위기의 발생 원인과 연관 지어 분석해 보았고, 업의 행위에 따른 분류법인 신·구·의(身口意) 3업(三業)과 관련해서는 각 업의 재해석을 통하여 새로운 관점에서 생태적인 접근을 시도하였다. 업이 미치는 범위에 따른 분류법인 불공업(不共業)과 공업(共業)의 연구에서는 업의 분석을 통하여 업이 자기를 결정해 줌과 동시에 업에는 사회성과 책임성이 있음을 강조하였다. 아울러 불공업에 의해 성립되는 유정(有情)의 구성요소인 5온(五蘊)의 무상성을 모르는 어리석음으로 생태위기가 초래됨을 밝히려 했다. 이러한 모든 생태문제의 종착점은 종의 소멸로 연결됨을 밝혀서 종의 소멸을 막을 수 있는 대책을 강구하는 것이 인간이라는 생물종의 생존에 필수적이라는 논리를 전개하고자 한다.

II. 불교의 업사상(業思想)

업(業)은 유정(有情)의 의지적 행위, 좁게 말하면 인간의 의지적 행위를 말한다. 즉 무명(無明)에 덮인 인간들이 분별된 삶을 살아가는 과정이 바로 업이다. 그러므로 바람에 나부끼는 낙엽의 움직임을 업이라고 말하지 않는다. 또한 붓다나 아라한(arahan) 같은 깨달은 사람들의 행위를 업이라고 하지도 않는다.

붓다의 행위는 무명에 덮인 이기적인 행위가 아닌 무루행(無漏行)이다. 그래서 붓다의 행위는 불행(佛行)이라 하고, 아라한과 같은 깨달은 자의 행위는 법행(法行)이라 한다.

인간이 살아가는 행위를 업이라고 한다면, 업사상은 어떻게 하면 인간이 참다운 인간으로 살아갈 수 있는 것인지를 제시한 교설이다. 그러므로 업사상은 인간과 환경 나아가서는 온 우주의 개조론이라고도 할 수 있다. 살아가는 자신의 삶과 행동을 성찰하고 자유의지로 그를 개선하도록 하기 때문이다. 즉 업은 새롭게 펼쳐질 미래를 준비하는 과정이라고 할 수 있다. 자유의지에 의해 행해진 업의 결과를 자기가 책임진다는 것이 업사상의 근간이다. 따라서 업사상에서 가장 중요한 것은 인간의 행위는 반드시 그 결과를 본인이 책임져야 한다는 인과율이다.[1]

붓다는 교단을 출범할 당시부터 업사상을 중요시했다. 그는 다른 종교를 신봉하던 사람이 개종을 하고 불교교단에 들어오기 위한 선행절차로 석 달 동안의 교육기간을 거치도록 하였지만 인과업보설을 인정하는 사람에게는 바로 입단을 허락하였다.[2] 이러한 사실로만 미루어보아도 불교에서 업사상은 모든 교설을 전개하기 위한 기본사상임을 알 수 있다.

붓다 당시는 사상적 혼란이 극에 달했던 시대였다. 『별역잡아함경』 권3에 의하면 왕사성에 96종이나 되는 종교집단[外道]이 있었다 한다.[3] 『장아함경』 권14에서는 이를 사상적으로 분류하여 62견(見)이라고 말하였다.[4] 이들을 대표하는 부류들이 바로 6사외도(六師外道)였다.[5] 그리고 바라문교를 포함한 그 당시의 모든 종교사상을 세 가지로 크게 분류한 것이 『중아함경』의 「도경(度經)」에 있는 1)인간은 태어나면서 운명이 정해져 있다는 숙명론(宿命論, 宿作因論) 2)모든 것은 신의 뜻에 달려 있다는 신의론(神意論, 尊祐化作論) 3)모든 것은 우연히 발생한다는 우연론(偶然論, 無因無緣論)의 3종 외도설이다.[6]

이러한 사상적 혼란은 중생들을 혼돈과 고통으로 몰아넣었다. 이들을 고통에서 구하는 것이 붓다로서는 시급한 일이었다. 붓다는 이

---

1)   정승석, 「업의 합리성 분석」 『동국사상』 제12집(서울: 동국대학교 불교대학, 1979), 61쪽.
2)   水野弘元, 「業說について」 『印度學佛敎學硏究』2卷2號, 通卷4號(東京: 日本印 度學佛敎學會, 1954), 466쪽.
3)   『大正藏』2, 390中.
4)   『大正藏』1, 89下.
5)   『沙門果經』
6)   『大正藏』1, 435上-中.

들을 고통으로부터 해방시키기 위한 방법으로 출가자를 위해서는 4
성제(四聖諦) 체계의 교설을, 재가자를 위해서는 주로 업사상 체계의
교설을 설하였다.

1. 불교의 연기설(緣起說)과 업사상

불교경전이 아무리 방대할지라도 그 내용은 연기설을 근간으로 하
고 있다. 따라서 불교의 업사상이 연기설의 바탕 위에서 전개되어야
함은 물론이다. 불교는 인간이 받는 고통과 즐거움은 각자가 지은 업
의 과보라고 말한다. 『장아함경』 권14에 세존은 "고통과 즐거움이 연
기로부터 생긴다.[7]"라고 말하였다. 이를 통해서 업은 연기의 원리와
법칙에 근거해서 성립된다는 것을 알 수 있다. 마찬가지로 『상응부경
전』에서도 업을 짓고 과보를 받는 과정을 다음과 같이 설명하고 있다.

> 친구 사리뿟따여, 어떤 사문·바라문들은 업론자(業論者)로서, 즐
> 거움과 괴로움은 스스로 지은 것이라고 말하고 있다. 또 친구 사리
> 뿟따여, 어떤 사문·바라문들은 업론자인데 즐거움과 괴로움은 남
> 이 지은 것이라고 말하고 있다. 또 친구 사리뿟따여, 어떤 사문·바
> 라문들은 업론자로서 즐거움과 괴로움은 스스로 지은 것이며 또한
> 남이 지은 것이라고 말하고 있다. 친구 사리뿟따여, 어떤 사문·바
> 라문은 업론자인데 즐거움과 괴로움은 스스로 지은 것도 아니요,
> 남이 지은 것도 아니고 우연히 생긴 것이라고 말하고 있다. 그런데
> 세존께서는 어떻게 말씀하시는가?[8]

---

7)　『長阿含經』卷14, 『大正藏』2, 93下: 世尊說苦樂從緣起生.
8)　SN Ⅱ. p.38.

위의 질문에 사리불(사리뿟따)은 업에 대한 붓다의 관점을 다음과 같이 밝히고 있다.

> 친구여, 세존은 즐거움과 괴로움이란 '원인[緣]'이 있어서 생기는 것 [緣已生]'이라고 하신다. 무엇에 연하는가? 접촉을 연하는 것이라고 말하면 세존의 말씀이다.[9]

위의 대화를 통하여, 우리는 업에 의해 생기는 즐거움과 괴로움은 나[我]라는 주체가 있어서 단독으로 만들어진 것이 아니고, 수많은 인연이 작용[衆緣和合]하여 생기게 된다는 것을 알 수 있다. 즉 업과 윤회는 연기의 도리에 의해서 전개되는 것이다. 이에 대하여 경전에서 다음과 같이 말하고 있다.

> 비구들이여, 이 신체는 너희들의 것이 아니며 또 다른 사람의 것도 아니다. 비구들이여, 이것은 선업(先業)에 의하여 조작된 것, 선업에 의하여 생각된 것, 선업에 의하여 감수된 것이라고 알아야 할 것이다. 비구들이여, 그러므로 성제자(聖弟子)는 연기를 듣고서 잘 사념(思念)하라. 이렇게 이것이 있기 때문에 저것이 있고, 이것이 생기기 때문에 저것이 생기고, 이것이 없기 때문에 저것이 없고, 이것이 멸하기 때문에 저것이 멸한다.[10]

위의 내용에서도 마찬가지로 연기의 도리에 의해서 업이 성립되는 것을 알 수 있다. 연기설에 입각하여 본다면 무아(無我)사상과 업사상은 서로 모순됨이 없이 어울릴 수 있는 불교교리이다. 인도의 전통적인 업은 유아(有我)사상에 근거하지만 불교의 업설은 무아사상과

---

9) SN II. p.38.
10) SN II. p.95.

연기설에 근거를 두고 있다.

불교에서 말하는 업은 인간이 일상적 삶을 전개하는 과정이다. 현상세계에서 벌어지는 생태문제 역시 인간이 벌이는 일상생활과 관계없이 발생하는 일이 아니다. 우리의 행위(업)와 과보는 경전에서 12연기법과 관련하여 다음과 같이 서술되고 있다.

> 까사빠여, '짓는 자와 받는 자가 동일하다'는 것은, 처음부터 '고통은 스스로 지은 것이다'라고 말하는 자들의 주장으로서, 이같이 말하는 자는 상주(常住)에 떨어진다. 까사빠여, '짓는 자와 받는 자가 다르다'라고 주장하여 (내가) 고통을 받는 것은 '(그) 고통은 남에 의해서 지어진 바이다'라고 말하는 자의 주장으로서, 이같이 말하는 자는 단멸(斷滅)에 떨어진다. 까사빠여, 여래는 이러한 두 극단을 가까이 하지 않고 중도에 의해 법을 설한다. 무명을 연하여 제행(諸行)이 있고, 제행을 연하여 식(識)이 있으며, … 이렇게 하여 이 모든 고통의 원인[集因]이 있다. 무명이 없어지면[止滅] 제행이 없어지고, 제행이 없어지면 식이 지멸하며, … 이렇게 하여 이 모든 고통이 지멸한다.[11]

여기에서 불교의 업사상이 추구하는 바가 한층 더 분명해진다. 불교경전에 의하면 업은 인연에 의해서 이루어지며 과보는 그에 따라 좌우된다고 말한다. 업이란 인간의 무명(無明)으로 시작된 행위에 의해 발생하게 되는 것이다.

> 현자들은 이와 같이 업을 여실히 본다. 그들은 연기를 보는 자들이며, 업의 과보를 숙지하고 있는 자들이다.[12]

---

11) SN Ⅱ. p.19.
12) Suttanipāta, v.653.

모든 짐승의 발자국이 코끼리 발자국 안에 들어가듯 불교의 교설은 연기법을 벗어날 수가 없다. 업사상 또한 그렇다. 지혜를 가지고 조금만 자세히 들여다보면 업이란 연기로 이루어진다는 것을 알 수 있다. 위의『숫따니빠따』653송(頌) 앞에 나열된 여러 송의 내용 중에 여러 가지 직업을 열거하면서 그 직업은 혈통보다는 행위에 의해서 결정된다고 말한다. 사람의 운명 역시 행위에 의해서 좌우되는 것은 내세까지 말할 것도 없이 당장 현세만 보아도 알 수 있다고 말한다.『잡아함경』권12에서도 마찬가지이다.

> 비유하면 마치 3개의 갈대가 아무것도 없는 땅 위에 서려고 할 때 서로 의지해야만 설 수 있는 것과 같다. 만일 그 가운데 1개의 갈대를 제거해 버리면 나머지 2개도 역시 서지 못하고, 2개를 제거하면 하나도 역시 서지 못한다. (그 3개의 갈대는) 서로 의지해야 설 수 있는 것이다.[13]

　위의 갈대 비유는 식(識)과 명색(名色)의 상호 의존성을 설명하기 위해 예를 들면서 나오는 말이기는 하지만 이 비유를 통해서 무정물(無情物)인 갈대조차도 땅 위에 서 있기 위해서는 서로 의존해야 가능하다는 것을 보여주고 있다. 더욱이 생명체[有情]들이 태어나거나 살아가는 과정은『화엄경』에 표현되어 있는 인드라망처럼 복잡한 상호의존성을 유지하면서 이루어지는 것이다. 모든 것들은 서로 영향을 주고받으며 존재하게 되는데 이러한 법칙을 연기법이라 한다.

　이로 보면 연기법은 요즈음 새로운 학문으로 등장한 복잡계의 또다른 표현이라고 말할 수 있다. 궁극적으로 연기법은 우주 전체를 하

---

13) 『大正藏』2, 81中: 譬如三蘆立於空地 展轉相依 而得竪立 若去其一 二亦不立 若去其二 一亦不立 展轉相依 而得竪立.

나의 생명현상으로 보는 세계관이다. 연기법은 공존의 원리이며 조화의 원리이기도 하다. 존재들 간에 서로 조화를 이루지 못할 때 존재는 공존할 수 없다는 것을 말한다. 연기법은 생물과 무생물, 인간과 자연을 막론하고 모든 존재의 공존에 필요한 보편적인 법칙이다.[14]

연기(緣起)는 '다른 것과의 관계에 의존하여 일어남'을 뜻한다. 이것은 상호연관성은 물론 조건성을 표현한다. 그러므로 불교의 연기론적 관점에서는 자연과 인간의 관계에서도 이분법적(二分法的) 사고가 용납되지 않는다. 그것이 바로 불이사상(不二思想)이다. 그러므로 불교에서는 자연을 인간이 의지해야 할 대상이라 하여 의보(依報)라 부르고, 인간 즉 유정을 의지의 주체라 하여 정보(正報)라 부른다. 이들 둘은 서로 분리될 수 없는 하나라고 생각하여 의정불이(依正不二)라 한다.

그렇기 때문에 우리는 인간들끼리는 물론이고 자연과도 영향을 서로 주고받는 유기적 존재로 살아가는 것이다. 이러한 것에 대한 깨달음이 불이사상의 지향점이다. 그래서 '불교는 이것과 저것 사이의 간격을 좁혀 하나가 되려는 노력'[15]이라 할 수 있다.

유정(有情, 正報)이란 본래 6도를 윤회하는 모든 생명체를 말하지만 좁은 의미로는 우리 인간을 가리킨다. 우리 인간의 마음[心] 작용이 물질[色, 생물체와 기세간]에 반영된다. 또 그 물질은 우리의 마음과 서로 영향을 주고받는다. 이러한 현상 때문에 물질과 마음이

---

14) 윤호진, 「환경문제의 불교적 조명」『20세기 문명과 불교』(서울: 동국대학교 출판부, 1997), 451쪽.
15) 서윤길, 「밀교의 교학적 위상과 그 특성」『한국불교학』제20집, 277쪽.

둘이 아니라고[色心不二] 불교는 말한다. 즉 의정불이나 색심불이는 존재들 간의 상의상관성(相依相關性)이나 상호의존성(相互依存性)에 의하여 나타나는 결과다. 따라서 이러한 용어들은 불교에서 말하는 연기법의 또 다른 표현이라고 말할 수 있다. 연기설에 입각한 불이사상은 현대물리학의 연구에서도 입증되고 있다.

현대물리학에서 밝혀낸 바와 같이 인간은 자연으로부터 분리된 별개의 존재가 아니다. 이 둘은 연기법에 의해서 이루어진 나눌 수 없는 존재이다. 그 역사를 보면 이 우주도 영원히 존재했던 것이 아니라 약 150억 년 전 대폭발(大爆發, Big Bang)에 의해 생겨났으며, 우주의 생성 초기에는 지금 우주를 이루고 있는 모든 물질들이 극소의 크기 속에 같이 모여 있었다고 한다. 불교에서 말하는 천지가 나와 더불어 하나의 뿌리이고 만물이 나와 더불어 한 몸[天地與我同根 萬物與我一體][16]이라는 말과 다르지 않다. 이렇게 시작되었으니 우주가 아무리 넓다 하여도 결국 하나라는 것이다.

우리 태양계가 속한 은하는 직경이 약 10만 광년 정도로 그 속에는 태양과 같은 항성만도 1000억 개 정도 있으며 우주에는 그와 같은 은하가 또 약 1000억 개가 있다고 한다. 불교에서 말하는 삼천대천세계(三千大千世界)와 똑같은 우주이다. 또 우주는 비국지성(非局地性)이어서 우주의 어느 구석에서 일어나는 아무리 작은 일이라도 우주 전체와 연결되어 있으며 아무리 작은 부분 속에도 우주 전체의 모습과 정보가 들어 있는 쪽거리(Fractal) 구조로 되어 있다는 것이 밝혀졌다. 이것은 불교에서 말하는 미세한 먼지 속에도 온 우주

---

16) 『肇論』, 『大正藏』45, 159中.

가 들어 있다[一微塵中含十方]거나 하나가 곧 모든 것이고 모든 것이 곧 하나[一卽多多卽一]라는 사상과 마찬가지로 생태계는 우리의 몸과 분리될 수 없는 존재라는 것을 증명해 준다.

또 최근에 비생명체 속에서는 시간에 따라 무질서의 양이 증가한다는 엔트로피 증가의 법칙에 따르지 않고 오랜 세월 속에서도 평균 온도나 공기 중의 산소와 질소의 비율을 비교적 일정하게 유지하고 있는 것 등에 비추어, 지구 자체를 하나의 생명체로 보아야 한다는 데서 더 나아가 우주 전체를 하나의 생명체로 보아야 한다는 주장도 제기되고 있는 것도[17] 불교적인 시각에서 보면 당연한 것이다.

불교에서는 일체 중생이 불성이 있어서[一切衆生有悉佛性] 풀과 나무도 부처가 될 수 있는 것[草木成佛]은 물론이요, 기왓장이나 돌과 같은 무정물들도 부처가 될 수 있다고 오래 전부터 말해 왔기 때문이다. 또 이들은 상호의존적 존재이고 상호상관성에 의해 영향을 주고받는 연기적인 존재이다. 불성(佛性)의 생태적 해석은 모든 생물이나 무생물이 생태계에서 나름대로의 각자 맡은 역할이 있는 것이지 쓸모없이 존재하는 것은 아무 것도 없다는 것을 나타낸다.

자연을 포함한 생태계는 우주 대폭발 이래로 장구한 세월에 걸쳐서 이루어진 진화의 산물이다. 진화는 상호간에 영향을 주고받으면서 진행되는 현상이다. 생태계는 일단 파손되고 나면 상호의존성에 손상을 입어 부조화를 초래하게 된다.

생태계에 나타나는 연기론적인 현상을 영국의 과학자 러브록(James Lovelock, 1919~)은 그리스 신화에 등장하는 대지의 여신

---

17) 임성빈, 「정신과학이야기」『경기고 58회 졸업 40주년 기념문집』(경기고 58회 졸업생, 2003), 294~295쪽.

가이아(Gaia)를 차용하여 상의상관성(相依相關性)과 유사한 개념의 가이아 가설(假說)을 발표하였다. 그는 생물권을 하나의 생명현상으로 보았다. 즉 그는 우리가 사는 지구는 화학적·물리적 환경을 조절함으로써 스스로 건강하게 지낼 수 있는 능력을 가진 유기적인 조직체라고 주장하였다.[18] 여기에서 더 나아가 미국의 기상학자 로렌츠(Edward Lorenz, 1917~2008)는 사소하게 시작된 하나의 현상이 서로 영향을 주고받으면서 엄청난 결과를 가져올 수 있다는 나비효과(butterfly effect)를 발표하였다. 이는 어느 현상이건 주위환경과 영향을 서로 주고받지 않을 수 없다는 상의상관성의 원리에 근거한 것이다.

이러한 가설은 불교의 기본적 교리인 연기사상과 상통하는 내용이다. 현대의 과학자들이 이러한 주장을 하기 훨씬 이전부터 불교계에서는 이미 그러한 사실을 당연한 것으로 여기었다. 8세기 인도의 중관학파 논사인 샨띠데와(Shantideva, 寂天)는 이미 연기사상을 전 우주에 적용시켜 우주를 단일한 생명을 가진 유기체로 생각하였다.[19]

모든 것은 서로 의존적이어서 독립적으로 존재할 수 있는 것은 아무것도 없다[諸法無我]. 일체의 모든 현상적 존재는 그 생성의 원리가 서로 의지하고 도와주는[相依相資] 관계이므로 한 부분이 파멸할 때 다른 나머지 부분도 그 영향을 받는 것은 당연한 이치다.[20] 또한

---

18) 유진 오덤/이도원·박은진, 『생태학』(서울: 사이언스북스, 2003), 87쪽.
19) Edited by Martine Batchelor and Kerry Brown, Buddihism and Ecology, (Delhi: Motilal Banarsidass Publishers Private Limited, 1994), p.37.
20) 서윤길, 「평화와 협조의 원리로서의 불교」『동국사상』제7집(서울: 동국대학

연기사상에 입각한 불이사상(不二思想)에서는 생태 구성원들의 관계를 포식자(捕食者)와 피식자(被食者), 해충과 익충, 아군과 적군으로 나누어 생각하지 않는다. 그러한 분류는 단지 인간의 어리석음에 의한 분별일 뿐이다. 이들은 생태계의 조화로운 공존을 위해 각각 맡은 바의 역할을 수행하는 생태계의 소중한 구성원이다. 약육강식의 입장에서만 생태계를 바라보는 것은 생태계의 질서를 교란시키는 지름길이다. 무엇보다도 현재의 생태위기는 상호 의존적인 생태계의 조절작용이 파괴되면서 야기된 것이다. 그 예를 들어보자.

> 사슴을 잡아먹는 늑대를 소탕하면 사슴의 수가 늘어 사냥꾼의 천국이 될 것이라는 생각을 하여 늑대를 모두 죽였다. 그러나 사슴이 지나치게 증가하여 먹이가 충분하지 않게 되어 많은 사슴들이 굶어죽게 되었다. 늑대가 있었을 때보다 사슴이 더 감소하게 되었다.[21]

야생의 세계에서 잡아먹고 먹히는 먹이사슬은 상호의존적인 관계에서 벌어지는 자연스런 생태현상이다. 생태계에서 벌어지는 생명의 죽임은 생명의 살림으로 이어진다. 그러나 인간이 개입한 생태계는 그렇지 않다. 인간만이 지구상에서 적수가 없는 포식자로 군림하고 있기 때문이다. 폭군이라는 용어가 더 적절한 표현일지도 모른다. 동식물들이 취할 수 있는 어떠한 방어와 도피의 수단도 인간의 공격을 피할 수 있는 방법은 없다. 다른 생명체들이 인간의 포위망을 피해서 마음 놓고 편안히 지낼 수 있는 피난처는 어느 곳에도 없다.

그러므로 인간이 다른 생물체들과 맺고 있는 포식과 피식 관계는

교불교대학, 1976), 96쪽.
21) 가토우 히사타케 / 한귀현, 『환경윤리』(서울: 동남기획, 2001). 172쪽.

연기적 관계를 초월하여 벌어지는 일방적인 현상이다. 그래서 인간이라는 생물종은 과학의 발전에 힘입어 더욱 더 번창할 수 있다고 생각하기 쉽다. 그렇지만 이는 국소적·근시안적인 소견일 뿐 인간 역시 상호의존적인 관계를 벗어나 따로 생존할 수 있는 존재가 아니다.

생명체들이 연기적 관계를 유지하고 있는 생태계의 현장을 보면 개체생명의 유지 차원보다는 더 커다란 틀 속에서 균형과 조화가 유지되고 있다는 것을 알 수 있다. 자연현상에서 벌어지는 개체생명의 파괴는 일방적 번영이 아닌 조화를 이루기 위해 어쩔 수 없이 벌어지는 생태계의 순환현상으로 생물종의 유지에 필수적인 생명살림의 현상이라고 말할 수 있다.

연기법은 모든 현상에 적용되는 진리이다. 붓다는 사회적·정치적·도덕적 현상은 물론 그것이 지진과 같은 물리적 사건, 인간의 육체와 같은 생물학적 현상, 탐욕·증오 등과 같은 심리적 사건 등을 가리지 않고 인간 경험의 모든 면을 설명하기 위하여 '이것(ida)'이라는 의미와 '말미암음(paccayatā)'이라는 의미를 합성한 idappaccayatā라는 개념을 사용하였다. idappaccayatā는 '이것을 연(緣)으로 하는 것, 연기의 도리, 차연성(此緣性:이것에 연유하는 것)' 등의 의미를 내포하고 있다. 이로 보아 붓다는 어떤 현상에서나 상호성과 조건성을 중요시하였음을 알 수 있다.[22] 『잡아함경』에서도 상호조건성인 연(緣)에 대하여 다음과 같이 말하고 있다.

연기법의 법설(法說)은 무엇인가? 이것이 있으므로 저것이 있고,

---

22) David J. Kalupahana, "Early Buddhism and the Environment,"『21세기 문명과 불교』(서울: 동국대학교출판부, 1996), 495쪽.

이것이 생기므로 저것이 생긴다는 것을 말한다. 무명을 연하여 행(行) 내지 큰 고통의 모임에 이르는 것을 말한다. 이런 것을 연기법의 법설이라 한다. 연기법의 의설(義說)은 무엇인가? 행이 무명을 연한다는 것이다. 무명은 무엇인가? 만약 과거를, 미래를, 과거와 미래를, 안을, 밖을, 안과 밖을, 업을, 과보를 …… 알지 못한다면 그것이 무명이다.[23]

어떤 사건이 발생하는 것은 모두가 인(因)과 연(緣)의 반연작용에 의한다. 단독의 인과 연으로만 사건이 일어나는 경우는 드물다. 단순하게 보이는 눈앞의 현상도 실은 수많은 요소의 상호작용에 의해서 이루어지는 것이다.

인연을 논하는 연기법은 인간의 삶에서 생기는 고통의 원인을 분석하는 데 적용된다. 그러나 불교에 있어서 고통의 자각은 결코 비관론이나 염세주의로 흐르지 않는다.[24] 고(苦)의 자각은 바로 고의 극복을 위한 출발점이기 때문이다. 고의 발생 과정을 분석한 연기법이 바로 12연기이다. 12연기설은 결국 우리가 겪는 현실의 고통이 절대적인 것이 아니라, 무명(無明)에 의해 나타나는 결과물로 극복 가능한 것임을 밝히려는 데 목적을 두고 있다.[25]

이것이 있으므로 저것이 있게 되고, 이것이 생기므로 저것이 생긴

---

23) 『잡아함경』(法說義說經)」『大正藏』2, 85上: 云何緣起法法說 謂此有故彼有 此起故彼起 謂緣無明行 乃至純大苦聚集 是名緣起法法說 云何義說 謂緣無明行者 彼云何無明 若不知前際 不知後際 不知前後際 不知於內 不知於外 不知內外 不知業 不知報 … 皆悉不知.

24) 박경준, 「원시불교의 사회·경제 사상」(동국대학교 불교학과 박사학위 논문, 1993), 60쪽.

25) 박경준, 「원시불교의 사회·경제 사상」(동국대학교 불교학과 박사학위논문, 1993), 64쪽.

다. 이것이 없어지므로 저것이 없어지고, 이것이 사라지면 저것도 사라진다.[26]

위의 내용은 연기법을 가장 간단하게 표현한 공식이다. 연기법에 의하면 모든 것은 상호의존적인 관계 속에서 존재한다. 그러므로 상호의존적인 관계가 깨지면 부분적인 파국으로만 끝나지 않고 전체적인 파멸로 이어질 수도 있다. 이런 측면에서 보면 '인간이 창조적 가치를 지닌 자연의 일부'라는 환경학자들의 주장은 우리에게 많은 것을 생각하게 한다. 또 '문화가 자연에 앞설 수 없다'는 주장도 개발과 발전이 환경과의 조화 속에서 이루어져야 함을 강조하고 있는 것이다.

붓다는 한때 업(행위)에 대한 인연문제가 거론되었을 때, "촉(觸)이 행위의 원인이다.[27]"라고 지적하였다. 이때의 촉을 신체적인 감각으로 해석하면, 업이란 감각적 자극(외적 자극)에 따라 나타나는 반사운동 또는 행위라 할 수 있다. 이러한 신체적인 요인 이외에도 인간의 행위를 결정하는 다른 동기들이 있다.

의식적 동기에는 탐욕 또는 집착, 증오 또는 화냄[瞋恚], 어리석음[愚癡] 등과 같은 것들이 있다.[28] 일반적으로 이러한 동기에서 나오는 행위는 악행이며, 이러한 심리적 요소들을 제거한 행위는 선행으로 나타난다. 무의식적인 동기 역시 행위에 영향을 준다. 무의식적인 동기들 중에는 삶을 영속시키려는 욕구, 죽음을 피하려는 욕구 등[29]의 생존 본능과 관계있는 것과 쾌락에 대한 욕구, 고통에 대한 혐오

---

26) 『大正藏』2, 67上.
27) 『大正藏』1, 600上: 因更樂則便有業.
28) 『大正藏』1, 438下: 謂貪是諸業 因習本有 伽藍 恚及癡是諸業 因習本有.
29) 『雜阿含經』1172經,「毒蛇經」『大正藏』2, 313中.

등의 쾌락 본능에 관계된 것이 있다.[30]

업이 존재하는 형식을 유(有)라 하는데 이때의 유는 업력에 의해서 형성된 존재의 욕구이다. 바로 12연기설에 나오는 9번째의 유와 같다. 이 유(有)의 종류에는 욕유(欲有)·색유(色有)·무색유(無色有)의 3유가 있다. 여기서 3유라 함은 생명체[有情]가 의지할 공간인 의보(依報)로서의 세계를 의미한다. 욕유란 욕망으로 이루어진 세계의 존재를, 색유란 욕망이 없고 물질로만 이루어진 세계의 존재를, 무색유란 물질을 초월한 순수한 정신적 요소로만 이루어진 세계에 태어나는 존재를 말한다. 업이 존재하는 상태로는 생유(生有), 본유(本有), 사유(死有), 중유(中有)의 4유(四有) 상태가 있다.[31]

『숫따니빠따』송(頌) 653에서도 "연기를 보는 현자는 업과 그 결과[異熟]를 바르게 안다."라고 하여 원인이 되는 업과 그 결과[業果]에 대한 관계를 이숙인(異熟因), 이숙과(異熟果)의 관계로 나타내고 있다. 여기서도 우리는 업이 연기법을 근저로 한다는 것을 알 수 있다.

연기설은 상호의존성에 바탕을 둔 원인에 대한 분석을 위한 교설이지 현실에 대한 관용과 타협을 위한 교설이 아니다. 조건 지워짐에 대한 논리인 것이다. 연기법을 보면 업에 연유하여 이루어진 당사자의 삶 즉 그의 경험세계가 만들어진 과정과 결과를 알 수 있다.[32]

자연과 인간이 상호의존적이라는 이해는 필연적으로 인간은 타인이나 자연과 어떤 관계를 맺어야 하는가, 즉 타인과 자연에 대해서 어떻게 행동(업)해야 할 것인가라는 윤리적인 문제와 직결된다. 인간

---

30) 칼루파하나/조용길, 『원시근본불교철학의 현대적 이해』(서울: 불광출판부, 1993), 77쪽.
31) 김동화, 『불교윤리학』(서울: 불교시대사, 2001), 125쪽.
32) 干潟龍祥, 「業の 社會性-共業-について 『日本學士院紀要』第33卷 第1号, 4쪽.

과 자연, 나와 남이 상호의존적으로 유기적 관계를 이루고 있다는 것을 자각시켜 준다. 이러한 자각은 나와 남, 인간과 자연을 분별하지 않고 한 몸으로 보아 동체대비를 실천하며 살아가도록 하는 삶의 토대가 되는 것이다.[33]

업에서 나타나는 선인락과(善因樂果) 악인고과(惡因苦果)의 원칙도 역시 상호의존적 이치인 연기법에 근거하고 있음을 의미한다. 그러므로 고통이나 즐거움의 발생은 상호의존적이라 할 수 있다. 그것은 다른 생명체들과 상의상관적인 관계성을 나타내 주는 것이다. 이 것을 틱 낫한(Thich Nhat Hanh, 釋一行)은 종이와 구름의 관계를 예로 들어 다음과 같이 표현하고 있다.

> 당신이 시인이라면 한 장의 종이 위에서도 흘러가는 구름이 보일 것이다. 구름이 없으면 비가 오지 않고, 비가 오지 않으면 나무는 자랄 수 없다. 또한 나무가 없으면 우리는 종이를 만들 수 없다. 구름은 종이가 만들어지기 위해서 필수적인 것이다.[34]

그러나 시인이 아니어도 존재의 상호의존성을 깨닫는다면 한 장의 종이에서 구름을 볼 수 있게 될 것이다. 그리고 주객(主客)과 자타(自他)의 구별이 있을 수 없음을 알게 될 것이다.

연기설에 의하면, 평등은 인간과 동물뿐만 아니라 식물을 포함한 모든 생물에 적용되어야 한다. 제각각의 고유한 역할을 수행하면서 서로 영향을 주고받는 존재들이기 때문이다. 그러나 업설에서는 연기설의 경우와 달리 식물이 그 대상에서 배제되고 동물에만 적용되

---

33) 이중표, 「불교에서 보는 자연」『불교학 연구』제2호(서울: 불교학연구회, 1999), 97쪽.
34) 틱낫한/서보경, 『이른 아침 나를 기억하라』(서울: 지혜의 나무, 2000), 155쪽.

어 인간과 동물의 관계에 더 많은 의미를 부여하고 있다.[35] 그래서 6도윤회의 세계에서 식물은 그 대상이 되지 않는다.

연기의 세계는 상호의존성의 세계이고 역동성의 세계이다. 생태의 세계 역시 그렇다. 즉 생태계는 연기의 세계이고 따라서 동적·가변적 성질을 지니게 된다.

그러므로 생물체가 살아갈 수 있도록 대기의 탄소 농도가 적정량으로 유지되는 것도 우연한 현상이 아니다. 상호의존성에 의하여 이루어지는 과정이다. 생물체가 살기에 적당한 탄소의 농도를 위해서 식물과 토양이 커다란 역할을 하고 있다. 숲과 목초지가 6천억 톤의 탄소 저장을 맡고 있다. 이 양은 대기 중의 탄소량과 비슷한 양이다. 그리고 흙이 1조 6천억 톤의 탄소를 함유하고 있는데 이는 대기 중에 있는 탄소량의 2배가 넘는 수치이다.[36] 기후가 안정 상태를 유지하기 위해 탄소는 이처럼 공기 밖에 저장되어 있어야 한다. 그런데 이러한 저장고의 역할이 무너지면서 지구의 온난화가 일어나고 있다. 인간의 과도한 경작과 숲의 파괴로 거기에 저장되어 있던 탄소가 대기 중으로 방출되기 때문이다.

앞으로도 계속해서 과도한 벌목이 진행된다면 나무에 저장되어 있던 탄소가 풀려나와 대기 중의 탄소량은 점점 증가할 것이다. 또 유기농법에 의한 경작이 이루어지지 않고 현재와 같은 화학농법으로 경작을 계속한다면 땅 속에 있던 탄소까지도 모두 대기 중으로 풀려나오게 된다. 대기 중의 탄소가 증가할 수 있는 여러 가지 상황들이

---

35) 안옥선, 「업설에 나타난 불교생명관의 한 특징: 인간과 동물의 평등」 『철학연구』 제9집(서울: 철학연구회, 2004), 245쪽.
36) 에드워드 골드스미스, 「기후변화 아래서 세계를 어떻게 먹여 살릴 것인가?」 『녹색평론』 79(대구: 녹색평론사, 2004), 120쪽.

개선되지 않고 이대로 지속된다면 금세기 내에 기온상승이 5.8℃에 이를 것으로 예측되고 있으며 그 영향으로 해수면이 최고 88cm까지 높아질 것이라 한다. 만약 그렇게 된다면 농경지의 토양 속으로 바닷물이 스며들게 되고, 범람으로 인하여 전 세계 농업지대의 30% 정도가 영향을 받게 될 것이다. 실제로 남극에 있는 내륙빙의 2차 용해와 북극과 그린란드 빙상의 용해는 예측보다 훨씬 급속하게 진행되고 있다.

이러한 현상은 대양의 염도를 낮추고, 해류의 변화를 일으켜 국지적 또는 지역적 냉각을 초래할 수 있다고 과학자들은 경고하고 있다. 이와 같은 비관적인 전망에도 불구하고 인간의 어리석음은 이러한 경고를 다가올 현실로 인정하지 않고, 가상적인 세계에서나 벌어질 수 있는 일로 치부해 관심을 갖는 것조차도 외면하려 한다.

우리가 당장 내일부터 화석연료 사용을 중단한다고 하더라도 지구는 앞으로 최소 150년 동안은 계속해서 가열될 것이라는 전망이다. 그 이유는 온실가스의 주범 역할을 하는 이산화탄소의 잔류기간 때문이다. 한편 해양의 온난화 역시 적어도 1000년 동안은 지속될 것이라 한다.[37] 지금까지 벌어졌던 이상 기후의 폐해가 겨우 0.7℃의 기온 상승 때문인데 앞으로 지구 온난화가 지속된다면 그 피해가 어떠할 지는 심히 우려하지 않을 수 없다.[38]

지구 온도를 상승시키는 이산화탄소의 밀도가 산업혁명 이전에는 290ppm이었다. 최근에는 이산화탄소 농도가 더욱더 급속히 높아지고 있다. 약 10년 전에 350ppm이었던 농도가 급격히 상승하여

---

37) 앞의 책, 121쪽.
38) 위의 책, 122쪽.

2014년 4월 북반구의 이산화탄소 평균 농도가 400ppm을 넘어섰다고 세계기상기구(WMO)는 발표했다. 우리나라 기상청은 2013년 한반도 이산화탄소 평균 농도는 402.4ppm이고 연간 2.1ppm씩 증가하는 경향을 보였으며 이는 지구 전체의 증가율과 비슷한 수준이라고 발표한 바가 있다.

이러한 추이가 계속된다면 21세기 중반에는 대기 중의 이산화탄소 농도가 600ppm을 초과할 것으로 예상되며, 1990년에서 2100년 사이에 이산화탄소의 배출량이 약 50% 정도 증가할 것으로 추정된다. 그렇게 되면 지구의 평균 온도는 약 2.5℃나 상승하리라는 전망이다.[39] 만약 이러한 일이 현실적으로 벌어진다면 생태계에 치명적 결과를 초래하는 것은 불을 보듯 분명한 일이다.

2. 불교 업사상(業思想)의 특징

붓다가 왕자의 자리를 버리고 왕궁을 떠나 도를 닦게 된 동기는 무엇일까? 스스로 고통에서 벗어나고 더 나아가 인간을 고통에서 구제하기 위해서였다. 그 당시는 사상적 혼란이 극심하였기 때문에 사람들은 미혹에 빠져 고통 속을 헤매고 있었다. 그러한 시대적인 상황에서 붓다는 그들을 미혹의 세계에서 구하고자 바른 가르침을 말하지 않을 수 없었다. 그는 설법대상의 수준에 따라 이해하기에 적합한 내용을 설하였다. 그것을 대기설법(對機說法)이라 한다.

---

39) 김기은 등 공저, 『21세기 환경과학』(서울: 아카데미서적, 2004), 157쪽.

그 내용을 크게 둘로 나누면 수행론과 생활론이었다. 불교의 근본 목적이 깨달음에 있지만, 붓다는 세속적인 생활을 하는 재가자를 위해서는 주로 업에 대한 가르침[業說]을, 깨달음을 추구하는 수행자를 위해서는 주로 고통의 원인과 해결방법을 위한 수행법에 대한 가르침인 4성제(四聖諦)를 설하였다. 그러므로 업을 설할 때는 세간적 차원의 일상사를 주된 내용으로 하였다.

불교에서 말하고 있는 업설은 우리의 의지적 행위에 의해서 삶을 능동적으로 엮어가는 하나하나의 과정이다. 불교에서의 업사상은 인간의 일생이 운명에 의해서 정해진 것도 아니고 절대자의 뜻에 의해서 결정되는 것이 아니라, 자기의 의지에 따른 행위와 그에 대한 책임을 떠안는 자유의지의 실천과정인 것이다. 인생의 행과 불행은 각자의 행위에 따라 가변적으로 나타난다. 업의 전개 역시 무상(無常)과 무아(無我)의 도리를 벗어나지 않는다. 무상과 무아 그리고 연기의 도리에서 업사상을 설하는 것은 무명의 중생들이 욕망의 사슬을 끊고 고통의 늪에서 벗어나게 하려는 목적에서다.

따라서 불교의 업사상이 지향하는 목적은 우리에게 행위의 올바른 방향을 밝혀주고 그 행위의 주체성과 책임성을 연기적(緣起的)·중도적·심리적 현상으로 파악하여 무명 중생을 깨우쳐 주려 함에 있다.

이러한 목적을 가진 불교의 업사상은 다음과 같은 몇 가지의 특징이 있다.

1) 공허한 관념론의 지양(止揚)

불교가 추구하는 목표는 세속적인 지식의 탐구나 형이상학적 문제를 사유하는 데 있는 것이 아니라, 올바르고 생생한 삶의 진실을 체득하는 데 있다. 그러므로 불교는 3종외도설(三種外道說)로 대표할 수 있는 숙명론·신의론(神意論)·우연론 등의 증명 불가능한 관념론을 거부하고 자유의지에 의해 주체적으로 자기의 삶을 이끌어갈 수 있다는 행위론(kiriya-vāda) 또는 업론(kamma-vāda)을 주장하였다.[40] 먼저 불교가 성립될 당시의 다른 종파에서 주장하던 업사상을 살펴보기로 하자.

기존 브라만교의 업은 죽음에 대한 공포를 해결하려는 목적에서 시행하는 제사의식을 의미하였다. 그것은 바로 신성한 행위이며 인간의 궁극적인 의미를 발견하기 위한 행위였다. 따라서 브라만교의 업은 인생의 길흉화복, 자손의 번영 등을 신들에게 빌고 알려서 재앙을 물리치고 복을 부르려는 목적에서 시행하는 종교의식이었다. 또 브라만교에서는 대범천(大梵天)이나 대자재천(大自在天) 등의 절대신이 '내가 번식시키겠다'라고 마음만 먹으면 그들의 의지에 따라 일체의 모든 법[一切諸法]을 전개시킬 수 있다고 생각하였다. 이처럼 제식(祭式)을 최고의 선행으로 간주했던 브라만교의 업사상에 이의를 제기하고 고행을 최고의 선업으로 여기는 새로운 업사상이 등장하는데 이것이 바로 우파니샤드 시대의 업이었다.

붓다 당시에도 모든 인도 사람들이 업설을 믿고 인정한 것은 아니었다. 그 당시의 대표적 신흥사상가인 6사외도(六師外道)들 중 아지위까(Ajivika) 학파와 유물론자들은 상주(常住)하는 자아를 부정하면서 업을 인정하지 않았다. 이들은 또한 어떠한 형태의 도덕적 책임을 거부하며, 인간이 경험하는 고락(苦樂)은 물질적 현상인 자성에

---

40) 水野弘元,「業について」『日本佛敎學會年譜』vol 25(京都: 日本佛敎學會, 1959), 324쪽.

서 생긴다고 주장하였다.

자이나교는 업을 인정하였지만 기존의 업설과 다른 그들만의 독특한 업설을 주장하였다. 그들이 주장한 업의 특징은 첫째로 모든 존재를 생명이 있는 지와(jīva)와 생명이 없는 아지와(ajīva)로 나누고, 생명이 없는 것을 다시 운동(dharma), 정지(adharma), 허공(ākāśa), 물질(pudgala)로 나누었다.[41] 업은 미세한 성질을 지닌 물질로서 쉽게 지각할 수 없는 미립자(paramāṇu)의 형태로 떠돌다가 업의 주체자인 영혼과 결합하여 영혼을 속박하게 된다고 여겼다.[42]

둘째는 영혼의 정화를 위하여 업 물질을 제거하거나 또는 이들의 유입을 막기 위한 실천수행 방법으로 고행을 강조하고 있다는 점이다. 셋째는 업 물질을 모두 제거하면 그 영혼이 바로 해탈을 성취한 최상의 존재가 되어 최고천(最高天, īsīpabbārā)에서 지복(至福)을 누리게 된다는 것이다.[43]

수론(數論, sāṃkhya)학파에서는 신아(神我, puruṣa)와 자성(prā-krta)의 2대 근본원리를 세우고 자성으로부터 일체만유가 차례로 전개된다고 주장하였다.

이러한 종파들의 관념과는 달리 불교의 업사상은 과거가 아닌 현재를 중심으로 전개되고 있다. 일반적으로 업설을 과거 중심적 교설이라고 생각하기 쉽지만 불교의 업사상은 그와 반대이다. 과거는 현재를 말하기 위한 추정이며 과거의 업이라도 현재의 업에 의해서 무

---

41) S. C. Chatterjee · D. M. Datta/김형준, 『학파로 보는 인도사상』(서울: 예문서원, 1999), 112쪽.

42) 김미숙, 「자이나 철학에서 업과 영혼의 관계」『인도철학』vol 11(서울: 인도철학회, 2002), 255쪽.

43) 위의 책, 266쪽.

력화시킬 수 있다는 것이 불교에서 강조하는 업사상이다. 현재는 과거의 업을 바탕으로 하지만 현재의 업은 그것을 극복하거나 증장시켜 가는 과정이다. 그에 대한 설명으로 『중아함경』에서 세존은 3종외도의 주장이 우리에게 아무런 이익이 없다고 다음과 같이 말한다.

> 이른바 지혜 있는 자가 잘 받아 꼭 지니고 남을 위해서 설법하지만 아무런 이익도 얻지 못한다. 어떤 것이 세 가지인가? 어떤 사문이나 바라문은 이와 같이 보고 이와 같이 말한다. '사람이 하는 일체는 다 숙명으로 인하여 만들어진다.' 다시 어떤 사문이나 바라문은 이와 같이 보고 이와 같이 말한다. '사람이 하는 일체는 다 주재신[尊祐]에 의해서 만들어진다.' 다시 어떤 사문이나 바라문은 이와 같이 보고 이와 같이 말한다. '사람이 하는 일체는 다 인(因)도 없고 연(緣)도 없다.'[44]

위의 내용에 이어지는 문장에서 붓다는 이들이 주장하는 숙명론, 신의론(神意論), 무인론(無因論)의 오류를 지적하면서 인간이 자기의 의지에 의해 각자의 인생을 새롭게 개척해 나갈 수 있다는 것을 강조하고 있다. 불교의 업사상에서 '과거의 업인(業因)이 현재의 업과(業果)를 초래하게 된다'는 것을 인정하는 면에서 보면 숙명론적 색채를 완전히 지울 수는 없다. 그러나 현재의 업인에 의해 미래의 업과가 만들어진다는 관점에서 보면 불교는 숙명론적인 측면보다는 인간의 의지에 의한 삶의 개척을 강조하고 있다는 것을 알 수 있다. 한 마디로 말하여 자유의지에 따라 노력 정진하면 자신의 운명을 변화시킬

---

44) 『中阿含經』卷3,「度經」『大正藏』1, 435上: 謂有慧者善受. 極持而為他說. 然不獲利. 云何為三 或有沙門 梵志如是見 如是說 謂人所爲 一切皆因宿命造 復有沙門 梵志如是見 如是說 謂人所爲一切皆因尊祐造 復有沙門 梵志如是見 如是 說 謂人所爲一切皆無因無緣.

수 있다는 것이 불교 업사상의 핵심이라고 말할 수 있다.

붓다는 인간의 행위 즉 업은 다음 세 가지 요인들로 결정된다고 하였다. 1)외적 자극, 2)의식적 동기, 3)무의식적 동기다.[45] 이 가운데 외적 자극에 의해서 순간적으로 벌어지는 신체의 행위는 책임이 행위자에 주어지지 않는다. 그러나 의식적인 동기에 의해서 이루어진 행위에는 책임이 주어진다. 무의식적인 동기에서 유발된 행동일지라도 그 책임은 행위자에게 주어진다. 무의식 속에서 이루어진 행위라 할지라도 잠재의식 속에 존재하고 있던 생각이 행위로 나타나는 것이기 때문이다.

불교의 업사상은 미래를 어떻게 창조해 나갈 것인가 하는 윤리적인 목표가 밑바탕에 잠재해 있으며 궁극적으로는 미래의 차별을 없애기 위한 교설이다. 업은 논리적으로는 인과의 원리와 법칙 위에서 성립되며 동시에 윤리적으로는 선·악의 행위로 표현되고 있다.[46] 즉 업론은 인과성과 윤리성이라는 이중구조로 구성되어 있다.

> 여러분들이여, 만일 일체는 다 존우(유일신)가 만들었다는 주장을 진실로 여긴다면 능동적인 행위를 행하거나 행하지 않음에 대한 의욕도 필요 없게 되고 또 노력할 필요도 도무지 없게 된다. 여러분들이여, 또한 행해야 할 것, 행하지 말아야 할 것을 확실히 모른다면, 곧 바른 생각을 잊어버리고, 바른 지혜도 없으리니, 그러면 가르칠 수도 없을 것이다.[47]

---

45) 칼루파하나/조용길, 『원시근본불교철학의 현대적 이해』(서울: 불광출판부, 1993), 77쪽.
46) 진열 역저, 『업연구-업의 원리와 그 재해석-』(서울: 경서원, 1988), 44쪽.
47) 『中阿含經』 「度經」 『大正藏』1, 435中: 諸賢 若一切皆因尊祐造 見如真者 於內因 內作以不作 都無欲無方便 諸賢 若於作以不作 不知如真者 便失正念 無正智 則無可以教.

위의 내용에서 알 수 있는 바와 같이 만일 우리의 현생이 전생에 지은 것이어서 변화시킬 수 없는 영원하고 절대적인 것이라고 생각한다면 그것은 불교에서 추구하는 업사상이 아니다. 업은 인과의 이법이라는 필연적인 부분이 있는 반면에 자유의지에 근거한 능동적 행위로 개선할 수 있는 부분 즉 유동적인 부분이 있다는 것이다.

불교의 업사상은 과거나 현재의 행위에 대한 결과가 상황과 조건 그리고 노력의 정도에 따라서 달라질 수 있다는 가변성을 강조한다. 그러나 자이나교를 비롯한 다른 외도들은 반드시 그 인(因)에 상응하여 변함없는 과(果)가 나타난다고 숙명론적으로 업을 설명한다. 그와는 달리 불교의 업사상은 우리로 하여금 현재 속에서 과거를 뒤돌아보게 하고 미래를 준비하며 살아가도록 이끌어주는 가르침이다. 관념적인 이론의 전개가 아니라 현실 속의 일상생활에서 하나하나를 개선해 나가면서 희망에 찬 미래를 맞이하자는 것이 바로 불교가 추구하는 업사상이다.

2) 무아(無我)와 윤회(輪廻)

인도의 전통적 업사상에서는 상주불변의 자아(自我)를 전제로 윤회를 말한다. 그러나 불교에서는 그러한 자아(自我)를 부정하고 무아(無我)를 주장한다. 즉 불교는 무아의 이론 속에서 업을 논하고 윤회를 논한다. 불교에서 주장하는 자아(自我)의 부정은 인간을 구성하는 물질적·정신적 요소로서의 5온(五蘊)을 부정하는 것이 아니라, 그러한 5온의 복합체로 구성된 자아를 고정화시키려는 잘못된 관념을 부정하는 것이다. 이러한 복합체를 생성하게 하는 수많은 연(緣)을 강조하는 것이 불교의 일관된 교설이다.

불교적인 관점에서 보면 인간이라는 존재의 실재성은 그 자체에 있는 것이 아니고, 서로 간의 의존성과 관계성 위에서 무수한 요소로 이루어진 가변적인 존재이다. 그렇기 때문에 인간은 무아의 존재라고 할 수 있다. 비록 불교 업사상이 고대 인도의 윤회사상과 업설(業說)로부터 연유되었지만 불교의 업사상은 불교사상의 근본이 되는 무상(無常)과 무아(無我)를 토대로 하여 그 이론이 전개되고 있다.[48] 붓다고샤(Buddhaghoṣa)는 『청정도론(淸淨道論, Visuddhimagga)』에서 다음과 같이 말하고 있다.

> 업을 짓는 자도 없고 과보를 경험하는 자도 없고 순수한 법들만이 일어날 뿐이니 이것이 바르게 봄이다. 이와 같이 업과 과보가 원인과 함께 나아갈 때 씨앗과 나무처럼 그 시작을 알 수 없다. 미래의 윤회에서도 (업과 과보가) 일어나지 않는다고 보지 않는다.[49]

이상에서 알 수 있는 바와 같이 윤회의 주체는 존재하지 않고 업만이 상속하는 것이다. 윤회의 주체는 인식론적으로 망상이며 집착으로 인한 것이다. '망상은 바로 집착에서 유래한다[50]'고 할 수 있다. 무아가 의미하는 바는 '현재의 나'가 없다는 것이 아니라 연속적인 기능체로서의 나가 항상 변화되어 가는 모습으로 존재하는 것을 말한다. 그러므로 업은 항상 같은 상태로 전개되는 것이 아니다.

불교에서는 일체의 존재를 5온(五蘊), 12처(十二處), 18계(十八界)로 분류한다. 그 중에서 5온에 대한 바른 깨달음을 통해 열반을 얻

---

48) 진열 역저, 『업연구-업의 원리와 그 재해석』(서울: 경서원, 1988), 50쪽.
49) 붓다고샤 / 대림스님, 『淸淨道論3』제19장, 20송(서울: 초기불전연구원, 2004), 208쪽.
50) 진열 역저, 앞의 책, 145쪽.

기 위한 실천론이 4제설(四諦說)이라면, 업설은 12처설의 구조 속에서 일상생활을 영위하는 가운데 행복[生天]과 깨달음을 얻으려는 실천론이라 할 수 있다. 그러므로 4제설과 업설은 불교의 2대 실천론이라 말할 수 있다.

이러한 무아의 이론이 성립하기 위해서는 모든 것은 변해간다[諸行無常]는 전제 조건이 필요하다. 여기서 모든 것[諸行]이라 함은 인간·동물·자연 등의 일체를 말한다. 즉 모든 것은 인간을 포함한 변화하는 만물의 총칭이다. 모든 것은 연기(緣起)에 의해 생성 변화되어 가는 과정상의 존재일 뿐 결코 고정 불변의 존재가 아니다. 항상 인과 연이 역동적으로 작용하기 때문이다. 인간에게 존엄성이 있다거나 생물종에게도 '내재적 가치'가 있다 하는 것은 인간이 부여한 가치관일 뿐 인간을 포함한 어떤 것들도 제행무상의 원칙을 벗어날 수 없다. 제행무상이 아니라면 슬픈 사람은 항상 슬퍼야 하고 즐거운 사람은 항상 그 상태가 지속되어야 하는 것이다. 그러나 제행무상이기 때문에 고통이나 즐거움이 그대로의 상태로만 머물지 않는 것이며 자유의지의 행위인 업의 선악에 따라 그 과보가 고락(苦樂)으로 달리 나타나는 것이다.

무상(無常)은 상실이나 없어짐을 의미하는 허무의 개념이 아니다. 무상은 연속되는 변화과정의 또 다른 표현이다. 고정된 실체는 타자와 어떤 관계를 존속시킬 수 없고 연속체로 존재할 수도 없다. 무상은 탄력성, 유연성, 역동성, 유전성(流轉性)을 함축하는 표현이다. 불교는 무상의 원리를 바탕으로 하기 때문에 자연스럽게 무아의 윤회를 설정할 수 있는 것이다. 생명체(유정)는 태어나서 세월이 지나면 병들어 죽게[生老病死] 되고, 자연세계[器世間]는 형성되어 유지되다 파괴되어 공[成住壞空]으로 돌아가며, 마음은 생각이 일어나서 머물다가 변화되어 없어지는[生住異滅] 것을 반복한다. 시작도 끝도 없이 순환하는 것이 무상의 개념이다.

붓다는 업보설을 시론(施論), 계론(戒論), 생천론(生天論)의 순서에 따라 단계적인 방법[次第說法]으로 전개하였다. 그 내용은 보시를 즐겨 하고, 계율을 잘 지켜 청정한 생활을 하면, 내세에는 하늘에 태어나 행복한 생활을 영위할 수 있다는 것이다. 붓다는 이러한 인과 업보의 이론을 믿는 사람에게는 그 다음 단계로 비로소 불교 고유의 4성제(四聖諦)를 가르쳤다.[51] 불교의 모든 교설이 그렇듯이 업사상도 결국은 고통의 소멸에 궁극적인 목적이 있는 것이다. 무명 때문에 초래되는 고통을 소멸하려는 것이 업사상의 진정한 목표인 것이다.

『잡아함경』 권13에 "모든 업은 갈애(渴愛)와 무명(無明)을 인(因)으로 하여 미래의 몸[他世陰]을 쌓는다."[52]라고 하였다. 즉 우리가 받을 미래의 몸은 무명과 갈애가 인이 되고 업이 연으로 작용하여 만들어진다고 한다. 그래서 상주하는 자아가 없어도 업에 의해 후세의 몸을 이어가게 한다는 것이다. 『잡아함경』 권13, 「제일의공경(第一義空經)」에 "업보는 있으나 짓는 자[作者]는 없으며, 이 몸이 멸하고 나면 다른 몸이 상속한다."[53]라고 하여 여기서도 마찬가지로 상주하는 자아가 배제되어 있다. 짓는 자, 즉 윤회의 주체로서 불멸의 영혼과 같은 실체로서의 자아[實我]가 없어도 지은 업이 이 세상[世]의 몸으로부터 다른 세상의 몸으로 상속하게 된다는 것이다.

---

51) 水野弘元, 「業說について」 『印度學佛教學研究』 2卷2號, 通卷4號 (東京: 日本 印 度學佛教學會, 1954), 114쪽.
52) 『大正藏』 2, 88中: 諸業愛無明因 積他世陰.
53) 『大正藏』 2, 92下: 有業報而無作者 此陰滅已 異陰相續.

우리가 생각하는 나[我]라는 존재는 5온(五蘊)의 집합체에 불과한 한시적인 나[假我]이다. 그리고 5온 그 자체도 역시 가변적인 무상한 존재이다. 이러한 5온이 화합하여 이루어진 가아는 무명(無明), 갈애(渴愛) 등의 번뇌를 인(因)으로 하여 업을 짓게 된다. 그리고 이러한 업(業)이 과(果)를 부르기 때문에 그 다음 생의 새로운 몸[他世陰]을 받게 된다. 이와 같이 불교에서는 연속체로서의 자아, 행위의 흐름으로서의 자아만을 인정할 뿐이다. 이것이 바로 불교에서 주장하는 무아사상이다. 불교에서 무아사상이 지향하는 바는 업의 전환을 통해 자기의 개조가 가능함을 자각시키려는 데 있다.[54]

　다른 종교나 학파의 윤회설은 영원불변하는 실체로서의 자아를 설정하고 있는 데 반해, 불교는 인연소생의 존재론에 입각한 무아설을 주장하면서 자아의 실체관념을 용납하지 않는다. 스스로의 힘에 의해 미래를 창조하고 개척하는 것은, 그 본질이 무한한 잠재력을 지닌 의지 때문이지 결코 업 자체에 불가사의한 신비력이 숨어 있기 때문은 아니다.[55]

　업을 짓고 나면 그 영향력이 남게 된다. 그것을 업력(業力)이라 한다. 물체가 운동을 하는 데는 원심력, 구심력, 중력이 있듯이 업에는 그 업을 전개시키는 업력이 있다는 것이다. 그 업력은 5온을 결합시키는 힘을 발휘하여 현세에서 타세로 업의 상속을 이어가게 한다. 즉 5온이 재료인이 되고, 업이 동력인이 되며, 번뇌가 근본인으로 작용하여 고정불변의 실체[我體]가 없이도 업과 업보가 상속된다는 것이

---

54)　정승석, 『윤회의 자아와 무아』(합천: 장경각, 1999), 309쪽.
55)　木村泰賢 / 박경준, 『원시불교사상론』(서울: 경서원, 1992), 149~151쪽.

다.[56] 현상계의 제법을 직접적으로 연기시키는 것은 업력이 작용하기 때문이다. 이에 대하여 경에서는 다음과 같이 말하고 있다.

"수레는 어디에서 생겨나, 누가 수레를 굴릴 수 있고, 어느 곳으로 굴러가며, 무엇 때문에 수레는 닳아 없어지는가?"
이때 세존께서 게송으로 답하였다. "수레는 모든 업에 따라서 생기고 마음의 의식은 수레를 굴리고, 그 인(因)을 따라서 굴러 가다가 그 인이 파괴되면, 수레도 역시 없어진다."[57]

"업으로부터 수레가 생겼고 마음이 그것을 운전하고 가나니, 가다가 그 인연이 다한 곳에 이르면 인연이 다하여 곧 부서지네."[58]

여기서 수레라 하는 것은 5온의 결합체인 우리의 몸[有情]을 비유한 것이며, 이 5온은 업에 의하여 이루어지고, 또 이 5온은 마음에 의하여 운전된다는 것이다. 이는 불교가 업의 주체를 주로 정신적인 관점에서 파악했음을 의미한다.[59]

불교에서 자아의 실상은 5음(5온)의 집합체에 불과한 가아(假我)로서의 자아만이 있을 수 있다. 이러한 자아는 무명(無明)과 갈애(渴愛) 등의 번뇌를 원인으로 하여 업을 짓고 그에 따라서 후세를 이어가게 되므로 고정불변의 실체[我體]가 없이도 업은 상속하여 생사를 윤회하게 되는 것이다.

---

56) 김동화,『불교교리발달사』(서울: 불교시대사, 2001), 95쪽.
57) 『雜阿含經』卷49, 車乘經『大正藏』2, 356下: 車從何處起誰能轉於車 車轉至何 所何故壞磨滅 爾 時. 世尊說偈答言 車從諸業起 心識能於車 隨因而轉至 因壞車則亡.
58) 『別譯雜阿含經』卷14『大正藏』2, 475上: 從業出生車 心將轉運去 去至因盡處 因盡則滅壞.
59) 水野弘元,「業說について」『印度學佛教學研究』2卷2號, 通卷4號(東京: 日本印度學佛教學會, 1954), 113쪽.

3) 업(業)의 가변성(可變性)

무상(無常)과 무아(無我)의 이론에 바탕을 둔 불교의 교리는 상주불변의 실체를 인정하지 않는다. 붓다는 현세에서 경험하는 일체가 자신이 지은 과거의 업에 기인한다는 결정론 대신에 업이 인간 존재의 발전에 기여하는 한 요소라고 강조하였다. 붓다는 업의 과보는 항상 가변성이 있다고 말한다. 『증일아함경』권8의 내용을 보자.

> 만약 사람이 탐·진·치가 다하지 않는다면 선(善)이 점점 줄어드는 것이 마치 달이 그믐을 향하는 것과 같다. 만약 사람이 탐·진·치를 다한다면 선이 점점 증가하는 것이 마치 달이 보름을 향하는 것과 같다.[60]

그믐달이나 보름달이 상주불변의 실체가 아니듯이 업도 마찬가지로 탐욕·분노·어리석음[貪瞋癡]이라는 3독심(三毒心)의 많고 적음에 따라 가변적으로 선악이 결정된다. 업에 대한 과보도 역시 선악의 정도에 따라 가변성을 지니고 있는 것이다. 즉 우리의 마음 씀씀이에 의해서 3독심을 제어하면 그 정도에 따라 과보는 변화되어 나타나게 된다. 그에 대하여 『증지부경전(Aṅguttra Nikāya)』에 다음과 같이 설한다.

> 명상자의 명상 경계는 불가사의하여 사량(思量)할 수 없다. 사량하면 광란(狂亂)과 뇌해(惱害)를 일으킨다. 비구들이여, 업의 과보[業異熟]는 불가사의하다. 사량할 수 없다. 사량하면 광란과 뇌해를 일으킨다. 비구들이여, 세계의 사유는 불가사의하여 사량할 수 없

---

60) 『大正藏』2, 585上: 若人有貪欲 瞋恚癡不盡 於善漸有減 猶如月向盡 若人 無 貪欲 瞋恚癡亦盡 於善漸有增 猶 如月盛滿.

다. 사랑하면 광란과 뇌해를 일으킨다.[61]

명상자가 명상에 의해 경험할 수 있는 경계는 불가사의하여 범부의 사고력으로는 그 세계를 헤아릴 수 없다는 것이다. 그렇듯이 업의 과보가 나타나는 것[業異熟]도 불가사의하여 범부는 헤아릴 수 있는 능력이 없다고 한다. 세상사는 우리의 예측대로 펼쳐지지 않는다. 그래서 인생사가 재미있기도 하고 때로는 원망스럽게 느껴지기도 한다. 거기에는 다 그럴 만한 이유가 있고 우리가 파악할 수 없는 불가사의한 원인들이 숨어 있기 때문이다. 그것이 바로 업의 가변성이다.

이처럼 불가사의하게 전개되는 업의 이해에 실마리를 제공할 수 있는 것이 복잡계 과학이다. 우리의 인생은 복잡계이다. 그래서 예측할 수 없는 일이 많이 벌어진다. 노력한 만큼 거기에 비례해서 결과가 나타나는 것도 아니다. 그것을 복잡계에서는 비선형적이라 표현한다. 업의 결과가 비선형적이기 때문에 우리는 앞날을 예측할 수 없고 불가사의한 것이 인생이라고 말한다. 그렇지만 사실은 불가사의한 것이 아니다. 단지 우리가 수많은 요소들이 상호작용하여 전개되는 업의 진행과정을 알아차리지 못할 뿐이다.

이러한 것을 이해하지 못하는 사람들은 업에 대한 과보가 수학 공식처럼 일정한 결과를 낳지 않고 다양한 모습으로 나타나기 때문에 항상 가변적이어서 불가사의하다고 느낀다. 그것은 업이 복잡계적인 성격을 띠기 때문이다. 업이론과 복잡계이론에 대한 연관성은 뒤에서 되짚어보기로 하자. 또한 불교는 과거의 인(因)에 의해서 과(果)가 생긴다는 것에 집착하는 것도 경계한다. 그것은 바로 불교가 질타하

---

61) AN Ⅱ. p.80.

는 숙명론이다.

　　결정코 과거의 업과 현재의 인연이 있는 줄 알아야 한다. 그러므로 나는 말한다. '번뇌를 원인으로 하여 업이 생기고, 업을 인으로 하여 과보를 받는다. 그대여, 모든 중생은 과거의 업이 있고, 현재의 인이 있음을 알아야 한다. 중생이 비록 과거에 장수할 업이 있더라도, 모름지기 현재에 음식의 인연을 힘입어야 한다.'[62)

　만일 전생에 지은 인을 영원하고 절대적인 것이라고 생각한다면 그것은 불교에서 추구하는 업사상이 아니다. 업은 열린계이기 때문이다. 그래서 수많은 요인의 업에 의해서 업의 과보는 유동적으로 나타나게 된다. 한 번 지은 업이 일정한 시기에 일정한 과보로 나타나지 않는 것은 대내외적인 수많은 요소에 의해서 그 업력이 미약하게 작용하거나 강성한 세력으로 성장할 수 있기 때문이다. 예를 들면 과거에 장수할 업을 지었더라도 매사에 행동을 조심하여 사고가 발생하지 않아야 하고, 음식물을 주의하여 먹어야 장수할 수 있는 것이다. 부주의로 돌발사고가 일어나거나 편식이나 과음을 하고 오염된 음식 또는 부패한 음식을 먹는다면 건강을 해쳐 오래 살 수 없는 것과 마찬가지이다. 또 『잡아함경』 권20, 「마투라경」에서도 다음과 같이 말하고 있다.

　　바라문(마투라 왕)은 스스로 말하였다. "(바라문인) 내가 제1이요, 다른 사람은 비열하다. 나는 희고 다른 사람은 검다. 바라문은 청정하고 바라문이 아닌 사람은 그렇지 않다. 나기는 입으로 났고 바라문이 변화한 것이다. 이것은 바라문의 소유다. 가전연 존자

---

62) 『大正藏』12, 602中: 當知定有過去業現在因緣 是故我言 因煩惱生業因業受報 仁者當知 一切眾生有過去業有現在因 眾生雖有過去壽業 要賴現在飲食因緣.

여, 이것은 무엇을 뜻하는가?" … "대왕이여, 그 말은 세간의 언설일 뿐 내지는 업에 의하며 진실로 차별은 없는 것이요." … "대왕이여, 찰제리(무사계급)가 왕이 되거나 거사가 왕이 되거나 장자가 왕이 되었을 때 그 나라에 있는 사성(四姓, 4가지 계급)을 모두 불러와, 재물과 힘으로 그로 하여금 (나를) 모시게 하거나 먼저 일어나고 늦게 자도록 하며 그 밖의 여러 가지 심부름을 모두 뜻대로 하게 할 수 있겠소? … "뜻대로 될 것입니다." … "대왕이여, 이와 같이 사성은 다 평등한데 무슨 차별이 있겠소? 알아야 하오. 대왕이여, 4종의 성은 다 평등하여 낮고 못한 차별의 다름이 없는 것이오." … "세간에서 차별지어 말한 것일 뿐 내지는 업에 의하는 것으로서 진실한 차별이 없는 것이오." … "만약 바라문이 10선업을 지으면 반드시 선취에 태어날 것이오."[63]

이와 같이 인간의 신분[果報]은 태어난 가문에 의해서가 아니고, 그 사람의 행위[業因]에 의해서 결정된다. 업은 그 사람의 자유의지에 따라 행해지는 것이므로, 그 과보 역시 자유의지에 의해서 바뀔 수 있는 가능성을 항상 내포하고 있다는 것이다. 즉 태어난 혈통보다 더 중요한 것이 우리의 행위다. 이와 같이 초기불교에서는 인간의 성품에 대하여 비결정론적이고 비본질주의적 입장을 취하였다. 인간은 백지상태로 태어나는 것도 아니지만 그렇다고 고정적이거나 결정적 존재로 태어나는 것도 아니다. 또한 인간은 자신이 처한 조건 속에서

---

63) 『大正藏』2, 142上~下: 婆羅門自言 我第一 他人卑劣 我白 餘人黑 婆羅門 清淨 非非婆羅門 是婆羅門子從口生 婆羅門所化 是婆羅門所有 尊者摩訶迦旃延 此義云何 … 大王 此是世間言說耳 乃至依業 真實無差別也 … 大王 剎利爲王 居士爲 王. 長者爲王 於自國土所有四姓悉皆召來 以財以力令其侍衛 先起後臥 及諸使令皆如意不 … 如意 … 大王 如是四姓悉皆平等 有何差別當知大王 四種姓者 皆悉平等 無有勝如差別之異 … 世間言說爲差別耳 乃至依業 真實無差別也 … 若婆羅門行十善業跡者 當生善趣.

자신을 변화시키며 새롭게 형성해 가는 존재이다.[64] 붓다는 『중부경전(Majjhima Nikāya)』의 「마하캄마비방가숫타」에서는 업에 대한 과보를 다음과 같이 말하고 있다.

> "아난다여, 사문이나 바라문이 '참으로 선행은 있다. 참으로 선행의 과보도 있다.'라고 말한다면 나는 이것을 인정한다. 그가 '생명을 죽이는 것을 삼가고 … 바른 견해를 가진 자가 몸이 무너져 죽은 뒤 좋은 곳에 태어나는 것을 보았다.'라고 말한다면 나는 그것을 인정한다. 그러나 그가 말하기를 '생명을 죽이는 것을 삼가고 … 바른 견해를 가진 자는 누구든지 모두 몸이 무너져 죽은 뒤 좋은 곳에 태어난다.'라고 하는 것을 나는 인정하지 않는다.[65]

인도의 전통적인 업 사상과는 달리 붓다는 업에 대한 과보를 고정불변의 절대적인 것으로 여기고 그와 다른 반대의 경우를 모두 부정하는 것은 잘못이라고 하였다. 왜냐하면 붓다는 초감각적인 인식을 통해 서로 반대 되는 경우도 경험할 수 있었기 때문이었다.[66] 즉 업에 대한 붓다의 깨달음은 결정적인 것이 아니라 조건적이라는 것이다.

「마하캄마비방가숫타」에서 악행을 저지른 사람일지라도 이전의 행위나 이후의 행위와 올바른 견해의 여부에 따라 낙계(樂界)에 태어날 수 있다고 다음과 같이 말한다.

> 아난다여, 세상에서 살아있는 생명을 죽이고, 주지 않는 것을 빼앗고 … 잘못된 견해를 갖더라도, 몸이 파괴되고 죽은 뒤에 좋은 곳, 하늘나라에 태어난다면, 그 사람은 이전에 즐겁게 느껴질 선한 행

---

64) 안옥선, 『불교윤리의 현대적 이해』(서울: 불교시대사, 2002), 36쪽.
65) MN Ⅲ. p.213.
66) 칼루파하나/조용길, 『원시근본불교철학의 현대적 이해』(서울: 불광출판부, 1993), 80쪽.

위를 했거나, 나중에 즐겁게 느껴질 선한 행위를 했거나, 죽을 때에 올바른 견해를 갖거나 받아들인 결과일 것이다. 그것으로 인해서 그가 몸이 파괴되고 죽은 뒤에 좋은 곳, 하늘나라에 태어나는 것이다.[67]

업사상에 의하면 모든 생명체는 업의 선악 여부에 따라 존재의 상태가 결정된다. 즉 모든 존재는 행위에 의해 미래가 좌우되는 가변적인 존재라 할 수 있다. 업은 행위이다. 다른 말로 표현하면 자유의지에 의한 노력을 의미한다. 이러한 업에 의해 자기의 신분이 결정된다는 것이다.

유정들은 업을 자기 것으로 하고, 업을 상속하며, 업을 모태로 하고, 업을 친족으로 하며, 업을 의지처로 한다.[68]

『별역잡아함경』 권7과 『불위수가장자설업보차별경(佛爲首迦長者說業報差別經)』에서도 마찬가지로 말하고 있다.

이 때문에 깊이 스스로 꾸짖고 뉘우치면서 그와 같은 나쁜 업을 참회하는 것이다. 우리 모두가 의심과 후회를 없애고 착한 업을 더욱 증진하여 다시는 살생·도둑질·삿된 음행·거짓말을 하지 않으며, 나중에도 갖가지의 나쁜 업을 다시는 짓지 않는다. 이렇게 함으로써 마음이 만족을 얻어서 해탈을 얻게 된다.[69]

어떤 사람이 중죄를 지었더라도 깊이 자책하고 참회한 후 다시 짓

---

67) MN Ⅲ. p.214.
68) MN Ⅲ. p.203.
69) 『大正藏』2, 425中: 是故深自悔責 如是惡業 以懺悔故 皆除疑悔 增進善業 更不殺生偸盜邪婬及妄語等 悔責先造 後更不作種種惡業 以是之故 心得滿足而獲解脫.

지 않으면 근본 업을 뽑을 수 있다.[70]

즉 악업을 지었다 할지라도 참회하고 선업을 쌓으면서 다시 그런 악행을 반복하지 않는다면 과보가 바뀔 수 있다고 하였다. 어떤 행위의 결과는 단지 그 행위 자체만으로 결정되는 것이 아니라, 그 행위를 지은 사람의 성질, 행위가 일어난 당시의 상황과 그 이후의 행위 등 많은 요인들에 의해서 좌우된다.[71]

이러한 주장은 인도의 재래 사상인 신의론(神意論), 우연론, 숙명론 속에 내재된 불가항력적인 요소를 부정하는 것으로 현재의 능동적인 업력이 이전의 업력을 다른 방향으로 바꿀 수 있다고 생각하는 행위론(kiriya-vāda) 또는 업론(kamma-vāda)이다. 이처럼 불교는 인간 행위의 중요성을 강조하고 있는 것이다.[72]

불교 업사상의 핵심은 인간의 자유의지를 중시하며, 그에 따른 창조적 노력과 도덕적 책임을 강조한다는 점이다. 그렇기 때문에 불교의 업사상이 현실의 질서를 절대시한다거나 비판적 사회의식을 부정하는 것으로 보는 것은 그릇된 소견이다.[73]

불교에서는 업을 연기(緣起)의 도리에 의해서 전개되는 것으로 보기 때문에 결정론을 부정한다. 이에 대하여『장아함경』권14에 고통과 즐거움이 연기로부터 생긴다고 한 바와 같이 고통과 즐거움[苦樂]이라 하는 것은 업인(業因)에 의한 업과(業果)이지만 인연에 의하여

---

70) 『大正藏』1, 893下: 若人造重罪 作已深自責 懺悔更不造 能拔根本業.
71) 칼루파하나 / 조용길, 앞의 책, 79쪽.
72) 水野弘元,「業について」『日本佛敎學會年譜』vol 25(京都:日本佛敎學會, 1959), 322쪽.
73) 박경준,「초기불교의 연기상의설 재검토」『한국불교학』제14집(서울: 한국불교학회, 1989), 119~120쪽.

생기(生起)하는 것이므로 연기법을 깨달으면 고통을 고통으로 보지 않을 수 있고 즐거움을 즐거움이라고 집착하지 않을 수 있게 된다.

『증지부경전(Aṅguttara Nikāya)』에 "만일 어떤 사람이 행위[業]를 하였으되 그 행위와 아주 똑같은 과보(果報)만을 받는다고 한다면 그에게 더 나은 성스러운 생활(종교적인 수행)의 의미는 없을 것이다. 왜냐하면 그가 이전에 지은 업에 따른 고(苦)를 멸진(滅盡)할 기회가 없기 때문이다. 그러나 만일 어떤 사람이 행위에 대한 과보가 다양하게 나타날 수 있다고 한다면 그 종교적 삶은 가치가 있게 되고 고를 멸진할 기회가 있게 될 것이다."[74]라고 한 바와 같이 업은 진행형이다. 업이 진행형이라는 것은 업이 열린계이고 주위사람들과 서로 영향을 주고받으면서 변형되는 과정에 있음을 의미한다. 현재도 우리는 업을 지으며 살아가고 있다. 우리의 현재 행위는 자신이 맞이하게 될 미래를 창조하게 된다. 우리의 삶은 이 순간에도 미래를 창조할 재료를 모아서 배합하고 있는 과정인 것이다. 그러므로 업은 항상 가변성이 있는 것이다.

자신의 공덕을 다른 이와 함께 나누겠다는 대승불교의 회향사상은 업의 과보를 공유할 수 있다는 업의 가변성을 나타내주는 대표적 사상이다. 따라서 불교의 업사상은 창조성을 가지고 인간 개인 및 사회 변혁을 추구하는 데 적극적인 실천으로 나타나야 할 것이다. 자유의지에 따른 적극적인 행위에 의해 이러한 역량을 증대시킬 수 있다는 것이 불교 업사상의 진정한 의미이다.

---

74) AN 1. p.249.

3. 불교의 업과 복잡계

우리는 업사상이 과학적으로 맞지 않는다고 생각하여 업설에 대해 이의를 제기하거나 부정하는 경우를 흔히 본다. 현실 세계에서 우리가 경험하는 사건들이 예측한 바와 같이 맞아 떨어지기도 하지만 그렇지 않은 경우도 수없이 많기 때문이다. 그래서 사람들은 사주팔자를 논하고 점을 보며 주역을 참조하여 인생의 앞날을 예측하고 종교에 의지하여 자기의 운명을 바꾸어 보고자 노력한다. 때로는 어느 것 하나도 딱 맞아 떨어지는 것이 없다. 예측 불가능한 일이 너무 많다. 똑같은 일을 해도 사람마다 그 결과가 다르게 나타난다.

현실적으로 우리 일상에는 과학적 상식을 뛰어넘는 일이 너무 자주 벌어진다. 그래서 우리의 삶이 한없이 다양하게 보인다. 그것은 인간의 행동 즉 업이 홀로 이루어지는 것이 아니고 연기적 관계와 복잡계적인 구조로 되어 있기 때문이다. 인간사회뿐만 아니라 자연현상도 복잡하기는 마찬가지다. 불교에서는 세상의 모든 현상을 연기법으로 본다. 연기법은 오늘날 새로운 학문으로 등장한 복잡계 과학의 다른 표현이라 말할 수 있다.

복잡계이론의 창시자인 바라바시(Albert L. Barabasi, 1967~)는 그의 저서 《Linked》에서 불교의 연기설을 대변이나 하듯이 다음과 같이 주장한다. "오늘날 우리는 어떤 것도 다른 것과 따로 떨어져 발생하지 않는다는 것을 점점 더 강하게 인식하게 된다. 대부분의 사건이나 현상들은 복잡한 세계라는 퍼즐의 엄청나게 많은 다른 조각들과 연결되어 있어서 그것들에 의해 생겨나고 또 상호작용한다. 우리는 모든 것이 서로 연결된 작은 세계에 살고 있다는 것을 알게 된다."[75]

복잡하게 보이는 자연현상이나 인간의 행동과 인간 사회는 본래 복잡한 관계로 이루어져 있다. 이러한 복잡한 현상과 관계를 연구하는 복잡계 과학은 기존의 과학과는 다른 관점의 학문이다. 복잡계 과학이 출현하기 이전의 고전과학은 구성요소의 분석을 통하여 전체를 이해하는 방식이었다. 그러나 자연현상이나 사회현상에는 그러한 방법으로 이해할 수 없는 일이 수도 없이 벌어진다.

예를 들면 뉴턴의 고전역학과 통계역학의 확률론으로 설명되지 않는 난류, 진화, 생태계, 인간행동 등의 경우이다. 이러한 현상들을 설명하기 위해서는 그 구성요소 자체들보다는 이들 사이의 상호작용과 구조에 대해 이해해야 한다.[76] 그러한 경우에도 어떠한 원칙과 질서가 있다는 발상에서 출발한 것이 복잡계 과학이다.

복잡계란 수많은 요소들이 상호작용을 하면서 복잡한 현상을 보이는 계로 원인으로부터 그 결과를 쉽게 예측할 수 없는 계를 말한다. 그렇다고 해서 아무런 원칙과 공통적인 특성이 없는 혼란스러운 것을 뜻하지는 않는다. 복잡계 현상은 완전히 혼란스럽지도 않고 질서가 완벽하지도 않은 단계에서 일어난다. '복잡계 이론'의 궁극적인 목적은 복잡한 현상 가운데서도 공통적인 특성과 그 중에 나타나는 질서를 찾아내는 데 있다. 복잡계에는 다음과 같은 특성들이 있다.

복잡계는 열린계(open system)이다. 열린계는 전적으로 초기 조건이나 외부의 힘에 의해 지배되는 것이 아니다. 왜냐하면 열린계를 구성하고 있는 부분들은 상호작용함으로써 서로를 안정시키고 유지

---

75) Barabasi, Albert-Laszlo, 《Linked》(New york, A Plumbook, 2003), p.7.
76) 윤영수·채승병, 『복잡계개론』(삼성경제연구소, 2005), 107쪽.

시키기 때문이다.[77] 그렇기 때문에 열린계는 외부에 있는 사물이나 사건들과 서로 영향을 주고받으며 정보를 교환한다. 또한 소속된 계와 외부의 경계가 명확하지 않아 서로 영향력을 미치는 범위를 쉽게 알 수 없다.[78]

그것은 연기법의 또 다른 표현이라고 할 수 있다. 연기법이 적용되는 이 세상은 거리의 멀고 가까움이나 크기의 대소에 따라 어떤 형식으로든 서로 영향을 주고받게 된다. 그것을 불교에서는 중중무진(重重無盡)의 연기라 한다. 복잡계는 너무 다양한 요소의 상호작용에 의해 결과가 결정되기 때문에 우리가 원인이라고 생각하였던 것이 예측대로 결과에 반영되지 않는다.

이처럼 우리가 예측했던 바와 같이 원인과 결과 사이의 관계가 비례하지 않을 때 우리는 비선형적(非線型的, non-linear) 관계라고 말한다. 복잡계는 원인과 결과의 관계가 비선형적이기 때문에 생각하기에 큰 힘이 작용하였는데 아무런 결과가 없기도 하고 미약한 충격이 큰 결과를 초래하기도 한다. 그래서 1+2=3, 2×3=6과 같은 예측가능한 상황이 복잡계에서는 통하지 않을 때가 많다.

이런 일은 우리의 주위에서도 흔히 볼 수 있다. 노력의 정도와 성공이 비례하지 않는다. 열심히 노력하는데도 불우한 일이 계속 닥쳐와 어려운 일생을 보내는 사람이 있는가 하면, 별로 노력하지 않는데도 일이 잘 풀려 평탄한 인생을 누리며 사는 사람도 있다. 인간의 공업(共業)에 의해서 벌어지는 사회적인 현상에서도 그러한 일은 흔히 벌어진다. 복잡계로 구성된 생태계나 인간의 업에 비선형적 현상이

---

77) 조이너 메이시/이중표, 『불교와 일반시스템이론』(불교시대사, 2004), 160쪽.
78) 윤영수·채승병, 『복잡계개론』(삼성경제연구소, 2005), 61쪽.

나타나는 것은 당연한 일이다. 그래서 그 효과가 금방 나타나지 않는 경우도 있어 우리가 행한 행동의 결과를 쉽게 깨닫지 못하지만 반드시 언젠가는 어떠한 형태로든 그 과보(果報)가 나타나게 되어 있다.

복잡계에서 나타나는 이러한 비선형성은 복잡계가 가진 창발성(創發性, emergent property), 초기조건에의 민감성(sensitivity to initial conditions), 되먹임(feedback) 현상 때문이다.

창발성은 복잡계의 중요한 특징 중 하나로 계를 구성하고 있는 각 부분 혹은 요소에 없던 특성이나 성질이 시스템 전체의 수준에서 돌연히 나타나는 현상을 말한다.[79] 예를 들면 음악에서 하나의 음에 특별한 의미가 있는 것이 아니고 다른 음과의 관계 속에서 그 의미가 나타나는 경우와 마찬가지다.[80] 그래서 어느 단계에서 일어난 창발현상을 한 단계 낮은 단계로 환원하여 설명할 수는 없다. 다시 말하면 복잡계란 수많은 구성요소가 모여 이루어진 하나의 시스템이지만 그 요소들이 상호작용하면서 새로운 성질과 능력이 생기는 시스템이다.[81] 이처럼 복잡계는 실체 사이의 관계에 더 큰 의미를 둔다. 불교에서 말하는 연기법이 적용되는 세계가 바로 복잡계이다.

복잡계는 혼돈의 상태(chaotic state)에 이를 수 있다. 혼돈(chaos)이란 예측 불가능한 혼란스러운 현상을 가리키는 개념인데 복잡계에도 그러한 현상이 존재한다는 것이다. 혼돈의 이론은 미국의 기상학자 로렌츠(Edward Norton Lorenz)가 사소한 나비의 날

---

79) 최창현 『신과학 복잡계 이야기』(도서출판 종이거울, 2010), 53쪽.
80) 이노우에 마사요시/강석태(카오스와 복잡계의 과학)(도서출판 한승, 2002), 17쪽.
81) 이노우에 마사요시/강석태(카오스와 복잡계의 과학)(도서출판 한승, 2002), 16쪽.

갯짓이 거대한 태풍을 불러올 수 있다는 나비효과를 발표하면서 시작되었다. 혼돈의 상태에 이르면 사소한 변화에도 민감한 반응이 나타날 수 있는데 그것을 초기조건에의 민감성(sensitivity to initial conditions)이라고 한다.

이처럼 초기조건에의 민감성에 따라 처음에는 차이가 아무리 작을지라도 나중에는 엄청나게 큰 결과의 차이를 가져올 수 있다. 다시 말하면 처음에 대수롭지 않게 여겼던 사소한 사건이 예기치 않았던 커다란 변화의 소용돌이를 가져올 수 있다는 것이다. 복잡계에는 바로 그런 특성을 내포하고 있다는 것이다.

선불교의 제3대 조사인 승찬(僧璨, ~606) 대사의『신심명(信心銘)』에서 말하는 호리유차천지현격(毫釐有差天地懸隔-털끝만큼의 차이에도 하늘과 땅처럼 사이가 벌어진다)의 경우가 바로 초기조건에의 민감성으로 설명할 수 있는 예이다. 복잡계의 성격을 그대로 가지고 있는 인간의 업에서도 마찬가지다. 그래서 우리가 사소한 언행에도 조심을 해야 할 당위성이 있고 불교의 수행이 처음에는 별스러운 것이 아닌 것처럼 느껴져도 종국에는 깨달음을 이루게 하는 것이다.

복잡계에서는 수많은 요소들이 상호작용하면서 꼬리에 꼬리를 물고 영향을 주고받는 현상이 벌어진다. 그것이 되먹임(feedback) 현상이다. 되먹임은 연기적 관계에서 일어나는, 끊임없이 반복되는 비선형적 상호작용에서 오는 효과이다. 인간사회도 되먹임 현상이 있어 자신의 행동이 상대방에게 영향을 미치고 그 영향이 다시 자기에게 되돌아와서 영향을 받는다. 그처럼 복잡계에서는 원인과 결과가 서로서로 영향을 미치게 된다. 그러한 현상이 예측불허의 비선형적인 결과가 나타내는 원인이 된다. 수행자들이 무리를 지어 수행을 하는 이유가 여기에 있고 공업(共業)이 세상을 변화시킬 수 있는 원동력이 되는 것도 이러한 이유에서다.

되먹임에는 양의 되먹임(positive feedback)과 음의 되먹임(negative feedback)이 있다. '양의 되먹임'이란 어떤 효과를 증폭시키는 기능을 말하는 것이고 '음의 되먹임'이란 '계' 스스로 자신의 행동을 조절하는 기능을 말한다. 이러한 현상은 자연계와 인간사회는 물론이고 인간의 마음에서도 일어난다. 그래서 마음을 어떻게 쓰느냐에 따라 성인이 되기도 하고 범부, 혹은 악인이 되기도 하는 것이다.

복잡계가 갖는 또 하나의 특징으로 자기닮음(self similarity)이 있다. 자기닮음은 카오스(chaos)의 대표적 특성 중 하나이지만 이러한 현상이 복잡계에도 나타날 수 있다. 예측할 수 없이 제멋대로 행동하는 것처럼 보이기 때문에 혼돈(chaos)이라고 하지만 거기에도 자기닮음의 질서가 숨어 있다. 자기닮음을 기하학적인 도형에서는 쪽거리 구조(fractal pattern)라 한다. 자기닮음이란 어떤 일부를 확대해 보았을 때 그 모습이 전체 모습과 본질적으로 닮은 것을 말한다. 예를 들면 나뭇가지들이 일정한 길이의 비가 되는 점에서 두 가지로 갈라졌으므로, 가지의 어느 부분을 선택하여 확대를 해도 나무의 전체 모양과 정확히 같은 모양을 얻을 수 있다.[82] 복잡계가 자기닮음의 구조를 갖는다는 것은 부분에도 전체에 통하는 어떤 보편성을 가지고 있다는 것을 뜻한다.

자연현상뿐만 아니라 인간의 행동과 의식(意識) 즉 업의 활동에도 역시 자기닮음의 구조를 갖추고 있다. 인간은 습에 따라 거의 같은

---

82) 윤영수·채승병, 『복잡계개론』(삼성경제연구소, 2005), 124쪽.

행동을 반복한다. 우리 범부들은 일생 동안의 행적이 날마다의 반복되는 행동에 불과한 경우가 대부분이다. 그래서 우리는 "될 성싶은 나무는 떡잎부터 알아본다"라 하고 "하나를 보면 열을 안다"라고 한다. 『화엄경』에서 말하는 하나가 전체를 대표하고 전체가 하나로 표현될 수 있다는 '일즉다다즉일(一卽多多卽一)'도 자기닮음의 불교적 표현이라고 할 수 있을 것이다.

많은 복잡계에는 외부에서 시스템의 조건을 인위적으로 조절해주지 않더라도 내부의 자기조절과정을 통해 임계상태로 스스로 전이해 가는 성질이 있다. 이를 자기조직화된 임계성(self-organized criticality)이라고 한다.[83] 비평형상태에서 일어나는 자발적인 질서 창출이 바로 자기조직화이다. 우리가 생각하기에 어지럽게 보이는 비평형상태가 단순히 무질서만을 만들어내는 것이 아니라 새로운 질서의 근원이 됨을 의미한다.[84]

이러한 자기조직화는 질서와 무질서 사이의 미묘하고 불안정한 경계, 즉 혼돈의 가장자리(edge of chaos)에 위치할 때 가장 활발하게 일어난다고 한다.[85] 이처럼 복잡계는 조직이 자기의 특질을 파악하고, 그 특질을 활용하여 자발적으로 질서를 형성하면서 조직을 성장시킬 수 있는 자기조직화 능력이 있다. 복잡계에는 이러한 성질이 있어 사람마다 각자 개인 특유의 색깔을 지니고 살아가는 것이고 조직마다 제각기 그들 고유의 특성을 보이게 되는 것이다. 자기조직화가 어떻게 진행되느냐에 따라서 예전의 내가 전혀 다른 사람으로 다

---

83) 앞의 책, 105쪽.
84) 위의 책, 140쪽.
85) 위의 책, 146쪽.

시 태어나기도 하고, 옛날에 알고 있던 조직이 이전과는 전혀 다른 새로운 조직으로 변모할 수 있는 것이다. 인간의 업이 그렇듯이 복잡계에도 항상 새로운 가능성이 내재되어 있다고 말할 수 있다.

Ⅲ. 신·구·의(身口意) 3업의 생태철학적 해석

　　업은 다양한 방법으로 분류할 수 있다. 그 중 마음의 작용을 중요하게 여겨 '사업(思業)과 사이업(思已業)' 두 가지로 분류하는 방법이 있다. 사업(思業)이란 생각이 마음의 활동으로만 끝나고 행동으로 드러나지 않은 업을 말한다. 이는 신체의 작용으로 표현되지 않은 마음의 활동이라 하여 의업(意業)이라고도 부른다. 사업이 말이나 행동으로 표현되면 그 업은 마음의 활동을 마친 이후에 나타난 업이라 하여 사이업(思已業)이라 부른다. 사이업을 더 분류하면 몸으로 짓는 업[身業]과 입으로 짓는 업[口業]이 있다. 그러므로 업을 행위의 결과에 따라 분류하면 신·구·의(身口意) 3업이 된다. 이것을 더 세분하면 10업으로 나눌 수 있다.

　　이러한 분류법은 『중아함경』 권4에서 10종의 선하지 않은 업[不善業]을 논하고 있고[1] 『중아함경』 권3, 「라운경」에서는 몸으로 짓는 업에 3종, 입으로 짓는 업에 4종, 뜻으로 짓는 업에 3종 등의 10업을 논하고 있는 것에 근거를 두고 있다.[2]

　　인도의 전통 업설에서 업은 세분화되지 않았었다. 업을 구체적으로

---

1)　『大正藏』1, 440上: 就十種不善業道 殺生 不與取 邪婬 妄言 乃至邪見.
2)　『大正藏』1, 437中: 故作三業不善與苦果受於苦報 口有四業 意有三業 不善與苦 果受於苦報 云何身故作三業 不善與苦果受於苦報 一曰殺生 極惡飮血 其欲傷害 不慈衆生 乃至昆蟲.

몸으로 짓는 업[身業], 입으로 짓는 업[口業], 생각으로 짓는 업[意業]의 3업으로 분류한 것은 불교와 자이나교에 이르러서이다.[3] 사업과 사이업에서 사(思)는 업의 본질[體]이다. 사업(思業)은 의사업(意思業)과 같은 말로 마음의 사유작용이다. 우리가 어떤 행위를 할 때는 반드시 마음속에서 먼저 생각을 하게 된다. 그러므로 붓다는 "비구들이여, 나는 마음의 작용[思, cetanā]을 업이라고 설한다. 마음이 작용하여 행동·말·생각[身口意]으로 업을 이룬다."[4]라고 하였다.

붓다 당시 인도의 다른 종교에서는 업을 객관적 실재로 보아 물질적인 것으로까지 여겼다. 그러나 불교는 업을 행위 및 행위 후 남아 있는 영향력으로 생각하여 정신적인 차원을 중요시하였다. 그러므로 불교는 의업을 중요시하고 마음의 작용[思, cetanā]을 업의 근본으로 생각하였다. 사업(思業)을 의지활동이라는 의미에서 의업(意業)이라고 하고 구업과 신업은 의지활동에 근거하여 마음에서 결정한 이후에 언어로 혹은 신체로 표현된 행위이므로 사이업(思已業)이라고 부른다. 사이업이라는 단어를 통해서도 불교는 업의 근본이 생각[意], 즉 마음의 작용[思]에서 비롯된다고 여기고 있음을 알 수 있다.[5] 이는 『중아함경』 권32에서도 마찬가지다.

> 나는 의업이 가장 무겁다고 시설한다. 의업은 악업을 행하지도 않게 하고, 짓지도 않게 한다. 신업과 구업은 그렇지 않다.[6]

---

3) 조용길, 「초기불교의 업설에 관한 연구」(동국대학교 불교학과 박사학위 논문, 1987), 97쪽.
4) AN Ⅲ. p.415.
5) 박경준, 「불교업설에서의 동기론과 결과론」『불교학보』29 (서울: 동국대학교 불교문화연구원, 1992), 534쪽.
6) 『大正藏』1, 627中: 施設意業爲最重 令不行惡業 不作惡業 身業口業則不然也

또 『증일아함경』 권51에 붓다는 바사익 왕과 다음과 같이 문답하고 있다.

"이 세 가지 행 가운데 무엇이 최고로 중요합니까? 몸으로 하는 행입니까? 입으로 하는 행입니까? 생각으로 하는 행입니까?"
붓다는 왕에게 말씀하셨다. "이 세 가지 행 가운데 생각으로 하는 행이 가장 중요합니다. 입으로 하는 행이나 몸으로 하는 행은 말할 것도 못 됩니다. 무릇 사람이 행하는 바는 먼저 마음으로 생각한 후에 말을 합니다. … 마음은 법의 근본이 되니 마음을 소중히 하고 마음을 부리십시오. 마음 가운데 선을 생각하여 곧 행하면 그에 따라서 선의 과보를 받는 것이 그림자가 형상을 따르는 것과 같습니다."[7]

이와 같이 불교에서는 마음으로 짓는 의업을 업의 근원으로 보아 가장 중요시한다. 업을 논할 때 일반적으로 몸(행위)·말(언어)·생각으로 짓는 업을 신·구·의(身口意) 3업(三業)이라 하는 바와 같이 3업 중 몸동작으로 짓는 업[身業]을 항상 먼저 말하지만 우리는 몸과 말을 통하여 행동으로 옮기기 전에 반드시 마음속으로 먼저 생각을 하기 때문에 의업이 가장 중요하다고 여기는 것이다.

그렇지만 연기관에 입각한 업설은 신·구·의 3업이 서로 영향을 주고받는다고 생각하여야 한다. 사람의 마음은 복잡계로 구성되어 있다. 복잡계란 열린계로 끊임없이 서로 영향을 주고받는 구조다. 그러므로 마음의 작용인 3업에도 되먹임(feedback) 현상을 나타낸다. 그것은 연기적이기 때문이다. 물론 의업이 업의 근본원인이 되지만 우리가 어떤 무의식적인 말이나 행동조차도 그것을 반복하다 보면

---

7) 『大正藏』23, 827中.

되먹임 작용을 일으켜 다시 의식의 변화를 일으키게 되는 것이다. 수행을 통하여 불성을 얻는 것이라고 생각하면 신·구·의 3업을 동시에 다스려야 할 당위성은 더욱 더 확실해 보인다. 이제 먼저 업의 근본원인이 되는 의업에 대해 좀 더 자세히 살펴보고 그 다음에 신업과 구업의 순서로 살피기로 한다.

1. 의업(意業)의 생태철학적 해석

1) 업의 근원으로서의 의업(意業)

충격적인 일이나 해결될 기미가 보이지 않는 불행한 일을 당하면 사람들은 흔히 "내가 전생의 업이 얼마나 두껍기에 이런 일을 당하나!" "무슨 업을 지었기에 이런 일이 내 앞에 닥치는가!"라고 말한다. 이처럼 우리는 업을 부정적인 의미로 생각하는 경우가 많다. 그러나 본래 업은 선악의 행을 가려서 하는 말이 아니다. 악한 일은 물론이고 선한 일을 해도 그것을 업이라 한다. 선행이든 악행이든 범부들의 행위는 모두 이기적인 기준에서 판단한 다음에 출발하기 때문이다. 그 이기적인 기준에는 탐욕·분노·어리석음[貪瞋癡]의 마음이 있다. 이 세 가지를 근거로 하여 심리적인 작용을 일으키는 것을 의업이라고 부른다. 범부의 마음속에는 탐·진·치가 항상 들끓고 있다는 것이다. 이러한 탐·진·치를 없애지 못한 성품에서 나온 행위는 악으로 나타날 수밖에 없다. 악행의 근원에 대하여 경전에서 다음과 같이 말하고 있다. 우선 『중아함경』 권7의 내용을 살펴보자 어떤 것이 불선(不善)을 아는 것인가? 몸으로 짓는 악행의 불선과 말과 마음으로 짓는 악행의 불선이니, 이것을 불선을 아는 것이라고 한다. 어떤 것이 불선근(不善根)을 아는 것인가? 탐냄이 불선근이고 성냄과 어리석음이 불선근이니, 이것을 불선근을 아는 것이라고 한다.[8]

또 『잡아함경』 권37에서 10악업(十惡業)과 10선업(十善業)이 생기는 이유에 대하여 다음과 같이 말하고 있다.

살생의 원인에 3종이 있다. 탐욕으로부터 생기고, 분노에서 생기고, 어리석음에서 생긴다. 더 나아가 사견(邪見)의 원인에도 역시 3종이 있다. 탐욕으로부터 생기고, 분노에서 생기고 어리석음에서 생긴다. 살생을 떠나는데도 역시 3종이 있다. 탐욕을 일으키지 않고, 분노를 일으키지 않고, 어리석음을 일으키지 않는 것이다. 더 나아가 사견을 떠나는 것 또한 3종이 있다. 탐욕을 일으키지 않고 분노를 일으키지 않고, 어리석음을 일으키지 않는 것이다.[9]

위의 내용에서 우리가 행한 행위의 선악 여부는 탐·진·치의 유무에 달려 있음을 알 수 있다. 모든 악행의 원인은 바로 탐진치 때문이라고 생각하여 이를 불선근(不善根)이라고 표현하고 있다. 마찬가지로 『중아함경』 권3에서도 업을 짓는 원인에 대하여 다음과 같이 말하고 있다.

모든 업에는 세 가지의 본래 몸에 밴 습성[因習本有]이 있다는 것

---

8) 『中阿含經』卷7,「大拘絺羅經」9 『大正藏』1, 461下: 云何知不善 謂身惡行不善 口意惡不善 是謂知不善 云何 知不善根 謂貪不善根 恚癡不善根 是謂知不善根行.

9) 『雜阿含經』卷37,「三因經」 『大正藏』2, 274中: 殺生有三種 謂從貪生故 從恚生故 從癡生 乃至邪見亦三種 從貪生 從恚生 從癡生 離殺生亦有三種 不貪生 不恚生 不癡生 乃至離邪見亦三種 不貪生 不恚生 不癡生.

을 알아야 한다. 무엇이 세 가지인가? 가람국 사람들이여, 탐욕[貪]이 모든 업의 몸에 밴 습성이다. 가람국 사람들이여, 분노와 어리석음이 모든 업의 몸에 밴 습성이다. 가람국 사람들이여, 탐욕에 가려지면 마음이 만족할 줄을 모른다. 그래서 살생을 하거나, 도둑질을 하거나, 사음을 하거나, 알면서도 망언을 하거나, 다시 술을 마신다. 가람국 사람들이여, 분노에 가려지면 마음이 만족할 줄을 몰라 살생을 하거나, 도둑질을 하거나, 사음을 하거나, 알면서도 망언을 하거나, 다시 술을 마신다. 가람국 사람들이여, 어리석음이라는 것은 어리석음에 가려지면 만족할 줄을 몰라 살생을 하거나, 도둑질을 하거나, 사음을 하거나, 알면서도 망언을 하거나, 다시 술을 마신다. 가람국 사람들이여, 많이 들은 성스러운 제자들은 살생을 떠나고 끊어서 칼과 몽둥이를 버린다. 참회하고 자비심이 있어서 일체 중생 내지 곤충까지도 이익이 되게 한다.[10]

즉 모든 업의 뿌리는 탐진치라는 것이다. 그 탐진치가 우리의 몸에 습성으로 배어서 행동으로 나타나는 것이 바로 업이다. 인간이 언제부터인지 모르게 갖게 된 습성, 그것을 인습본유(因習本有)라 한다. 인습본유란 우리가 수많은 생을 거듭하면서 생긴 뿌리 깊은 습관이다. 그래서 우리는 자신도 모르는 상태에서 의식적 혹은 무의식적인 행위를 하게 되는 것이다.

수많은 반복연습을 통하여 숙달된 사람은 일상에서 하는 일이 거의 무의식 상태에서 이루어진다. 숙달된 타자수가 타자를 치듯이, 쉴

---

10) 『中阿含經』卷3,「伽藍經」『大正藏』1, 438下: 當知諸業有三 因習本有 何云爲三
伽藍 謂貪是諸業 因習本有 伽藍 恚及癡是諸業 因習本有 伽藍 貪者爲貪所覆 心
無厭足 或殺生 或不與取 或行邪婬 或知已妄言 或復飮酒 伽藍 恚者爲恚所覆
心無厭足 或殺生 或不與取 或行邪婬 或知已妄言 或復飮酒 伽藍 癡者爲癡所覆
心無厭足 或殺生 或不與取 或行邪婬 或知已妄言 或復飮酒 伽藍 多聞聖弟子離
殺斷殺 棄捨刀杖 有慚有愧 有慈悲心 饒益一切 乃至昆蟲.

새 없이 연습을 한 권투선수가 무의식 상태에서 공격과 수비를 하듯이 인습본유란 이전의 수많은 습에 의해서 이루어진 일이다. 그만큼 숙달되었기 때문에 저절로 이루어지는 것처럼 보인다. 그래서 익숙해진 언행은 고치기가 힘들다.

생태계의 파괴도 알고 보면 뿌리 깊게 배어 있는 탐·진·치의 작용이다. 오늘날 자본주의에서 추구하는 경제 성장은 인간의 탐욕심을 채우기 위한 것이다. 따라서 경제 성장과 생태계의 파괴는 비례하여 나아가고 있다. 탐·진·치가 인간의 마음을 자극하여 무분별하게 작동하게 되면 자연에 생태위기가 유발되는 것은 당연한 일이다. 인간사에서 벌어지는 갖가지 악행의 원인이 탐·진·치 때문이라고 『구사론』 권16에 다음과 같이 말하고 있다.

> 살생과 거친 말과 노여움은 모두 다 성냄 때문이며, 도둑질과 사행(邪行)과 그리고 음행은 모두 다 탐냄 때문에 이루어진다. 삿된 소견은 어리석음에 의해 이루어지고 나머지 업도(業道)도 그 세 가지에서 비롯된다. 논하여 말한다. 악업도(惡業道) 가운데 살생·거친말·노여움은 성내는 마음 때문에 이루어진다. 요컨대 되돌아봄이 없는 극도의 추악한 마음이 눈앞에 나타나 있을 때 이 세 가지가 이루어지는 것이다. … 사견이 이루어지는 것은 어리석음으로 말미암으며, 극도의 어리석음(癡)이 현전하기 때문에 거짓말·이간질하는 말·꾸며대는 말 셋이 각각 3불선근으로 말미암아 이루어지는 것이다.[11]

---

11) 『大正藏』29, 86上: 殺麤語瞋恚 究竟皆由瞋 盜邪行及貪 皆由貪究竟 邪見癡究竟 許所餘由三 論曰 惡業道中殺生麤語瞋恚業道由瞋究竟 要無所顧極麤惡心現在 前時 此三成故 … 邪見究竟要由愚癡 由上品癡現前成故 虛誑離間雜穢語三許 ——由三根究竟.

악행[不善業道]을 행동으로 옮기기 위해서는 준비단계[加行]를 거치게 되는데 그 근원은 탐·진·치에 있다고 『구사론』에서 다음과 같이 말한다.

> 착하지 않은 업도의 준비단계는 각기 3불선근으로 말미암아서 이루어지는 것이니, 그것이 선행(先行)한 법에 근거하여 출현한[等起] 것이기 때문에 이러한 말을 한 것이다. 살생의 준비단계가 탐욕으로 말미암아 일어난다는 것이란, … 분노로부터 일어난 것이란, 예를 들면 원수를 제거하고자 하여 분노하고 노여운 마음을 내어서 살생의 준비단계를 일으키는 것이다. 어리석음으로부터 일어난 것이란, 예를 들면, 제사를 지내는 것이 옳은 법이라는 생각으로 살생할 준비를 하는 것을 말한다.[12]

업을 짓고 그 과보를 받는 과정을 업도(業道)라 하는데 업도는 3단계로 이루어진다. 이에는 준비단계[加行]·실천 행동단계[根本]·사건의 영향력[後起]이 있다. 가행이라 함은 행동으로 옮기기 전의 준비단계이다. 근본이라 함은 선악의 실천 행동이 이루어지는 순간적인 과정을 말하고, 후기라 함은 선악업을 행한 후에 남아 있는 영향력[無表業]을 말한다. 즉 어떤 선악업이든 반드시 탐·진·치의 발동에 의한 준비과정으로부터 시작된다. 그렇기 때문에 모든 업의 근본원인은 탐·진·치에 있다는 것이다. 그래서 탐·진·치를 대표적 번뇌라고 한다. 『구사론』 권19에 번뇌에 대하여 다음과 같이 말하고 있다.

> 세간의 차별이 모두 업으로 말미암아 생긴다. 업은 수면(隨眠)으로

---

12) 『阿毘達磨俱舍論』卷16 『大正藏』29, 85中: 論曰 不善業道加行生時 一一由三不善根起 依先等起故作是 說 殺生加行由貪起者 … 從瞋起者 如爲除怨發憤恚心起殺加行 從癡起者 如有祠中 謂是法心起殺加行.

말미암아 비로소 생장하게 되고 수면을 떠나면 업은 유(有, 생존의 재료)를 초래할 능력이 없어진다. 그 까닭은 무엇이며 수면은 몇 가지가 있는가? 게송으로 말하겠다.

　　수면은 모든 유(有)의 근본이다.
　　이것의 차별은 여섯이 있는데
　　탐냄, 성냄, 교만, 무명, 사견과 의심이다.[13]

여기서 말하는 수면(隨眠)은 번뇌의 다른 이름으로 번뇌의 종자이다. 즉 우리의 마음속에 잠재하고 있는 번뇌라는 의미이다. 위에 열거한 여섯 가지 번뇌 중 탐냄과 성냄을 제외한 교만, 무명, 사견, 의심은 어리석음[癡]을 4가지로 세분해 표현한 것이다. 번뇌는 유정이 생사의 고해를 헤매게 하는 원동력이다. 이 번뇌는 씨앗과 같은 것이어서 싹이 터서 자라는 데는 여러 가지 조건이 필요하다. 번뇌에 여러 가지 조건이 작용하여 싹이 트게 되는데 이때의 연을 업이라 한다. 즉 번뇌가 인이 되고 업이 연이 되어서 유정의 물질적·정신적 요소가 결합하게 되는 것이다. 현재의 우리는 과거의 번뇌와 업에 의하여 이루어진 것이고, 미래의 우리는 현재 우리가 가지고 있는 번뇌와 그에 따른 업에 의해서 운명을 엮어가는 가변적인 존재다.

모든 번뇌의 근원인 탐·진·치에 대하여 경각심을 주기 위해 『상응부경전』에서 다음과 같이 말하고 있다.

비구들이여, 모든 것은 불타고 있다. 불타고 있는 것은 어떤 것들인가? 비구들이여, 눈이 불타고 있고, 형상이 불타고 있고, 안식(眼

---

13) 『阿毘達磨俱舍論』分別隨眠品 『大正藏』29, 98中: 世別皆由業生 業由隨眠方得生長 離隨眠業無感有能 所以者 何 隨眠有幾 頌曰 隨眠諸有本 此差別有六 謂貪瞋亦慢 無明見及疑.

識)이 불타고 있고, 시각이 불타고 있다. 고통이든, 즐거움이든, 고통도 아니고 즐거움도 아니든[非苦非樂] 간에, 시각으로 인해 일어난 모든 감각이 불타고 있다. 무엇으로 불타고 있는가. 탐욕과 증오와 무지로 불타고 있다. 또한 태어남과 늙음과 죽음, 그리고 슬픔, 한탄, 고통, 비탄과 절망으로 불타고 있다.[14]

여기에서도 마찬가지로 탐·진·치(貪瞋癡)가 원인이 되어 우리의 고통과 즐거움의 불이 타고 있다는 것이다. 그러므로 모든 수행의 초점은 연기법을 직시하여 우리의 마음에서 탐·진·치를 제거하는 작업에 모아져야 할 것이다. 이러한 탐·진·치 3독(三毒)을 다스릴 수 있는 방법은 계정혜(戒定慧) 3학(三學)이다. 계를 잘 지키면(持戒) 탐욕[貪]의 제어 및 제거에 도움이 되고, 선정(禪定)의 수행은 마음의 평정을 가져다주기 때문에 좋아하거나 싫어하는 마음을 다스려서 화내는 마음[瞋]을 억제하게 하고, 지혜[慧]는 어리석음[癡]을 다스려 주기 때문이다. 생명체에 대한 자비의 마음도 욕심과 화내는 마음이 없어야 가능하다. 이에 대하여 『중부경전』은 다음과 같이 말하고 있다.

그는 세계에서 탐욕을 버리고, 탐욕이 없는 마음에 머무르며, 탐욕의 마음을 정화시킨다. 그는 악의와 미워함을 버리고, 악의를 떠난 마음에 머무르며, 모든 생명체의 복지를 위한 자비로 악의의 마음을 정화시킨다.[15]

자신만을 위한 탐욕이 사라질 때, 대상에 대해 미워하고 성내는 마음을 버릴 때, 그리고 다른 존재에 대하여 관계 단절적이거나 대

---

14) SN Ⅳ. p.19.
15) MN Ⅰ. p.347.

립/배타적인 어리석음을 버리게 될 때 비로소 자비심을 갖게 되어[16] 생태문제가 해결될 수 있을 것이다. 자기의 행위가 나쁜 결과를 가져올 것을 예측하지 못하게 하는 어리석음은 3독심 중에서도 가장 근본적인 것이 된다.

탐·진·치가 지멸(止滅)된 성품은 곧 자비의 실천을 의미하므로 초기불교의 자기 변형의 윤리는 자기 자신에게만 국한되지 않고 대사회적 윤리로 귀결될 수밖에 없다.[17] 불교에서 수행이 갖는 의미는 최종적으로 악의 뿌리인 탐·진·치를 근절시키는 데 모아져야 할 것이다. 붓다나 아라한 등의 성인은 탐심·진심·치심이 완전히 소멸된 성품을 가지고 있다. 그래서 그들은 중생들이라면 탐심을 일으킬 상황인데도 보시하려는 마음을 일으키고, 진심을 일으킬 상황에서 자비심을 일으킨다.

이러한 성품을 모든 사람이 갖는다면 생태문제는 발생하지 않게 될 것이다. 즉 탐·진·치 3독심이 소멸되면 인간뿐만 아니라 동물과 식물은 물론 나아가 일체의 자연에 대한 자비의 실천을 하게 된다. 그러므로 불교의 관점에서 보면 인간의 성품과 자연환경의 보존은 밀접한 관계가 있다 할 수 있다. 따라서 모든 생태구성원의 생존에 필수 요소인 공기, 물, 토양을 소중히 하는 일은 자연스런 일이다.

우리는 지난 업의 영향으로 현재를 맞이하게 되고 현생에서는 자유의지에 의한 행위로 현실을 개척할 뿐만 아니라 새로운 업을 지으며 그에 따라 미래를 창조하게 되는 것이다. 이처럼 인간의 마음가짐에 따라서 미래의 세상이 펼쳐짐을 강조하는 것이 불교의 업사상이

---

16) 안옥선, 『불교윤리의 현대적 이해』(서울: 불교시대사, 2002), 428쪽.
17) 위의 책, 42쪽.

다. 그러므로 불교의 업사상은 초인간적인 영향력을 믿고 살아가는 것보다 인간의 의지에 따른 행위에 비중을 두고 열심히 살아야 할 당위성을 강조하는 가르침이라 할 수 있다.

붓다 당시에 창립되어 번성했던 자이나교[離繫派, 裸形外道]도 역시 업사상을 신봉하였으나 그들은 불교의 업사상과 달리 행위에 중점을 두어 신업[身罰]이 중요하다고 주장하고 있다.『중아함경』권32의 내용을 살펴보자.

> "고타마시여, 이 세 가지 벌(罰)은 이렇게 서로 비슷합니다. 그러나 우리 존자 니건타(자이나교의 창시자)는 몸의 벌이 가장 중요하다고 시설하여 악을 행하지 않게 하고, 악을 짓지 않게 합니다. 입의 벌은 그렇지 않고, 생각의 벌은 최하로 낮아서 몸의 벌의 극히 크고 심히 중함에는 미치지 못합니다." …
> "고행자여, 나(고타마)는 벌을 시설하여 악업을 행하지 않게 하고, 악업을 짓지 않게 하지 않습니다. 나는 단지 업을 시설하여 악업을 행하지 않고 짓지 않게 합니다. … 고행자여, 이 3업은 이와 같이 서로 비슷합니다. 나는 뜻의 업이 최고로 무거우니, 악업을 행하지 않게 하고 짓지 않게 한다고 시설합니다. 신업과 구업은 그렇지 않습니다.[18]

자이나교에서 말하는 벌(罰)이란 악업의 응보를 의미한다. 그러므로 신벌(身罰)을 중시한다는 것은 업에 의해 나타나게 되는 과보 즉 결과론을 중시하는 것이다. 물론 실정법에서도 몸으로 짓는 악업[身惡業]은 생각으로 짓는 의업(意業)이나 입으로 짓는 구업(口業)보다도 형량이 더 무겁다. 그렇듯이 과보가 무거운 것에 중점을 두어 자

---

18) 『중아함경』권32,「우바리경(優婆離經)」『大正藏』1, 627下.

이나교와 막칼리 코살라 등은 신업(身業)과 어업(語業)을 온전한 업[全業]이라 하였고 의업(意業)을 반쪽 업[半業]이라 하였다.[19] 이들과 달리 불교에서 의업을 중시하는 것은 업의 발생원인 즉 동기론을 중시하기 때문이다. 불교에서는 의업을 나무의 뿌리에 비유하면서 그 중요성을 강조하고 있다.

이상에서 본 바와 같이 불선근인 탐·진·치가 잠재되어 있는 상태가 중생들의 마음가짐이다. 의업은 본인이 감지할 수 있는 구체적인 마음의 활동으로 탐·진·사견이 드러난 상태라 할 수 있다. 여기에서 치는 바로 무명을 의미한다.

그리고 무명(無明), 행(行), 식(識)으로 시작하는 12연기의 행(行)은 무명에 싸인 우리의 일상적인 신·구·의(身口意) 3업을 의미한다. 좁은 의미의 무명을 사견이라 표현하기도 한다.

마음에 간절한 것은 반드시 행동을 통해서 나타나게 된다. 따라서 강렬한 의업은 신업과 구업으로 표출된다. 바른 생각을 바른 언행으로 나타내는 것은 불교가 지향하는 목표다. 불교는 행동주의와 실천주의에 목표를 둔 종교이기 때문이다. 이런 행동주의를 강조한 불교의 업이 참된 뜻과 달리 후세에 이르러 의업만이 중요한 것으로 변화되었다.

그리하여 요즘의 불교현실은 행동주의와 거리가 멀다. 오늘날의 불교는 오로지 수행만을 강조하면서 현실의 개선에는 노력을 포기한 채 사회적으로 벌어지는 선·악의 현상을 개인적인 일로 치부하며 각

---

19) 水野弘元, 「業について」『日本佛教學會年譜』vol 25(京都: 日本佛教學會, 1959), 311쪽.

자가 자신의 마음만 잘 다스리면 된다고 생각하거나, 현재 벌어지는 모든 상황을 과거에 있었던 업의 탓으로 돌리면서 체념하거나 수동적 태도로 일관한다. 이처럼 현실 순응적인 자세로 사회악의 개선을 외면하는 것은 불교의 업사상이 지향하는 행동주의와 실천주의적 측면을 간과한 것이고, 신업과 어업의 중요성을 잊고 의업만을 중시한 결과라 할 것이다. 업은 행동주의를 강조하기 위한 것이다. 그래서 구체적인 행동지침으로 10악업과 10선업을 말하고 있는 것이다.

물론 수행 차원이나 근원적인 차원에서는 의업이 중요한 것은 사실이다. 의업이 근원이 되어 신업과 구업이 나타나기 때문이다. 앞에서 말한 것처럼 신·구·의 3업 중에서 의업이 가장 중요하므로 탐·진·치 3독심만 없애면 생태문제는 근원적으로 해결될 것이다. 지구상에 나타난 생태문제는 인간의 마음속에 갖고 있는 탐·진·치의 표현이기 때문이다. 즉 생태의 위기는 근본적으로 인간의 3독심이 과학기술과 무분별하게 결탁한 결과라고 할 수 있다.

자연계에 존재하는 모든 생명체의 안녕을 위해서는 탐·진·치가 소멸된 성품이 우선되어야 한다. 그러한 마음가짐에서 자비심이 우러나오기 때문이다. 자비심이 확산된 생태윤리가 아니고서는 자연의 온전한 보존은 불가능할 것이다. 자연의 모든 존재에 대한 자비심은 생태계가 상호의존적 존재라는 연기의 원리를 제대로 인식하는 데서부터 출발한다.

2) 생태계 파괴의 근본원인

생태계의 파괴는 인간의 행위에 의해서 유발되었다. 그러므로 인간의 행위의 근본원인을 파악하는 것은 생태위기의 근원이 무엇인지 밝혀 줄 수 있을 것이다. 생태파괴의 근원에 대한 논쟁은 1967년 발표된 미국의 역사학자 및 인류학자 린 화이트(Lynn White, 1907~1987)의 논문 「생태위기의 역사적 근원(The historical roots of our ecological crisis)」에서부터 시작되었다. 그는 생태위기의 근원을 기독교의 교리 때문으로 보았다. 그는 그 중에서도 다음의 성경 구절이 그 원인이라고 주장하였다.

> 하나님께서 그들(아담과 이브)에게 복을 내려주시며 말씀하셨다. '자식을 낳고 번성하여 온 땅에 퍼져서 땅을 정복하여라. 바다의 고기와 공중의 새와 땅위를 돌아다니는 모든 짐승을 부려라.'[20]

> 하나님께서 노아와 그의 아들들에게 복을 내리시며 말씀하셨다. '많이 낳아 온 땅에 가득히 불어 나라. 들짐승과 공중의 새와 땅위를 기어 다니는 길짐승과 바닷고기가 다 두려워 떨며 너희의 지배를 받으리라.'[21]

환경사(Environmental history) 분야의 선도적 학자인 미국의 도널드 워스터(Donald Worster, 1941~)도 화이트와 같은 관점으로 기독교는 인간을 제외한 다른 동식물에는 혼과 정신이 내재한다는 것을 인정하지 않기 때문에, 자연에 대한 인간의 시각을 기계와 같은 무생물의 지위로 떨어뜨리는 데 일조했다고 보았다. 그는 기독교가 수세기에 걸쳐 이러한 가치관을 인식시켜 왔을 뿐만 아니라, 자연은 인간의 영향권 아래 있기 때문에 인간이 자연을 마음대로 변형시킬 수 있는 대상으로 가르쳐 왔다고 주장하였다. 워스터는 그러한 시

---

20) 성경 창세기 1:28절
21) 성경 창세기 9:1~2절

각의 자연관을 제국주의적 자연관이라고 표현하였다.[22]

그런데 환경문제는 전 지구적으로 발생하고 있다. 또한 특정 종교를 추종하는 지역에만 한정되어 나타나는 것이 아니라 다른 종교를 신봉하는 지역에서도 공통적으로 나타나는 현상이다. 그러므로 생태위기의 근원이 기독교의 교리 때문이라는 것은 보편타당한 주장이라 할 수 없을 것이다.

필자는 생태위기의 근원을 인간의 무지와 욕망[貪心]에서 비롯된다고 주장한다. 따라서 인간의 욕망 때문에 생태위기를 초래했다면 불교의 업에 대한 분석은 생태문제의 원인과 결과를 밝히는 데 중요한 단서가 되리라고 본다. 불교는 힌두교, 자이나교 등과 마찬가지로 업의 발생 원인을 욕망과 무지[癡心] 또는 집착이라고 생각하였다. 어떻게 표현하든 욕망이나 무지, 집착은 번뇌의 일종이다. 불교에서는 탐·진·치가 모든 업의 원인이라 생각하였고, 이 중에서도 무명[無明, 癡]이 더 근원적이라 생각하여 무명을 12연기의 근본원인으로 삼았다.[23]

업의 근본원인을 달리 표현하여 『잡아함경』 권13, 「견법경(見法經)」에서는 "모든 업은 갈애(渴愛)와 무명(無明)을 원인으로 하여 타세(他世)의 음(陰)을 쌓는다."[24]라고 하였다. 즉 업에 의해서 후세의 몸[他世陰]을 받게 되는데, 이 업은 바로 무명과 갈애가 원인이 되어 일어난다는 것이다. 다시 말하면 갈애와 무명이 업의 제1 원인이 된다는 뜻이다.

---

22) 도널드 워스터 / 강헌·문순홍, 『생태학』(서울: 아카넷, 2002), 47쪽.
23) 정승석, 「업의 합리성 분석」 『동국사상』(서울: 동국대학교불교대학, 1979), 62쪽.
24) 『大正藏』2, 88中: 諸業愛無明 因積他世陰.

갈애나 무명은 번뇌의 일종으로서 표면에 드러나지 않고 마음속에 잠재하고 있는 심리상태를 말한다. 즉 업은 잠재되어 있는 갈애나 무명이 표면화되어 심리활동이나 신체활동으로 나타난 것을 말한다. 여기서 갈애라 함은 자기중심적 이기주의를 의미한다. 갈애(渴愛)란 목마른 자가 물을 찾는 것에 비유한 탐욕이다.

사물을 실재 그대로 알지 못하기[無明] 때문에 중생은 업을 만든다. 사물을 있는 그대로 보는 사람은 갈애로 인한 새로운 업을 만들지 않는다. 무명 속의 인간들은 한시적 생명을 누리고 있는 현재의 자기를 상주불변의 자아로 착각하여 즐거운 감각만을 추구하려는 끝없는 욕망으로 새로운 업을 짓는 것이다. 탐·진·치를 동등하게 생각하여 3독심이라 하지만 탐과 진은 그 근원이 치(癡) 즉 무명(無明)에 있다. 무명으로부터 시작되는 업의 진행과정을 12연기를 통해 살펴보자.

연기의 이치를 모르는 어리석음[無明, 癡]을 지닌 우리 중생들은 탐욕심을 가지고 맹목적인 의지작용[行]으로 활동[業]을 한다. 그러한 생활을 하는 가운데 우리의 인식작용[識]은 발생하게 된다. 이때의 인식작용은 무명에 근거하기 때문에 있는 그대로를 볼 수 있는 능력이 없다. 이어 그 수준에 맞는 정신과 육체[名色] 그리고 감각기관[六入]을 형성하게 된다. 감각기관은 각각의 대상을 접촉[觸]을 하게 된다. 그럴 때마다 그것에 대해 느낌[受]을 받아들이면서 싫고 좋음[渴愛]을 결정한다. 마음에 드는 것은 차지하고 싶어 하고[取] 싫은 것은 멀리하려 한다. 그러면서 내세에 태어날 재료[有]를 만들어 생로병사가 있는 고통의 세계로 접어들게 되는 것이다. 이것이 바로 우리의 인생사이다. 이와 같이 중생들은 무명의 굴레 속에서 생사의 고해를 헤매는 것이다.

무명과 갈애를 탐·진·치 3독에 짝지우면 갈애는 탐과 진, 무명은 치라 할 수 있다. 무명은 진리에 눈이 어두워서 사물을 있는 그대로 보지 못하는 무지 즉 어리석음을 말한다. 이러한 무지를 근원으로 하는 거짓된 자아[假我]를 위한 이기적 욕망이 갈애의 핵심이다. 생태적 무명을 가진 사람들은, 인간의 욕망을 당연하다고 생각하고, 인간이 만물의 영장이라고 우쭐대면서, 자연을 인간의 이용물이라고 생각한다. 그러면서 자연을 착취하려 든다. 바로 갈애 때문이다.

갈애는 탐욕에 얽매여 있는 상태로 재생(再生)의 원인이 된다. 탐욕을 채워서 곧장 새로운 기쁨을 찾으려 하지만 뜻대로 이루어지지 않아 갈증을 느끼며 집착하는 상태가 바로 갈애다. 갈애에는 감각적 쾌락에 대한 갈증[欲愛], 존재와 그 생성에 대한 갈증[有愛], 존재하고 싶지 않은 것에 대한 갈증[無有愛] 등의 세 가지 갈애[三愛]가 있다. 이러한 갈애는 감각작용[受]이 원인이 되어 일어나게 된다.[25] 이렇게 형성된 갈애는 자기가 좋아하는 대상에 대해서는 이기적 욕망인 탐욕을 일으키고, 싫어하는 대상에 대해서는 거부감으로 화를 내게[瞋恚] 되는 것이다.

붓다의 분석에 의하면, 가족 안에서 벌어지는 자그마한 다툼에서부터 국가 간에 벌어지는 전쟁에 이르기까지 이 세상의 모든 분쟁은 크고 작은 이기적 욕망에서 비롯된다고 한다. 이런 견해에 따르면 모든 경제적·정치적·사회적 문제뿐만 아니라 전 지구적인 생태문제 등

---

25) Walpola Rahula, What the Buddha taught. (London and Bedford: The Gordon Fraser Gallery Ltd, 1990), p.29.

의 근본적인 원인은 바로 이기적 욕망이라고 할 수 있다.[26)]

무명에 대하여『잡아함경』권9, 「구치라경」은 다음과 같이 설한다.

> 무지(無知)가 곧 무명이다. 무지는 무엇인가? 눈이 무상하다는 것
> 을 여실히 알지 못하는 것이 무지다. 눈의 생멸법을 여실히 알지
> 못하는 것이 무지다. 귀·코·혀·몸·뜻 역시 이와 같다. 마하구치라
> 존자여, 이 6촉입처를 여실히 알지 못하고 보지 못하며 밝게 알지
> 못하고 어리석고 밝지 않아서 캄캄한 것 이것을 무명이라 한다.[27)]

또『잡아함경』권10, 「무명경(無明經)」에서는 다음과 같이 말한다.

> 색을 사실 그대로 알지 못하고, 색의 발생·색의 소멸·색의 소멸에
> 이르는 길을 사실 그대로 알지 못하는 것이다. 수·상·행도 마찬가
> 지이며, 식을 사실 그대로 알지 못하고, 식의 발생·식의 소멸·식의
> 소멸에 이르는 길을 사실 그대로 알지 못하는 것이다.
> 마하구치라여, 이 5수음에 대해서 사실 그대로 알지 못해, 깨닫지
> 못하고 보지 못하며 빈틈없이 한결같음이 없고 어리석고 어두워 밝
> 지 못하면 이것을 무명이라고 말한다.[28)]

즉 무명은 자아의 무상성(無常性)을 인식하지 못하고, 자아가 자
기 모습을 그대로 지키면서 그 힘에 의해 주변을 통제하는 능력이 있
는 존재[常一主宰]로 생각하여 그에 집착하는 것이다. 우리 인간은
육체적·정신적 요소로 색·수·상·행·식(色受想行識)인 5온(五蘊)이

---

26) 앞의 책, 51쪽.

27) 『大正藏』2, 60下: 無知者是爲無明 云何無知 謂眼無常不如實知 是名無知 眼
生滅法不如實知 是名無知 耳鼻舌身意亦復如是 如是 尊者摩訶拘絺羅 於此六
觸入處 如實不知 不見 不無間等 愚癡 無明 大冥 是名無明.

28) 『大正藏』2, 64下: 色不如實知 色集 色滅 色滅道跡不如實知 受 想 行 識不如
實知 識集 識滅 識滅道跡不如實知 摩訶拘絺羅 於此五受陰不如實知 不知 不
見 不無間等 愚闇 無明 大冥 是名無明.

임시로 화합하여 이루어진 무상한 존재이다. 그것을 알지 못하는 것을 무명이라고 한다. 다른 말로 표현하면 모든 것은 덧없다[諸行無常], 모든 것은 고통이다[一切皆苦], 모든 것은 실체가 없다[諸法無我]라는 3법인(三法印)의 이치를 깨닫지 못하는 어리석음이 무명이라고 할 수 있다.

이를 생태학에 적용시켜 표현하면 생태계의 상호의존성, 순환성, 항상성을 있는 그대로 볼 줄 모르는 것을 바로 생태적 무명이라 할 수 있을 것이다. 무명은 인간으로 하여금 자연을 일방적으로 지배할 수 있다는 착각에 빠뜨려 자연과의 공존관계를 망각하게 하고 탐욕을 만족시키려는 마음으로 생태계를 파괴하며 살아가도록 한다.

불교에서는 어리석음을 경계하는 수많은 가르침이 있다. 그만큼 어리석음이 우리에게 폐해를 끼치는 일이 크다는 뜻이다. 그래서 『반야경』은 모든 것을 있는 그대로 볼 수 있는 지혜의 완성[반야바라밀]이 우두머리 바라밀이 되어 보시, 지계, 인욕, 정진, 선정 바라밀을 이끌고 가는 바탕이 되어야 한다고 강조한다.

무명 속의 인간은 홀로 독립적으로 존재할 수 있는 것은 아무도 없다는 연기(緣起)의 이치를 모르기 때문에 생태환경의 악화로 수많은 생물종들이 멸종되어 가지만 그에 아랑곳하지 않고 과학문명의 혜택으로 인간의 수명이 갈수록 늘어나고 있다는 자만에 빠져 있다. 줄기세포를 배양하여 병든 장기를 교체하고 암의 원인을 규명하여 암의 공포에서 벗어나 무병장수를 누릴 수 있다는 희망에 부풀어 있다. 3대 환경문제인 오존층의 파괴, 지구 온난화, 환경호르몬으로 인한 수많은 재해에도 불구하고 인간들은 소비지향적인 생활태도를 바꾸려 하지 않고 현대문명이 제공한 편리함과 풍요로움에 빠져 5욕락을 즐기려 한다.

탐·진·치를 경계하여 당(唐)의 규봉종밀(圭峰宗密)은 『원인론(原人論)』에서 다음과 같이 말하고 있다.

> 몸과 마음이 임시로 화합하여 한결같고 항상할 것같이 보일 뿐인데 범부는 그것을 깨닫지 못하고 집착하여 나라고 여긴다. 이런 나를 보배로 여기기 때문에 곧 탐(貪, 명리를 탐하여 나를 영화롭게 하고), 진(瞋, 情에 어긋나는 대상이 나를 해롭게 할 것을 두려워 화를 내고), 치(癡, 이치가 아닌 것을 잘못 헤아리고) 3독심을 일으킨다. 3독은 마음을 공격해서 몸과 입[身口]을 발동시켜 일체 업을 짓게 한다. 업이 이루어지면 도피하기 어렵다. 그러므로 5도(6도 윤회세계 중 수라를 뺀 것)의 고락(苦樂) 등의 몸[別業所感]과 3계의 수승하거나 하열(下劣)한 처소[共業所感] 등을 받는다. 받은 몸에 대하여 도리어 나라고 집착하고 탐심 등을 일으켜 업을 지어 과보를 받는다. 몸은 즉 생로병사하고 죽어서 다시 태어나며, 3계는 성주괴공(成住壞空)한다.[29]

즉 탐·진·치 3독심에 의해서 중생은 모든 업을 짓게 되는 것이다. 『별역잡아함경』 권11에서는 "탐욕과 성냄과 어리석음을 일으켜서 항상 그와 같은 3독심에 얽매이고 속박되어 그것을 멀리 떠나지 못하므로 환란과 손해가 잘 생기며 번뇌[結使]를 일으켜 해탈을 얻지 못한다."[30]라 하여 탐·진·치(貪瞋癡) 3독이 업의 원인이 되어 해탈을

---

29) 『大正藏』43, 709上: 身心假合似一似常 凡愚不覺執之爲我 寶此我故即起貪(貪名利以榮我)瞋(瞋違情境恐侵害我)癡(非理計校)等三毒 三毒擊意發動身口造一切業業成難逃 故受五道苦樂等身(別業所感) 三界勝劣等處(共業所感) 於所受身還執爲我 還起貪等造業受報 身則生老病死 死而復生 界則成住壞空.

30) 『大正藏』2, 449上: 起貪欲瞋恚愚癡 常爲如是三毒纏縛 不得遠離 能生患害 能生結使 不得解脫.

얻지 못한다고 하였다. 불교에서 선악 판단의 근본 기준은 바로 탐·진·치의 유무이다. 우리의 마음 가운데 있는 여러 가지 번뇌 중에서도 탐·진·치 세 가지의 해독이 가장 크다고 생각하여 3독(三毒)이라고 하였으며, 후세에는 모든 번뇌가 이 세 가지 번뇌에서 나온다는 뜻으로 근본번뇌라고 부르게 되었다.[31] 불교의 가르침은 이러한 3독심에 휘둘리는 것보다는 그 마음에서 벗어나야 한다고 말한다.

환경문제의 원인도 마찬가지다. 환경이 오염되고, 기상 이변이 일어나고, 생물들이 멸종되는 것도 현대 산업문명의 편리함과 풍요로움에 도취되어 그 부작용에 대해서는 생각하려 하지 않는 중생들의 3독심 때문이다. 마치 불타는 집안에서 놀이에 정신이 팔려 밖으로 나가려 하지 않는 어린아이와 다를 것 없는 현대인의 모습이다.[32]

생태문제를 제대로 인식하지 못하는 사람을 생태맹(生態盲)이라 부르자. 이런 생태맹에게는 다른 장님과 차이 나는 여러 가지 특징이 있다.

첫째, 장님이나 문맹·색맹의 잘못된 행동은 주로 자기에게만 피해를 주지만 생태맹은 남에게도 피해를 준다.

둘째, 생태맹은 형태가 다양하다. 어떤 사람은 음식을 버리면서도 그것이 환경에 얼마나 피해를 주는지 의식하지 못하고, 어떤 이는 필요 없는 전깃불을 켜놓고도 그것이 얼마나 환경을 오염시킨다는 것을 모른다. 어떤 이는 물을 물 쓰듯 하면서도 자기의 생활방식을 합리화시키려 한다. 즉 어느 한 가지에 더 특징적으로 나타난다는 것이다.

셋째, 자기가 생태맹인 것을 인식하지 못한다. 즉 자기의 행위가

---

31) 김동화, 『원시불교사상』(서울: 불교시대사, 2001), 266쪽.
32) 『妙法蓮華經』 「譬喩品」 『大正藏』9, 10中~19上.

생태계에 미치는 해악을 느끼지 못하면서 당당하게 살아간다.

넷째, 자기가 지닌 반생태적 습성을 쉽게 합리화시킨다. 따라서 자기 행위를 개선하려고 노력하지 않는다. 자기는 그러한 문제를 지키지 않아도 될 만한 충분한 다른 이유가 있다는 것이다.

다섯째, 생태문제는 도덕적인 문제에서 벗어나 있다고 생각한다. 도덕이라는 것은 인간에게만 적용된다고 생각하기 때문이다. 생태문제는 인간뿐만 아니라 생태구성원 모두에게 적용되는 문제인데 그들은 그렇게 생각하지 않는다. 예를 들면 물을 함부로 사용하고 공기를 더럽히는 행동을 하면서도 이런 행동이 인간에게 곧바로 피해를 주지 않기 때문에 사람에게 피해를 주는 행동이라는 윤리의식을 갖지 않는다.

여섯째, 다행히 생태맹은 불치병이 아니다. 그러므로 본인의 노력 여하에 따라 개선의 여지가 있다.

이러한 생태적 어리석음은 인간이 자연의 일부라는 것을 인정하려 하지 않는다. 그뿐만 아니라 알아야 할 불편한 진실에는 관심을 갖지 않고 애써 모른척하려 한다. 사람은 각자의 개인적인 고민거리에는 애간장을 녹이면서 불안정한 기후처럼 자기개인에게만 국한되지 않은 공공의 문제에는 외면하면서 생각하려 들지 않는다.

모든 존재는 상호연관성과 상호의존적인 관계에 있다는 연기의 원리는 천지는 나와 한 뿌리이고 만물은 나와 한 몸이라는 것을 알려 준다.[33] 이를 알게 되면 어느 생명체도 소홀히 다룰 수 없고 자연을 훼손해서도 안 된다. 그러나 생태적인 무명으로 야기된 잘못된 자연

---

33) 『肇論』『大正藏』45, 159中

관과 생명관은 무자비를 동반한다. 그래서 인간만을 우선시하여 타생물종의 생명을 경시한다. 또한 모든 생태문제를 과학기술이 다 해결해 줄 것 같은 착각을 갖게 한다. 이기심에 찬 현대인은 가까운 미래에 태어날 후손들의 생존권조차도 염두에 두지 않는다. 그러므로 현재의 편리함과 풍요로움만을 즐기려는 소비주의 문화를 선호하는 것이다.

이러한 불교의 가치관과 일맥상통하는 생태적 관점이 있는데 그것을 심층생태론(deep ecology)이라고 한다. 이에 대한 상대적인 관점으로 표층생태론(shallow ecology)이 있다. 이 표층생태론은 인간 중심적 세계관을 가진 생태론이다. 이는 오늘날 주류를 이루는 생태관으로 생태문제의 해결에 공해와 자원의 고갈만을 염려하면서 인간의 건강 및 풍요로움에 목표를 두고 있다. 이를 주장하는 사람들은 지속적인 경제성장 속에서 기술혁신과 과학적인 자원 관리를 통해서 환경문제를 해결하고자 하면서 생활습관의 교정에는 큰 관심을 두지 않는다.

심층생태론의 시발점이 된 것은 1973년에 발표된 노르웨이 철학자 아르네 네스(Arne Naess, 1912~2009)의 논문 '장기적 관점에서 본 표층 및 심층 생태운동'이었다.[34] 그는 심층생태론의 시각에서 접근할 때 현재의 생태위기가 근원적으로 해결될 수 있을 것이라고 주장하였다. 그는 생태계 위기의 근본원인이 모든 가치를 인간 중심적 측면에서 평가하고, 자연을 인간의 욕망 충족 수단으로 파악하는 인간 중심적 세계관 때문으로 생각하고, 생태계 위기의 근본적 해결

---

34) The Shallow and the Deep, Long-Range Ecology Movement: A Summary

을 위해서는 생태 중심적 세계관으로 전환되어야 한다고 주장한다. 그것이 바로 심층생태론이다. 네스는 그 논문에서 다음의 7가지 관점(7-point survey)에 주안점을 두었다.

'첫째로 환경 속의 인간이라는 개념을 거부하고 전체적인 관계성을 강조한다. 둘째로 생물권의 평등주의를 원칙으로 한다. 따라서 모든 생명체는 인간과 동등하게 살고 번성할 권리가 있다. 셋째로 생명체의 다양성과 공생의 원칙을 추구한다. 넷째로 계급주의를 반대한다. 생태적인 평등주의와 공생의 원칙을 위해서 계급주의는 타파되어야 한다. 다섯째로 공해와 자원 고갈에 맞선다. 여섯째로 뒤얽힘이 아닌 복잡성을 추구한다. 일곱째로 지방자치와 지방분권을 지향한다. 생명체는 국소지역에서 생태적 균형을 얻으므로 지방자치와 물질적·정신적인 자급자족을 강화하도록 노력해야 한다.[35]

이러한 관점에서 심층생태운동을 전개하며 많은 생태학자들의 호응을 받은 네스는 1984년에 세션스(George Sessions)와 공동으로 심층 생태운동의 8가지 기본원리(basic principles)를 강령으로 정리하여 발표하였다. 그들은 심층생태운동가들이 이를 토대로 하여 각자 나름의 강령을 만들고 핵심개념을 명확히 하며 행동하도록 권하였다.[36]

① 지구상에 존재하는 인간과 그 밖의 생명체의 안녕과 번영은 그 자체로서 가치(본질적 가치, 내재적 가치)를 갖는다. 이 가치들은 자연계가 인간의 목적을 위한 유용성의 문제와는 독립해 있다.

---

35) Edited by Alan Drengson & Yuichi Inoue, The Deep Ecology Movemen:(An Introductory Anthology, (Berkeley, Calif.: North Atlantic Books, c1995), pp.3~8.
36) Platform Principles of the Deep Ecology Movement

② 생명체의 풍부함과 다양성은 이러한 가치의 실현에 기여하며 또한 그 자체로서 가치를 가진다.

③ 인간들은 생명유지에 필요한 것들을 충족시키기 위한 경우를 제외하고는 이러한 풍부함과 다양성을 감소시킬 권리가 없다.

④ 인간의 생명과 문화의 번영은 실질적으로 더 적은 인구와 양립할 수 있다. 인간을 제외한 생명체의 번영도 더 적은 인구를 요구한다.

⑤ 현재 인간의 자연계에 대한 간섭은 과도하며, 그 상황은 빠른 속도로 악화되고 있다.

⑥ 따라서 정책이 변해야 한다. 이러한 정책들은 근본적인 경제적·기술적 그리고 이데올로기적 구조들에 영향을 미친다. 그 결과로 발생할 상태는 현재와는 매우 달라질 것이다.

⑦ 이데올로기 변화는 더 높은 생활수준에 대한 집착보다는 주로 삶의 질 즉 내재적 가치에 대한 평가와 관련될 것이다. 그렇게 되면 큰 것(bigness)과 위대한 것(greatness)의 차이를 심오하게 인식하게 될 것이다.

⑧ 이상의 강령에 동의하는 사람은 직·간접적으로 필요한 변화를 실행하고자 하는 의무를 지닌다.[37]

심층생태운동가들은 네스의 첫 논문에서 발표한 7가지 관점과 위의 8가지 기본원리를 핵심교의(core tenets)로 삼고 있다. 네스는 이

---

37) Edited by Alan Drengson & Yuichi Inoue, The Deep Ecology Movemen:(An Introductory Anthology, (Berkeley, Calif.: North Atlantic Books, c1995), pp.49~53.

러한 핵심교의를 이행하기 위해서는 자아의 확장을 통한 자아의 완성(self-realization)을 이루어야 한다고 주장한다. 한 마디로 "개체적 자아(self)인 소아(小我)만을 자아로 생각하지 말고, 그러한 자아는 물론이고 생태적 지역과 지구까지도 자아로 생각하는 대아(大我)를 참된 자아로 알아야 한다"는 것이다.[38] 이와 같은 생태학적 깨달음을 얻게 되면, 환경 문제는 자연스럽게 풀린다는 것이다.

3) 탐진치 삼독의 현장

온 지구촌의 생활수준이 다 그런 것은 아니지만 대부분의 산업국가의 생활상을 보면 편의와 풍요로움에서는 옛날의 제왕이나 군주보다 못할 게 없는 현대인이다. 그러나 문제는 인간의 욕망과 상대적 빈곤감이다. 이로 인하여 욕망은 끝없이 확대 재생산될 것이고 그 결과로 지구촌의 환경과 생태문제가 더욱 심각하게 악화되리라는 것은 예측하기 어려운 일이 아니다. 대부분의 종교에서 욕망의 절제를 주장하듯이 불교도 절제의 미덕을 강조한다.

> 욕심을 적게 내는 것을 친근히 하는 것은, 마치 젖소의 젖과 같아서 낙, 소, 제호 등이 그로 인해 나올 수 있다. 욕심을 적게 내는 것도 이와 같아서 모든 공덕을 낳는다.[39]

이와 같이 불교에서는 항상 욕망을 경계의 대상으로 여기고 있다.

---

38) Edited by Alan Drengson & Yuichi Inoue, The Deep Ecology Movemen:(An Introductory Anthology, (Berkeley, Calif.: North Atlantic Books, c1995), pp.13~30.

39) 『大莊嚴論經』卷2『大正藏』4, 267下: 親近少欲者 如似犓牛乳 酪酥醍醐等 因之而得出少欲亦如是 出生諸功德.

다른 경전의 예를 더 들어보자.

> 히말라야 산만큼이나 거대한 순금덩어리를 한 사람이 가지고 쓴다
> 해도 오히려 만족을 느끼지 못하리라.[40]

> 소나기처럼 쏟아지는 많은 금을 가지고도 욕망은 충족되지 않는다.
> 욕망의 즐거움은 적고, 욕망은 고통을 낳는다는 것을 아는 사람은
> 현명한 사람이다.[41]

> 욕망을 이루고자 하는 사람이 생각대로 잘 되면, 그는 인간이 갖
> 고자 하는 것을 얻었기 때문에 기뻐한다. 욕망을 이루고자 애를 썼
> 지만, 만일 욕망을 이루지 못하게 되면, 그는 화살에 맞은 사람처
> 럼 괴로워하고 번민한다. 숲 속을 지날 때 뱀의 머리를 밟지 않으
> 려고 조심하는 것처럼, 모든 일에 조심하는 사람은 욕망을 정복할
> 것이다. 농토·집터·황금·마소·노비·고용인·부녀자·친척 그 밖의
> 여러 가지를 탐내는 사람이 있다면, 온갖 죄악이 그를 이기고 위험
> 과 재난이 그를 짓밟아 마치 갈라진 틈으로 배에 물이 스며들 듯
> 고통이 따르게 된다.[42]

위에서 말하는 바와 같이 인간의 욕망은 한이 없는 것이어서 이를
조절하지 않으면 결국에는 인간을 파멸로 이끌게 된다. 교통수단의
발달과정을 예로 들어 인간 욕구의 무한성을 살펴보자.

마차나 인력거를 타고 다니던 것이 불과 수십 년 전의 일이다. 자
전거 한 대만 있어도 편리한 교통수단으로 소중히 여겼던 것이 엊그
제의 일이었다. 시속 60㎞도 되지 않는 완행버스나 열차를 타고 다

---

40) 『雜阿含經』卷39,「衆多經」『大正藏』2, 289中: 巨積眞金聚 猶如雪山王 一人
  受用者 意猶不知足.
41) Dhammapāda, v.186.
42) Suttanipāta, vs.766~770.

니는 것도 커다란 기쁨이었다. 그러나 지금은 시속 100㎞ 정도는 빠르다는 생각이 들지 않는 속도다. 시속 300㎞ 이상의 고속열차의 시대이고 1000㎞의 비행 속도도 욕심에 차지 않아 초음속의 여객기가 실용화되리라는 전망이다. 이젠 예전과 비할 수 없는 빠른 속도의 교통수단으로 안락하면서도 짧은 시간 안에 목적지까지 이동이 가능해졌다. 그래도 인간은 더 빠른 속도를 추구하며 산다.

그러나 붓다의 생활은 속도를 중요시하지 않았다. 그 당시에는 가장 빨리 움직일 수 있는 수단은 뛰어다니거나 코끼리나 말 등의 짐승을 타고 달리는 방법밖에는 없었을 것이다. 그러나 경전의 어느 구석에도 붓다가 짐승을 타고 다녔다는 기록은 출가 당시를 제외하곤 찾아볼 수 없다. 인력거조차도 타지 않고 오로지 걸어 다니면서 삶에서 누릴 수 있는 최고의 행복인 열반을 얻었고 인류 역사에서 가장 훌륭한 중생구제의 업적을 남긴 것이다.

속도감을 추구하는 욕망은 물론이고 다른 일상생활의 경우를 보아도 마찬가지다. 자가용 승용차 한 대면 말을 몇 마리 기르는 옛날의 세도가에 맞먹는 생활이고, 난방시설은 나무꾼을 몇 명이나 둔 부잣집보다 우리를 따뜻하게 해 준다. 냉방 시설은 옛날의 제왕들도 누리지 못했던 시원한 여름을 지내게 해 준다. 우리는 싯달타 태자가 살았던 3시전(三時殿)보다 훨씬 쾌적한 온도로 냉난방 조절이 가능한 집에서 살고 있다. 밤에는 수백 개의 등불보다 더 밝게 전깃불이 비춰주고 있으며, 먹을 것이 풍부하기는 예전의 어느 재력가에 비교할 바가 아니다. 의복도 또한 그렇다. 그렇지만 모든 인간들은 아직도 부족함을 채우지 못하여 허덕이고 있다. 이것이 바로 인간의 욕구는 한량없음을 나타내주는 예이다.

인간이 누리는 이러한 풍요로운 생활은 생태계 파괴와 무관하게 벌어지는 일이 아니다. 교통수단을 예로 들어보자. 도보와 자전거는 생태적으로 악영향이 거의 없다. 걷거나 자전거를 이용하는 사람은 식사 이외의 어떠한 연료도 필요로 하지 않기 때문이다. 시내버스나 지하철을 이용해 1㎞를 움직일 경우, 승용차를 이용할 때 소비되는 에너지의 8분의 1정도면 충분하다. 장거리 여행의 경우 열차와 버스를 이용하면 여객기에 소요되는 에너지의 10분의 1 정도이고 개인비행기의 27분의 1에 불과하다.[43] 빠른 속도를 즐기기 위해서는 그만큼 에너지 소모가 많이 발생한다.

하루 종일 힘들게 에너지를 아껴도 비행기를 한번 타면 물거품이 되고 만다. 아무리 재활용을 하고 열심히 불을 끄고 전열기를 꺼도 자동차를 한 번 타면 그만이다. 연비가 가장 높은 하이브리드 자동차 프리우스를 타고 1만 6천 킬로미터를 달리면 이산화탄소가 4톤이나 배출된다. 그것은 비행기를 타고 대서양을 네 번 가로지를 때 배출되는 이산화탄소량과 맞먹는다.[44]

그러나 현대 문명의 편리함과 풍요로움이 인간을 더 행복하게 해 주었다는 수치는 어디에도 나타나 있지 않다. 오히려 그 반대다. 2003년 6월부터 9월까지 실시된 아시아 10개국의 생활만족도 조사에서 경제수준이 제일 높은 일본이 최하위로 나온 것[45]만 보아도 욕망을 만족스럽게 채워 주는 것은 불가능한 일이라는 것을 알 수 있다. 욕망의 주머니는 채우면 채울수록 빈 공간이 넓어지는 것 같다.

---

43) 앨런 테인 더닝 / 구자건, 『소비사회의 극복』(서울: 도서출판 따님, 1994), 80쪽.
44) 거노트 와그너/홍선영, 『누가 마지막 나무를 쓰러뜨렸나』(푸른 숲, 2014), 7쪽.
45) 양승득, 「일본인 30%, 나는 하류층」, 2004년 1월 14일, 한국경제신문.

역설적으로 말하면, 인간은 더 불행해지기 위해서 산업문명을 추구하고 있다 하여도 과언은 아니다. 그물에 갇힌 새가 자유롭게 하늘을 날 수 없듯이 욕망의 그물에 갇힌 인간은 행복의 창공을 자유로이 날 수 없다.

인간의 욕망 주머니를 채우는 데는 많은 에너지가 투입되어야 한다. 이미 욕망의 추구에 가속이 붙은 선진국 사람들은 이전보다 더 많은 물량의 소유와 소비에서 행복을 찾으려 하기 때문에 가난한 나라들을 더욱 더 착취하려 든다. 이젠 선진국 사람들은 욕망의 노예가 되었고, 가난한 나라는 잘 사는 나라의 노예가 되었다.

겉으로는 평화와 사랑을 내세우면서도 선진국들은 자기들에게 미치는 사소한 불이익도 거부한다. 그들은 온갖 방법을 동원하여 못 사는 나라들을 착취한다. 특허와 독점제도를 만들고 무역제도를 자기들에게 유리하게 만들기 위해 분주하다. 그래도 자기들 마음대로 되지 않으면 그럴듯한 명분을 내세워 무역 보복이나 전쟁으로 해결한다. 그렇게 살아가는 그들의 소비행태를 통계수치로 알아보자.

현재 전 세계의 부유한 나라는 가난한 나라보다 일인당 25배의 에너지를 더 사용하고 있다. 전 세계 인구의 3분의 1은 전기 공급이나 현대적인 에너지 서비스를 전혀 받고 있지 못하며, 나머지 3분의 1은 제한적으로 사용하고 있을 뿐이다. 미국 사람들은 세계 평균보다 5배, 중국인보다는 10배, 인도인보다는 거의 20배의 에너지를 사용하고 있다.[46]

산업혁명과 과학기술의 발달이 가져다 준 혜택은 지구상의 모든

---

46) 월드워치연구소 / 오수길 등, 『지구환경보고서 2004』(서울: 도서출판 도요새, 2004), 56쪽.

인류에게 고르게 주어지지 않았으며 오히려 빈부의 격차만 벌려 놓았다. UN 식량농업기구(FAO)에 따르면 8억 2500만 명이 여전히 영양실조 상태에 처해 있으며, 1961년 산업국의 평균 일일 음식물 섭취량(2947cal)은 40년이 지난 오늘날의 개발도상국의 섭취량(2675cal)보다 오히려 10%가 높다.[47] 1999년 세계인구 5명당 2명꼴인 28억 명의 사람들이 UN과 세계은행에서 정한 최저 생계비에도 미치지 못하는 하루 2달러 미만의 수입으로 살아가고 있다.[48]

가난한 나라의 생존위기는 주로 부유한 나라들의 소유욕과 무절제한 소비추구에서 말미암은 것이라고 할 수 있다. 이러한 자원소비의 불균형은 선진국 사람들의 인식전환이 없이는 해결되기 힘들 것이다. 소비가 미덕이 아니고 절제를 자랑으로 삼는 사회적인 분위기가 형성되어야 할 것이다.

현재와 같은 자본주의 경제체제에서 모든 과학기술의 개발은 부의 편중된 축적과 이윤의 극대화에 결부되어 있다. 이런 체제의 사회는 기술에 대하여 소유권을 인정해 주면서 최대의 이익을 보장해 주는 '특허와 독점'이 전제된 사회이다. 이런 사회에서는 과학기술이 착취와 지배의 수단이며 이윤창출의 수단으로서 존재할 뿐이다. 이런 체제에서는 이익이 창출되면 사유화하고 손해가 발생하면 사회화시킨다. 부도난 대기업을 나라에서 책임지는 것이 바로 그러한 예이다.

과학기술은 국가 권력의 비호를 받고 국가는 과학기술에 의지한 무력을 앞세워 자국에 유리한 기준을 만들어 그것을 약소국에 일방적으로 적용한다. 이처럼 과학 기술이 사용된다면, 과학기술은 결코

---

47) 앞의 책, 35쪽.
48) 위의 책, 32쪽.

모든 인류를 풍요롭게 살도록 해 주지도 않으며 소득의 격차를 심화시켜 상대적 빈곤감을 유발시킨다.

과학기술이 불러일으킨 이러한 문제는 과학기술 자체가 지닌 선악의 문제 때문이 아니다. 과학기술은 가치중립적인 것이다. 그것을 응용하고 활용하는 인간들의 가치관이 문제다. 과학기술을 이용하여 숨겨진 욕망을 무한히 충족시키려 한다면 과학기술은 인류에게 돌이킬 수 없는 재앙을 가져다 줄 것이다. 그래서 필요한 것과 불필요한 것을 올바로 판단하는 것이야말로 진정한 만족으로 가는 길이라는 것을 불교의 소욕지족(少欲知足) 정신은 말하고 있다.[49]

인간이 자연을 지배하고 착취하려는 욕구는 모든 존재들의 상호의존성을 인식하지 못하는 어리석음 때문에 생긴다. 생태현장에서 벌어지는 먹이사슬의 관계는 인간의 눈으로 보기에 생존경쟁을 위한 약육강식의 각축장처럼 보인다. 그리하여 강자의 욕망충족과정을 자연스런 생태계의 현상이라 생각하기 쉽다. 이러한 관점에서 보면 강자인 인간이 다른 생물이나 지구의 자원을 마음대로 이용하는 것은 당연한 일로 여겨진다. 그러나 자세히 살펴보면 자연현상은 인간이 개입하지 않는 한 공존의 원칙을 벗어나지 않고 있다. 강자의 일방적인 약탈이란 결코 벌어질 수 없는 일이다. 야생에서 벌어지는 약육강식은 공존의 과정에서 국소적으로 나타나는 미시적인 현상일 뿐이다.

탐심 때문에 우리는 자연을 통해서 더 많은 것을 얻으려 한다. 탐심을 충족시키는 데 장애가 되는 것에 대해 우리는 화내는 마음[瞋

---

49) 岡田行弘,「環境問題に 對する 佛教思想の 有效性」『佛教と環境』(立正大學 佛教學部開設50周年記念論文集)(東京: 丸善株式會社, 2000), 234쪽.

心]을 일으킨다. 식생활의 근본이 되는 농업에서의 경작과정을 살펴보자. 경작을 위한 농토를 조성하기 위해서는 다른 생물들의 서식지가 파괴되어야 한다. 농작물 성장에 방해가 되는 병충해 방지를 위해 화학비료와 농약을 뿌린다. 이런 화학농법은 토양과 수질의 오염을 일으키면서 무수한 생명체들을 희생시킨다.

산업농에서는 적은 노동력으로 더 많은 이익을 얻고자 기계화된 방식으로 영농을 한다. 기계화된 영농은 화석연료를 에너지원으로 사용한다. 생산된 농산물을 저장하고자 냉장시설을 이용한다. 이때도 물론 전력이 필수적으로 요구된다. 전력 생산을 위해 연소되는 화석연료는 온실가스를 배출한다. 이로 인한 기상이변은 마침내 생물종의 생존에 위협을 가한다.

이러한 생태위기의 유발은 오직 인간에 의해서 자행되는 일이다. 인간은 지구 생태계를 구성하고 있는 수많은 생물종 가운데 하나이다. 단지 인간은 자연에 대한 적응력이 약하기 때문에 생존을 위해서 여러 가지 보호수단을 강구해야 한다. 몸에 털이 적어서 옷을 입어야 하고, 옷만으로는 계절의 변화에 적응하지 못하므로 집을 짓고 살아야 하고, 그것도 모자라 냉난방기로 온도를 조절하며 살아야 한다. 질병에 대한 면역력이 없어서 청결을 유지해야 하고 조리된 음식을 먹어야 하는 연약하고도 특수한 생물종이다.

결국 생존을 위한 인간의 삶은 자연에 빚을 지고 사는 과정이다. 그런데도 인간은 자연의 고마움에는 아랑곳하지 않으며 자연을 보살피려 하기보다는 오히려 훼손에 앞장선다. 자연의 정화능력과 순환능력을 염두에 두지 않는다. 물을 마시고 살아야 되는데도 물을 오염시키고, 공기를 마시며 살아야 되는데도 공기를 더럽히고, 땅에서 수확한 음식을 먹고 살아야 하면서도 땅을 오염시킨다.

그것은 잘못된 자연관 때문이다. 자연은 인간을 위해 존재하고, 인간의 편리한 삶을 위한 자원의 제공처라고 생각하기 때문이다. 이러한 자연관을 갖는 것은 연기의 도리에 입각하여 상호관계성 속에서 의존적으로 모든 존재가 살아간다는 것을 알지 못하는 어리석음 즉 무명 때문이다. 이러한 어리석음은 실체적 자아에 집착하여 마음에 드는 대상을 자기 것[我所]으로 만들려는 욕구를 일으켜 끊임없는 탐욕심을 나타내게 된다. 탐욕심은 욕망의 대상이 되는 모든 것들을 자기 소유로 만들려 하므로 자연은 탈취의 대상이 된다.

인간의 탐욕심에 비례하여 생태환경도 점점 악화되어 가고 있다. 가난한 나라는 인구증가가, 잘사는 나라는 소비 지향적 생활방식이 생태위기의 원인제공에 주도적 역할을 하고 있다. 부유한 나라 사람들은 자기들의 소유욕을 만족시키고 소비적인 삶을 향상시키기 위해 못 사는 나라들을 착취하려 한다. 소비에는 중독성이 있기 때문에 과거보다 더 많은 양을 소비해야 만족감을 느낀다. 따라서 사실 생태문제의 해결에 인구증가 억제보다 더 시급한 것은 과도한 소유와 소비를 통하여 만족을 얻으려는 생활태도와 5욕을 만족시키면서 살아가려 하는 사람들의 가치관을 교정하는 것이다.

이젠 의업(意業)의 차원을 떠나 신업(身業)과 구업(口業)적인 면에서 생태문제를 접근해 보기로 하자. 생태문제의 해법을 위하여 신업과 구업에 대한 기존개념의 재해석 및 새로운 적용이 필요하다. 이들에 대한 개념의 새로운 정립을 위해서는 생태적 관점의 도입이 필요하고 개인적인 불공업 차원의 접근은 물론이고 사회 문화적인 공업 차원에서의 접근을 필요로 한다.

2. 신업(身業)의 생태철학적 해석

신업(身業)은 몸으로 짓는 업으로 살생(殺生)·도둑질[偸盜]·사음(邪婬) 세 가지를 말한다. 이 중 사음에 대한 교설은 인간들의 성생활에서 벌어지는 갈등을 없애기 위한 도덕 차원의 문제를 다룬 것이다. 따라서 사음은 생태문제와 직접적인 연관성이 없는 업설이므로 여기서는 논의를 생략하기로 한다.

1) 살생업(殺生業)과 생태문제

살생이란 생물의 목숨을 끊는 행위를 말한다. 그러므로 넓은 의미의 살생에는 동물은 물론이고 식물을 죽이는 것도 포함된다. 살생은 개체생명의 단절 행위이다. 살생이 개체생명의 단절을 뛰어넘어 생물종 전체에 미치게 되면 멸종현상이 나타나게 된다. 산업문명사회에서 벌어지는 살생문제의 심각성은 생물종이 살아남지 못하고 소멸된다는 데 있다. 생태계는 상호의존적 속성이 있기 때문에 한 생물종의 소멸이 그 자체로만 끝나지 않고 연쇄적으로 다른 생물종의 멸종을 초래할 수 있다는 점이다. 이는 결국 인간의 멸종으로도 연결될 수 있다는 것을 예측할 수 있게 해 준다.

현재 급속도로 진행되고 있는 생물의 멸종은 자연적인 현상이 아니라 인간들의 무분별한 자연 훼손 행위로 벌어지는 일이다. 생태계 교란의 시작을 알리는 생물의 멸종을 막기 위해서는 생명의 존엄성을 인식하고 살생에 대한 기존 가치관의 변화가 수반되어야 할 것이다.

(1) 불교에서 생명의 존엄성

우선 불교에서 살생행위를 어떻게 생각하는지 경전의 내용을 살펴보자.

> 제자들아, 그 자는 살생하는 자이다. 그는 포악하여 손에 피를 묻히고 있고 살육하는 일에 집착하고 있으며 모든 생명과 존재들에 대해 연민이 없는 자이다.[50]

> 생명을 죽여 극악하게 피를 마시고, 중생 내지 곤충을 사랑하지 않고 해치고자 한다.[51]

> 살아 있는 것들에게 폭력을 쓰지 말라. 살아 있는 것들을 괴롭히지 말라.[52]

> 남을 속여서는 안 된다. 또 남을 멸시해서도 안 된다. 남을 괴롭히거나 고통을 주어서는 더욱 안 된다. 어머니가 외아들을 보호하듯 살아 있는 이 모든 생명체에 한없는 연민(자비심)을 일으켜야 한다.[53]

위의 내용으로만 보아도 불교에서는 살생에 대해서 아주 부정적이라는 것을 알 수 있다. 살생을 좋아하는 자는 포악한 자라고 표현하

---

50) AN V. p.289.
51) 『中阿含經』「思經」『大正藏』1, 437下: 殺生極惡飮血 其欲傷害 不慈衆生 乃至昆蟲.
52) Suttanipāta, v.35.
53) Suttanipāta, vs.148~149.

고 있으며 모든 생명체는 나와 동일체적 관계에 있다고 주장하고 있다. 나의 목숨이 소중한 만큼 다른 동물들의 생명도 그렇다는 것이다. 우리가 살생을 하지 않기 위해 어떠한 마음가짐으로 살아야 하는지 말하고 있다. 또한 생명의 소중함은 아직 태어나지 않은 것뿐만 아니라 육안으로 볼 수 없는 미생물에 이르기까지도 마찬가지임을 경전에서 다음과 같이 말하고 있다.

> 나는 사는 것을 사랑하고 죽음을 사랑하지 않으며, 즐거움을 좋아하고 괴로움을 달가워하지 않는다. 사는 것을 사랑하고 죽음을 싫어하며, 즐거움을 좋아하고 괴로움을 달가워하지 않는 나를 어느 누가 해친다면 그것은 나에게 유쾌하지도 즐겁지도 않을 것이다. … 나에게 즐겁지도 유쾌하지도 않은데 (그에 비추어 보아) 내가 어떻게 다른 이를 해칠 수 있겠는가? 이와 같이 생각한 사람은 생명을 해치는 것을 삼가며 다른 이들에게도 생명을 해치는 것을 삼가도록 권유한다.[54]

> 삶을 받아 태어난 모든 것들은 몸과 목숨을 아끼지 않는 것이 없다. 그러므로 마땅히 보시하여 널리 자비롭게 중생을 보살펴라. 중생을 보살피기를 내 눈처럼 하는 것, 이것을 불살생계(不殺生戒)라 하네. … 죽이거나 막대기를 사용하지 말고, 만약 죽이는 것을 보면 칼이나 송곳으로 심장을 찌르는 것처럼 여겨라.[55]

> 어떠한 생명체라도 약한 것이건 강한 것이건, 큰 것이건 중간 것이건, 아무리 미미하거나 육중한 것일지라도, 눈에 보이는 것이나 보이지 않는 것이나, 멀리 있는 것이나 가까이 있는 것이나, 이미 태

---

54) SN V. pp.353~354.
55) 『受十善戒十施報品第二『大正藏』24, 1024上: 經』 一切受生者 無不愛身命 是故應行施 普慈等衆生 視衆如眼目 是名不殺戒 … 勿殺勿行杖 若見殺生者 如刀刺其心.

어난 것이나 앞으로 태어나려 하는 것이나, 살아 있는 것들아, 부디 행복해져라.[56)]

불교에서는 인간은 물론이고 다른 중생들에게도 고통을 가하거나 살상을 하는 행위를 용납하지 않는다. 특히 산란기의 동물이나 태아를 살생해서는 안 된다. 그뿐만 아니라 미생물까지도 불살생의 대상에 포함된다. 이에 대하여 『대방등대집경』 권39의 다음 내용에서 미생물도 6도윤회의 중생 가운데 하나인 축생에 포함된다는 것을 알려주고 있다.

> 축생 중에는 몸의 차별이 있어 어떤 중생은 그 몸의 크기가 털을 100분의 일로 자른 것과 같이 불가사의하게 미세한 몸으로부터 또 어떤 중생의 몸은 창틈에 떠다니는 먼지와 같은 것도 있다. 또 어떤 중생은 10천 유순이 된다.[57)]

불교는 축생들을 살생해서는 안 된다고 하면서 미생물도 6도윤회의 축생에 포함시키고 있다. 이처럼 불교의 생명사랑은 눈에 보이지 않는 미생물까지 그 대상으로 삼고 있다. 그뿐만 아니라 아직 태어나지 않은 생명체까지도 보호해야 할 대상이라고 미래세대에 대한 윤리의식을 강조하고 있다. 또한 불교에서는 윤회설을 근거로 한 과보의 개념으로 다른 동물들의 생명도 내 목숨처럼 소중하다고 역설한다. 그러나 이러한 간절한 가르침에도 불구하고 인간들은 다른 생명체에 대한 자비심을 일으키지 않는다. 살생을 막기 위해서 『수십선계

---

56) Suttanipāta, vs.146~147.
57) 『大正藏』13, 262上: 畜生之中身有差別 或有眾生 其身大者 如析一毛以爲百分如一分許 有於如是不可思議微細之身 復有眾生身如窓中遊塵 復有眾生身如十千由旬.

경(受十善戒經)』권1에 다음과 같이 말하고 있다.

> 살생업을 지으면 사람으로 태어나도 병이 많고 명이 짧다. 다시 사생(四生)의 모든 중생 중에 태어나서 가지가지 고통을 받는 것이 무량무변하여 가히 헤아릴 수 없다.[58]

살생을 하면 그 과보로 인간으로 태어난다 해도 병을 많이 앓으며 단명하게 되거나 3악도의 몸을 받아 온갖 고통을 받게 된다고 한다. 이처럼 살생을 하면 그 대가를 단단히 치른다는 것이다.

여기서 사생이란 생명체가 태어나는 4가지 형태로서 태생(胎生), 난생(卵生), 습생(濕生), 화생(化生)이 있다. 태생은 태에서 태어나는 동물을, 난생은 알에서 태어나는 동물을, 습생은 습한 곳에서 태어나는 모기 등의 동물을, 화생은 귀신이나 도깨비처럼 변화되어 홀연히 태어나는 것을 말한다. 인간은 태생이지만 각자 지은 업에 따라 다음 생에는 난생이나 습생, 화생의 몸을 받아 태어날 수 있다고 한다. 그러므로 인간과 다른 동물은 서로 다른 둘이 아니다.

불교의 생명관은 나와 남이 서로 다른 둘이 아니고[自他不二], 자연과 내가 서로 분리된 둘이 아니라는[依正不二] 가치관에서 출발한다. 이것을 다른 말로 표현하면 연기론적 생명관이라 할 수 있다. 이는 곧 생태계의 생명체들이란 서로 의존하면서[相互依存] 서로가 의지하고 서로를 도우면서[相依相資] 공존한다는 생명관이다. 그러므로 불교는 다른 생명체를 자기 몸과 분리할 수 없는 연속체의 개념으로 생각한다.

---

58) 『大正藏』24, 1025下: 殺生之業 … 方生人中 多病 短命 複生 四生諸眾生中 受種種苦無量無邊不可稱計殺生之業.

이러한 연기론적인 생명관을 무시하고 생명체의 살해 행위가 거리낌 없이 벌어지는 것은 인간의 탐·진·치 때문이다. 탐·진·치 3독심 중에서도 인간은 다른 생물종과 존엄성이 다르다고 생각하는 어리석음[癡]이 가장 근원적인 문제이다. 지구상의 모든 생명체는 서로 영향을 주고받으며 함께 살아가야 하는 상호의존적 존재라는 것을 모르는 어리석음에 의해서 무분별한 살생이 벌어지는 것이다.

> 욕망과 굶주림과 늙음, 옛날에는 이 세 가지 병밖에는 없었다. 그런데 번제에 쓰기 위하여 가축들을 마구 살해하면서부터는 아흔여덟 가지 온갖 질병이 나타났다.[59]

번제용으로 가축들을 살해하면서 인간에게 질병이 나타났다고 경전은 말하고 있다. 죄는 인간이 짓고 그 지은 죄를 속죄하려고 아무런 잘못도 없는 짐승의 목숨을 희생시키는 것은 분명한 어리석음이다. 이러한 어리석음은 탐심과 진심을 동반하게 된다. 속죄를 하고자 짐승을 죽여 신에게 바치면서 병이 늘어나게 되었다는 것은 3독심이 정신과 육체에 악영향을 미쳤기 때문이다. 죄는 인간이 짓고 그 과보를 짐승이 대신 받기를 바라는 것은 바로 인간의 희망사항일 뿐이다. 불교는 어리석음에서 벌어지는 살생행위를 다음과 같이 열거하고 있다.

> 어리석음으로부터 일어난 살생이란, 예를 들면, 어떤 사람이 제사를 지내면서 옳은 법이라는 생각으로 살생할 마음을 일으키는 것을 말한다. 또한 모든 왕들이 '세간의 법률에 의거하여 적군을 살해하고 나쁜 무리들을 칼로 베어 죽이면 큰 복을 성취한다'라고 하

---

59) Suttanipāta, v.311.

면서 살생할 마음을 일으키는 것을 말한다. 또 페르시아 사람들은 이와 같은 말을 한다. '부모가 늙고 병들어 고통을 받으니 목숨을 마치게 해 주면 바로 뛰어난 복을 낳게 된다.'

또 어떤 외도들은 다음과 같이 말한다. '뱀이나 전갈, 벌 따위는 사람들에게 유독 해악을 끼치니, 만약 그것들을 죽인다면 바로 뛰어난 복을 얻을 수 있으며, 양이나 사슴, 물소 등등의 짐승은 본래 잡아먹으려고 기른 것이기 때문에 죽여도 죄가 없다.' 또한 그 밖의 사견(邪見)에 의해 중생을 살해하기도 하는데, 이러한 이유로 살생을 하려는 것은 모두 어리석음으로부터 일어난 것이다.[60]

우리는 쇠고기나 돼지고기를 먹으면서 이런 가축들은 운명을 그렇게 타고 났기 때문에 인간을 위해서 죽을 수밖에 없다고 생각한다. 그러나 경전은 식용 목적으로 기른 가축을 죽이는 것을 어리석어서 저지르는 살생이라고 말하고 있다. 심지어는 적군을 죽이는 것도 어리석은 살생이라고 말한다. 더 나아가 뱀이나 전갈 등이 사람에게 해를 끼친다고 생각되더라도 그들을 살생하는 것은 어리석은 행위라는 것이다. 인간에 해롭다고 여겨지는 생물들도 생태계의 구성원으로 그들 나름의 고귀한 삶의 가치와 역할이 있기 때문이다. 인간 중심의 판단과는 달리 어느 생물종이건 인간과 마찬가지로 지구상에 존재해야 할 내재적 가치가 있는 것이다.

사람들은 곡물수확을 방해하는 동식물들을 해충이나 잡초라고 생각하여 그것들에 살충제와 제초제 등의 화학약품을 뿌려댄다. 그러나 이러한 일이 현명한 처사가 아니라는 것이 불교의 가르침이다.

---

60) 『大正藏』29, 85中: 從癡起者 如有祠中謂是法心起殺加行 又諸王等依世法律 誅戮怨敵除剪凶徒 謂成大福起殺加行 又波剌私作如是說 父母老病若令命終 得免困苦便生勝福 又諸外道有作是言 蛇蠍蜂等為人毒害 若能殺者便生勝福 羊鹿水牛及餘禽獸 本擬供食故殺無罪 又因邪見殺害眾生 此等加行皆從癡起.

눈앞에서 벌어지는 현상으로만 판단하면 분명히 해를 주는 것 같아도 사실은 그렇지 않다는 것이다. 단지 인간의 어리석은 기준으로 판단한 이해관계일 뿐이다. 생태계는 인간이 원하는 대로 해로운 생물종은 다 없애고 이로운 생물종만을 번영시키면서 유지될 수 있도록 짜여 진 세계가 아니다. 그러한 어리석음이 생물종의 소멸을 불러오고 있다.

실제로 자연현상을 들여다보면 생태계의 모든 구성원들은 상호의존적으로 존재하면서 각자 나름의 역할이 있다. 어느 생명체도 소홀히 취급할 수 있는 것은 없다. 생산자(producer)인 식물류는 이산화탄소와 물, 그리고 빛을 이용하여 무기물에서 유기물을 생산한다. 이들이 생산하는 유기물은 생산자 자신뿐만 아니라 모든 소비자와 분해자의 에너지원이 된다. 소비자(consumer)란 일반적으로 초식동물과 육식동물, 그리고 잡식동물을 일컫는다. 분해자(decomposer)란 유기물을 무기물로 전환시키는 역할을 하는 박테리아와 곰팡이를 말한다. 이 과정에서 자신이 필요로 하는 에너지와 물질을 얻으며 생산자가 필요로 하는 무기물을 공급해 준다. 이들 분해자는 식물이나 동물의 사체(死體) 또는 이들의 배설물 등을 분해하므로 생태계의 물질 순환에 중요한 역할을 담당하고 있다.

분해자들의 터전인 토양을 살펴보자. 토양은 그냥 흙과 무기물로만 구성된 생명 없는 덩어리를 의미하지 않는다. 비옥한 흙 1kg에는 2억 5000만의 박테리아, 7000억의 방사상균, 4000억의 균류, 500억의 원생동물 등 단세포 생물 및 지렁이가 살고 있다.[61] 이들 미생

---

61) 프란츠 알트 / 박진희, 『생태적 경제기적』(서울: 양문, 2004), 153쪽.

물은 생태계의 구성원으로서 분해자의 역할을 충실히 수행하면서 지구의 에너지 순환을 돕고 있는 것이다. 간단히 말해서 토양은 복잡하게 구성된 역동적 실체이다. 토양은 생물들이 자랄 수 있는 배양지이고, 또 그 생물들의 활동은 토양의 구성성분에 영향을 준다. 이처럼 생태학적 관점에서 보면 환경으로부터 생명체를 분리하는 것이 불가능하다고 말할 수 있다.[62]

생태계는 생산자·소비자·분해자들과 자연의 상호작용에 의해 항상성(homeostasis)을 유지할 수 있게 된다.[63] 인간을 비롯한 모든 생명체는 이들 생산자·소비자·분해자의 역할 분담에 의존하여 지구상에 존재할 수 있게 된다. 그러나 현대의 과학기술은 이런 생태계 구성원들 각자의 역할을 무시하고 눈앞의 이익에만 몰두하여 자연을 오직 수익을 창출하기 위한 자원으로 생각하고 그를 이용하는 데만 몰두하고 있다.

(2) 생물의 멸종으로 본 생태위기의 심각성

1962년 카슨(Rachel Louise Carson, 1907~1964)은 농약[DDT]에 오염된 물고기를 잡아먹은 새들이 떼죽음을 당하여 봄이 찾아왔어도 새소리가 들리지 않는 적막강산을 묘사한 『침묵의 봄』을 출판하여 환경오염의 심각성을 고발하였다. 카슨의 고발을 신호탄으로 하여 환경오염으로 인한 생태문제가 시대적 화두로 등장하게 되었다. 그러나 공해로 인한 환경문제는 미래를 걱정하는 구두선으로 끝났을 뿐 악화일로를 걷고 있다.

---

62) Manuel C. Molles, Jr., Ecology, (New York: McGraw-Hill, 2002), p.15.
63) 김기은 등 공저, 『21세기 환경과학』(서울: 아카데미서적, 2004), 74쪽.

2002년 타임지의 환경특집 보도에 의하면 "삼림파괴로 조류의 11%, 유관속 식물의 12.5%, 파충류의 20%, 양서류와 포유류의 25%, 어류의 34%가 멸종 위기에 처해 있다."[64]라고 보도하였다. 또한 2004년 12월 17일자 과학잡지 사이언스(Science)에서 선정한 '올해의 10대 과학뉴스'는 개구리에서 나비에 이르도록 광범위한 생물종에 대해 조사한 결과를 다음과 같이 보도했다.

국제자연보호연맹에서 지금까지 알려진 전 세계의 양서류 5700종을 조사한 바에 의하면 약 30%가 멸종위기에 처해 있고, 이 가운데 약간은 심각한 위기에 처해 있다고 보도했다. 21세기가 지나면 양서류의 절반이 사라질 것으로 예측된다고 보도했다. 영국의 나비, 식물과 새를 40년 동안 조사한 바에 의하면 나비의 71%가 거점을 잃어가고 있으며 조류의 숫자도 절반으로 감소한 것으로 조사되었다. 식물 종의 경우엔 28%가 사라진 것으로 나타났다.[65]

그 후 10년이 지난 2014년의 보고서를 보면 더 심각함을 느끼게 된다. 세계자연기금(WWF)이 2014년 10월 1일 발표한 '지구 생명보고서 2014'를 보면, 1970년 이래 지구의 포유류, 조류, 파충류, 양서류, 어류 등 척추동물의 개체 수는 52%나 줄었다. 이런 야생동물 감소는 담수 생태계에서 가장 심각해 76%에 이르렀고 해양과 육상 생태계가 39%로 뒤를 이었다고 한다.[66]

지구에는 대략 3000만여 종의 생물이 살고 있는 것으로 추정된다. 약 400년 전만 해도 생태계는 종의 생성과 소멸이 균형을 이루었

64) Time, 2 September, 2002, p.47.
65) Science, vol 306, 17 December, 2004, p.6.
66) 2014년 10월 3일, 한겨레신문.

다. 그러나 그 후 1600~1900년 사이에는 인간의 영향에 의해 멸종된 생물이 4년에 1종씩 모두 75종이었으나, 1900년대 초에는 1년에 1종, 1970년대 중반~1980년대 중반까지는 1년에 1000종, 그리고 그 이후부터는 하루에 100~150종씩 연간 4~5만 종이 사라지고 있다. 이러한 추세가 계속된다면 20~30년 안에 전체 종의 5분의 1 정도, 100년 안에 2분의 1 정도가 사라질 것으로 예상되고 있다.

지금까지 인간에 의해 파괴된 생태계가 진화를 통해서 회복되는 데는 500만 년은 족히 걸릴 것이라 한다. 이것을 거꾸로 보면 500만 년 동안 생태계가 이루어온 업적을 인류는 단지 수십 년 만에 파괴했다는 이야기가 된다.[67] 또 다른 학자들의 주장에 의하면 오늘날 동식물들이 사라지는 속도는 지난 65만 년 동안 일어났던 것보다 1000배나 빠르게 진행되고 있다고 한다.[68]

생태의 위기를 가장 잘 나타내 주는 지표는 생물이 살 수 없는 환경으로 변하여 나타나는 종의 소멸이라 할 수 있다. 물론 자연 상태에서도 종의 소멸은 지속적으로 발생되어 왔다. 그렇지만 자연 상태에서 발생하는 종의 소멸은 생성과 균형을 이루면서 진행되어 왔다. 그러나 산업혁명이 시작된 이후 지금까지 교란된 생태계는 이미 생성과 소멸이 균형을 잃은 상태이다. 즉 오늘날에 벌어지고 있는 생물의 멸종 속도는 자연 상태에서보다 40배나 빠르다는 데에 그 심각성을 알 수 있다. 이는 지질학적 변화를 겪었던 6천 5백만 년 전 공룡이 멸종할 당시와 같은 속도이다.

수많은 생물종이 사라지고 있다는 것은 적응 가능한 제한된 생물

---

67) 송명규, 『현대생태사상의 이해』(서울: 도서출판 따님, 2004), 12쪽.
68) 프란츠 알트 / 박진희, 『생태적 경제기적』(서울: 양문, 2004), 56쪽.

종만 생존할 수 있는 열악한 상태로 생태환경이 변화하고 있음을 뜻한다. 이러한 상태가 계속 진행된다면 인간의 미래도 어떠할지 예측할 수 있을 것이다.

종의 다양성은 여러 가지 이유로 중요하다. 첫째로 종의 다양성은 생태계의 안정성을 증진시킨다. 생태계는 상호의존적으로 영향을 주고받으면서 안정성을 유지한다. 그렇기 때문에 종의 다양성이 증가할수록 생태계는 가해지는 충격이나 손상에 견딜 수 있는 능력이 증진된다. 종의 다양성이 줄어들게 되면 이러한 상호의존적 연결고리가 단절되므로 불안정성이 증가한다. 종의 다양성이 풍부한 생태계일수록 수질을 개선하고 홍수를 감소시키며, 폐기물을 흡수하고 정화하는 능력이 뛰어나다.[69] 종의 다양성은 생태계의 건강과 기능을 증진시키며 산소의 생산, 이산화탄소의 흡수, 영양소의 순환 등의 증가에 기여한다. 둘째로는 동식물 종이 먹거리, 약품, 화학물질 등을 직접 제공해 주기도 한다. 셋째로 생물들의 유전자가 유전정보의 자원이 되어 식량생산에 기여할 수 있다.[70]

위와 같은 이유로 생태학자들은 생물종의 다양성을 중요시한다. 인간 중심적인 판단에서다. 그러나 불교에서는 그런 이유 때문에 종의 다양성을 중요시하는 것이 아니다. 모든 생물종은 맡은 바의 역할과 타고난 존엄성이 있다고 여기기 때문이다. 모든 생명체는 40억 년 지구의 나이와 함께 연기법에 의해 태어난 진화의 산물이다. 불교

---

69) 월드워치연구소 / 오수길 등, 『지구환경보고서 2003』(서울: 도서출판 도요새, 2003), 76쪽.

70) J. R. Kahn, *The economic approach to environmental and natural resources*, second edition, University of Tennessee at Knoxville Oak Ridge National Laboratory, 1998, p.381.

에서 소홀히 여길 수 있는 생명체는 아무 것도 없다. 그러므로 불교의 자비는 온 생명체를 대상으로 삼는다.

불교적으로 보면, 종의 다양성의 중요성을 인식하는 것은 지극히 당연한 일이다. 만물의 존재원칙인 연기법을 통해서도 종의 다양성의 중요성은 확연히 드러난다. 불교에서 말하는 가장 간단한 연기의 공식인 "이것이 있으므로 저것이 있게 되고, 이것이 생기므로 저것이 생긴다. 이것이 없어지므로 저것이 없어지고, 이것이 멸하므로 저것이 멸하게 된다[此有故彼有 此生故彼生 此無故彼無 此滅故彼滅]"에서 알 수 있는 바와 같이 이것이 멸하면 저것에 상호작용이 미쳐서 같이 멸하게 되는 것이다.

즉 생물종의 다양성이 줄어들면 생태계의 균형이 파괴되어 생명체들의 존립기반 자체를 위협하게 된다. 인간이 혐오동물로 생각하는 생물종도 생태계에 없어서는 안 될 소중한 구성원이다. 예를 들면 뱀의 수가 줄어들게 되면 천적인 들쥐가 늘어나게 되어 유행성출혈열을 비롯한 병원균이 창궐하여 생태계의 교란이 일어나게 된다. 개구리가 줄어드는 경우에도 마찬가지다. 개구리들이 잡아먹던 곤충이나 해충이 크게 번식하여 다른 생물들을 병들어 죽게 한다.

이와 같이 생물종의 다양성의 파괴는 생태계의 불균형을 초래하여 해충과 질병에 취약한 환경을 만들고, 생물의 환경보호 역할을 감소시키며 생물종의 유전적 다양성을 감소시킨다. 생물종의 감소도 문제지만 어느 한 종류의 생물종이 과도하게 번식하는 것도 먹이 사슬의 변화를 초래하여 생태계의 교란을 야기한다. 인구의 과도한 증가가 바로 그러한 예에 속한다.

오늘날 생물의 멸종은 인간의 절정에 달한 탐욕심과 어리석음으로 벌어지는 현상이다. 생물의 멸종은 대기오염, 수질오염, 토양오염 등의 오염뿐만 아니라 남획이나 서식지 파괴로 동물들이 살아남기 어려운 상황이 만들어졌기 때문이다. 산업화 이전에 벌어졌던 현상과는 달리 요즈음 벌어지는 생물들의 멸종은 자연적인 환경의 변화나 인간의 직접적인 살생만으로 오는 것은 아니다. 환경오염이나 서식지 파괴에 의한 눈에 보이지 않는 간접적인 살생이 대부분의 원인을 차지한다.

(3) 불살생 개념의 확장

불살생계의 생태적 적용을 위한 목적으로, 계율의 제정 경위를 불살생계 관점에서 살펴보자. 그리고 지금까지 개체 생명의 단절에 중심을 둔 전통적인 불교의 불살생관에 대하여 절대적인 가치를 부여할 수 있는지 고찰해 보고, 불교의 불살생관이 종의 소멸 예방에 중점을 둔 불살생관으로 탈바꿈해야 할 당위성에 대하여 불교교설을 통해 알아보자.

불교가 성립할 당시에 붓다는 계율의 제정에 대하여 유보적인 태도를 보이고 있었다.[71] 그는 교단을 먼저 설립하고 운영하면서 수행에 방해가 되거나 화합을 해치는 잘못된 언행을 행하는 자가 나타나면 그때마다 필요에 따라 계율을 제정하였다. 그에 관하여 『사분율』 권1에 다음과 같이 기록되어 있다.

> "세존이시여! 지금 바로 때가 되었으니, 바라옵건대 부처님께서는 여러 비구들에게 계율을 제정하여 주시어, 범행을 닦아서 법이 오

---

71) 목정배, 『계율학 개론』(합천: 장경각, 2001), 17쪽.

래 머물게 하도록 하여 주시옵소서."

붓다는 사리불에게 말씀하셨다. "가만히 있어라. 여래가 때를 알아서 하겠다. 사리불아, 여래는 아직 모든 비구를 위해서 계를 제정하지 않겠다. 왜냐하면 비구 가운데에 아직 유루법(有漏法)을 범하는 이가 없기 때문이다. 만일 유루법을 범하는 이가 있다면 그런 뒤에 모든 비구를 위하여 계를 제정하여서 그들의 유루법을 끊어주려 하기 때문이다. … 만약 유루법이 생긴다면 그런 후에 여래는 계를 제정하리니 그들로 하여금 유루법을 끊게 하려 하기 때문이다."[72]

교단 출범 당시에는 열성적인 구도 의지를 가진 수행자들이 모인 집단이었기 때문에 계율을 제정할 일이 발생하지 않았다. 붓다가 규범으로 가르치지 않아도 수행자들이 수행에 방해가 되는 유루법을 범하지 않아 스스로 문제될 것이 없었기 때문이다. 유루법을 범한다는 것은 번뇌로 인한 이기적 행동으로 갈등을 일으키는 것을 말한다.

그 후 붓다의 가르침이 세인들의 열광적인 지지를 받으면서 승단이 확장되고 경제적으로 풍요로워지자 승려가 되기를 자원하는 사람들이 밀려들었다. 이들 중에는 구도 의지가 박약한 사이비 수행자들이 끼어 있었다. 그러한 사람들이 승단에 가담하기 시작하면서부터 전에는 일어나지 않았던 여러 가지 사건들이 발생하게 된다. 염불보다는 잿밥에 관심이 많은 사람들이 늘어나게 되니 그럴 수밖에 없었다. 붓다는 새로운 사건이 일어날 때마다 그 상황에 따라서 계율을

---

72) 『大正藏』22, 569下: 世尊 今正是時 唯願大聖 與諸比丘結戒說戒 使修梵行法
得久住 佛舍利弗 且止 佛自知時 舍利弗 如來未爲諸比丘結戒 何以故 比丘中
未有犯有漏法 若有犯有漏法者 然後尊爲諸比丘結戒 斷彼有漏法故 … 若有
漏法生 然後世尊當爲結戒 欲使彼斷有漏法故.

제정하게 되었다[隨犯隨制]. 불교에서 계율은 수단이지 목적이 아니었다. 계율의 성립 과정을 보면 그것을 잘 알 수 있다. 이에 대하여 당(唐) 『고승전』에서는 다음과 같이 설하고 있다.

열고 닫고 폐지하고 세움[開遮廢立]은 약간의 차이점이 없는 것은 아니지만, 모두 붓다께서 옛날에 중생들이 알맞게 잘 응하게 하기 위한 기틀로서 사람, 근기, 시기, 국가 등의 특성에 적절하게 따랐던 수단들이다. 이곳에서는 허락하여 응하시다가 다른 지방에서는 제지하시고, 혹 어떤 사람에게는 마땅히 제약해야 한다고 하시다가 다른 사람에게는 허락하셨던 것이다.[73]

불교는 계율이 주변상황과 여건에 따라서 융통성 있게 적용되어야 한다고 여긴다. 계율의 탄력적 적용의 대표적인 예는 데바닷다가 제안한 5개 조항을 거절한 데서 잘 나타나고 있다. 세존은 데바닷다가 수행자의 규율로 내걸었던 엄격한 다섯 가지 항목, ① 누더기 옷을 입을 것, ② 걸식을 할 것, ③ 하루에 한 끼만 먹을 것, ④ 노지(露地)에서 생활할 것, ⑤ 육식을 하지 말 것[74] 등을 계율로 제정하는 것에 반대하였다. 계율이 인간을 속박하는 것은 계율을 제정한 본래 의도나 불교의 중도정신에 부합하지 않는다고 생각했기 때문이다. 그래서 불교에서는 5계를 지키는 것도 불음(不淫), 훔치지 않음[不偷盜], 불음주계는 지키고 지키지 않음이 확실하지만 불살생, 불망어의 구체적인 적용에는 여러 가지 상황에 따른 차이가 있을 수밖에 없다

---

73) 『高僧傳』卷11, 13釋僧祐: 開遮廢立不無小異 皆由如來 往昔善應物機 或隨人隨根隨時隨國 或處應開餘方則制 或此人應制餘者則開.

74) 『十誦律』卷4 『大正藏』23, 24中: 受著納衣 受乞食法 受一食法 受露地坐法 受斷肉法.

고 말한다.[75]

　우후죽순 격으로 신흥종교가 태동하던 당시에 대부분의 다른 종교에서는 계율을 정립하면서 계행을 중시하였다. 그러나 불교는 이에 대하여 부분적으로 비판적인 태도를 취하였다. 도덕주의와 계율주의가 형식화·고정화되어 그 본연의 목적을 상실할 것을 우려하였기 때문이다. 초기불교는 이처럼 형식적인 계율 엄수주의를 경계하였다.[76] 즉 불교는 중도를 벗어난 형식화된 계율이 현실의 괴로움을 해결해 줄 수 없다고 여겼던 것이다.

　계율에 대한 붓다의 관점은 멸도하기 직전에 계율을 어떻게 지켜야 하는지 궁금해 하던 아난존자의 질문에 대하여 다음과 같이 답한 데서 분명하게 드러난다.

> 아난아! 너는 여래가 멸도한 뒤에는 다시 보호할 이가 없어 닦아오던 것을 잃으리라고 생각하는가? 그런 생각은 하지 말라. 내가 붓다가 된 뒤로 지금까지 말한 경(經)과 계(戒)는 곧 네가 보호하고 지녀야 하는 것이다. 아난아! 오늘부터 비로소 모든 비구들에게 소소계는 버리고 위아래는 서로 화합해 마땅히 예도를 따르라고 일러라. 이것이 출가한 자가 공경하고 순종하는 법이다.[77]

　경전과 계율에 근거하되 소소계에 집착하지 말고 서로 화합할 것을 당부하는 내용이다. 문자 상으로 '소소계'는 사소한 계를 의미할 것이다. 연기론적인 관점에서 보면 '소소계를 버리라 함'은 조목에 얽

---

75) 나라 야스야키/석오진 ,『불교와 인간』(서울: 경서원, 1996), 191쪽.
76) 목정배,『계율학 개론』(합천: 장경각, 2001), 20쪽.
77) 『遊行經』第二後『大正藏』1, 26上: 阿難 汝謂佛滅度後 無復覆護失持耶 勿造斯觀 我成佛來所說經戒 卽是汝護 汝所持 阿難 自今日始 聽諸比丘 捨小小戒 上下相呼 當順禮度 斯則出家敬順之法.

매인 엄격한 계의 적용을 경계한 것으로, 계의 경중만을 의미하지 않는다는 것을 알 수 있다. 화합에 저해가 될 수 있거나 인간을 고통으로 이끌 수 있는 계의 적용을 염려하고 있는 것이다. 이것은 연기론적 사상에 입각하여 상황에 따라서 계율을 융통성 있게 적용할 것을 당부한 가르침으로 볼 수 있을 것이다.

거문고 소리를 잘 내기 위해서는 줄을 알맞게 조정해야 한다는 『잡아함경』의 「이십억이경」[78]의 비유처럼 계율의 적용도 마찬가지다. 거문고 줄의 적당한 강도는 끈의 재질이나 습도 등에 따라서 그 때마다 다를 것이며 정해진 수치로 조이는 정도가 고정되어 있는 것은 아니다. 상황에 따라 소리를 잘 내게 하는 것, 이것이 바로 연기론적인 사고다.

불교의 계율에서 율(律)이 의미하는 바는, 타율적인 규범 즉 승단을 갈등 없이 운영하기 위한 규율을 말하고, 그러한 규율을 지키려고 하는 자발적인 마음을 계(戒)라 한다. 브라만교나 자이나교는 계의 용어로 '맹세나 약속'을 의미하는 '브라타(vrata)'를 사용한 반면 불교에서는 '자연스런 흐름'이라는 의미를 지닌 '실라(śīla)'를 채택하였다. 그것은 실라(śīla)라는 용어가 불교의 연기론적 사고에 더 적합하다고 생각하였기 때문이라고 할 수 있다.[79]

『사문과경(沙門果經)』에서 밝히고 있듯이 6사외도(六師外道) 가운데는 도덕과 윤리를 부정하거나, 자이나교처럼 무소유를 비롯한 모든 계율에 엄수주의를 주장하는 종파가 있었다. 그러나 불교는 이러한 극단주의가 개인이나 사회에 적합하지 않다는 것을 인식하고 삼

---

78) 『大正藏』2, 62下.
79) 목정배, 앞의 책, 26쪽.

의일발(三衣一鉢, 세 가지의 옷과 한 벌의 발우) 등의 최소한의 소유는 인정하였다. 계율의 시행에서도 현실적인 사회인식을 기반으로 한 중도주의를 가르쳤다. 더 나아가 불교에서 계율은 지혜와 자비를 바탕으로 하여 자연스럽게 실천되어야 하는 덕목이었다.

『6도집경』 권1의 「보시도무극장(布施度無極章)」1에 보면, 매에게 쫓기던 비둘기를 보호하고 있던 왕이 비둘기를 돌려줄 것을 요구하는 배고픈 매에게 자신의 허벅지 살을 베어주고 나서도 매의 굶주림이 해결되지 않자, 자기 목숨까지도 버리면서 매에게 나머지 살을 공급해 주었다는 이야기가 나온다. 매와 사람 그리고 비둘기가 목숨의 가치에서 전혀 차이가 없다는 것을 상징적으로 보여주는 내용이다. 여기에서 생태계의 먹이사슬에 대한 고뇌가 있음을 엿볼 수 있다. 비둘기를 잡아먹지 않으면 굶어죽게 되는 매에게 너는 살생을 저지르게 되니 그런 짓 하지 말고 죽어야 한다고 말할 수는 없다. 매가 굶어죽는 것도 또 다른 살생이기 때문이다. 이처럼 불살생계란 항상 지킬 수 있는 절대적인 조항이 아니다. 불살생은 생태적 관점에서 생각해야 할 생명존중 사상이다. 이러한 생태적 사고를 나타내는 불살생관은 『범망경』에 잘 드러나 있다.

> 불자가 나쁜 생각으로 큰 불을 놓아서 산림이나 광야를 태우거나,
> 4월부터 9월 사이에 불을 놓아 남의 집, 성읍, 승방, 밭의 나무와
> 사당이나 신당(神堂), 관청의 물건에 불을 지르거나 해서 일체의
> 어떤 주인이 있는 물건을 고의로 태워서는 안 된다. 만약 고의로
> 태운다면 경구죄(輕垢罪)를 범한 것이다.[80]

---

80) 『大正藏』24, 1006上: 若佛子 以惡心故 放大火燒山林曠野 四月乃至九月放火
若燒他人家屋宅城邑僧房田木及鬼神官物 一切有主物不得故燒 若故者 犯輕

들이나 산에 불을 놓으면 경구죄(경범죄)를 범하게 된다는 것이다. 방화로 인하여 일어날 수 있는 생태계 교란을 염려하기 때문이다. 특히 번식기인 4월과 9월 사이에 서식지 파괴로 벌어질 생물들의 떼죽음을 막고자 하는 의도를 알 수 있다. 또한 90바일제 제11조의 괴생종계(壞生種戒)에는 초목의 생명조차도 소중히 여길 것을 강조하고 있다.

> 만약 비구가 귀신촌을 파괴하면 바일제이다. 비구여! 뜻은 위에서 말한 바와 같이 귀신은 사람이 아닌 것이고, 촌은 일체 초목이다.[81]

귀신촌은 초목과 거기에 서식하는 동물을 말한다. 이들을 무단히 파손하면 계율 바일제를 범한 것이라 하였다. 바일제를 범하면 그 사람은 그에 관련된 재물을 내놓거나 다른 사람 앞에서 저지른 잘못에 대하여 참회를 해야 한다. 이는 식물의 생명을 보호하기 위한 교설이기도 하지만, 거기에 서식하는 동물들의 죽음뿐만 아니라 서식지 파괴로 발생되는 간접적인 살생을 방지하기 위해서 제정한 생태보존 차원의 계율임을 알 수 있다. 마찬가지로 『대살차니건자경』에서도 생태계 보호를 위한 내용의 교설이 설해진다.

> 법행을 수행하는 왕은 도시나 촌락, 산림, 그리고 개울이나 동산, 궁전이나 누각, 모든 도로와 교량, 자연적인 동굴과 일체의 농작물, 꽃과 열매, 초목과 숲을 태워서는 안 된다. 물을 대지 말아야 하며 식물을 자르거나 베어서는 안 된다. 왜냐하면 그 모든 것에는 다

垢罪.

81) 『四分律』卷12 『大正藏』22, 641下: 若比丘壞鬼神村波逸提 比丘義如上說 鬼者非人是 村者一切草木是.

생명을 가진 짐승 등이 있어서 소용되지 않는 게 없기 때문이다. 그리고 그 중생들은 죄의 허물이 없으니 그 쓰이는 물건을 손상시켜 고뇌를 생기게 해서는 안 된다.[82]

여러 생물들의 서식처인 초목과 숲, 동굴, 하천, 토양 등을 보존하여 뭇 생명체들의 목숨을 보호하려 함을 알 수 있다. 이러한 정책은 자연의 모든 존재들이 균형과 조화를 유지하며 살아가는 데 크게 기여했을 것이다. 더 나아가 초목을 보호하라는 붓다의 교계를 철저히 지키고자 한 사례가 『복개정행소집경(福蓋正行所集經)』에 나오는 풀에 묶인[草繫] 비구의 일화이다. "어느 비구가 도둑에게 모든 것을 빼앗기고 발가벗겨진 채 풀로 묶이게 되었다. 그는 몸을 움직여 풀을 끊고 일어나면 풀이 고통을 받을까 봐 그대로 누워 있었다."는 내용이다.[83]

이러한 내용을 통하여 우리는 불교의 기본 정신이 우리의 의지처인 자연과 생명에 대하여 감사와 존중, 자비와 경외감을 갖고 있음을 알 수 있다.[84] 또한 수행승의 의식주에 대한 세칙(細則)을 규정한 식차가라니(式叉迦羅尼)의 제50 수중대소변계(水中大小便戒)에서 "물 속에 침을 뱉거나 대소변을 보지 말라."는 조항은 인간들이 무심코

---

82) 『大正藏』12, 335中: 行法行王 不應焚燒破壞澆灌城邑聚 山林川澤 園觀宮殿 莊嚴樓閣一切行路及諸橋梁自然窟宅 一切穀豆麻麥花果草木叢林 不應焚燒 不應破壞 不應澆灌 不應斫伐 何以故 以彼諸物皆共有命畜生等 有無不用者 而彼衆生無有罪不應損其所受用物令生苦惱.

83) 『大正藏』32, 744中: 有一比丘. 涉於遠道 乃為賊輩. 悉奪其衣 中有一人 先作沙門 知其護戒 語彼徒日 以草繫縛 捨之而去 比丘專念佛所制戒 一切草葉 不得挽絕 伏於道側 不敢少動 遇王畋獵 遙見疑是裸形外道 我慢不起 即往詰之 知是比丘 為護淨戒 不傷草葉 王歡希有 乃令釋之 為設飲食 復施其衣.

84) 박경준, 「불교적 관점에서 본 자연」『자연, 환경인가 주체인가』(서울: 동국대학교 불교문화연구원, 2003), 23쪽.

행한 배설행위로 수질오염을 일으켜 수중생물의 생존에 위협을 가해 서는 안 된다는 것이다. 이는 바로 불교의 생명존중 사상일 뿐만 아니라, 수질 오염으로 인한 생태계의 교란을 염려하는 불교의 세심한 배려이다. 이와 같이 불교에서는 일찍이 붓다 당시부터 생태적인 불살생관을 주장하였다.

대승불교에서는 불식육계가 중요한 지계항목으로 정해져 있으나 초기불교의 율전인 『사분율』이나 근본 율장에서는 '고기를 먹어서는 안 된다.'라는 계는 그 어디에도 나타나 있지 않다.[85] 이는 붓다가 불살생계를 어떠한 관점에서 교시했는가를 유추해 볼 수 있게 한다. 또 『잡보장경』의 다음 내용을 살펴보자.

> 옛날에 여러 상인들이 바다에 들어가 보배를 캐어 돌아오는 도중 에 큰 광야에서 뱀 한 마리를 만났는데 … 때에 모든 상인들은 매우 놀라서 두려워 외쳤다. "천신과 지신이시여, 자비가 있으면 우리들을 구제하여 주십시오." 그 때 어떤 흰 코끼리가 사자와 짝이 되었는데 그 사자가 뛰어가서 뱀의 머리를 부수어 상인들이 그 어려움에서 벗어나게 하였다.[86]

자신의 생명을 지켜주기 위하여 뱀의 머리를 부수어 죽인 사자에 대하여 살생을 했다고 나무라는 대신에 자기를 구해준 고마운 존재로 표현하고 있다. 이를 통해서 생태계의 일원인 인간도 당연히 생존의 권리가 있음을 알 수 있다. 그러므로 인간을 해치려던 뱀을 죽인

---

85) 신성현, 「不食肉戒 一考」 『불교학보』제 32집(서울: 동국대학교 불교문화연구원, 1998), 207쪽.
86) 『大正藏』4, 476: 中過去世時 有諸商賈人 入海採寶 還來中路 於大曠野值一蟒蛇 … 時諸商人 極懷驚怖 各皆唱言 天神地神 有慈悲者 拔濟我等 時 有白象共師子爲伴 師子跳往壞蟒蛇腦 令諸商人 得脫大難.

사자의 행위를 자비행으로 묘사하고 있는 것이다. 이와 같이 살생죄의 성립 유무는 상황에 따라서 달라짐을 알 수 있다. 또 『숫따니빠따』의 견해를 살펴보자.

> 형식이나 계율을 고집하는 사람들은 생각을 많이 하면서 여러 가지 일들을 벌인다. 그러나 예지로운 사람, 진리를 아는 사람은 결코 여러 가지 잡다한 일을 벌이지 않는다.[87]

> 계율만이 최고라고 여기고 있는 사람들은 '절제에 의해서만이 순결해질 수 있다.' 이렇게 주장하고 있다. 그들은 스스로를 '진리에 이른 자'라고 자처하면서 유전하는 이 생존 속으로 다시 끌려 들어오고 있다.[88]

계율은 우리의 삶을 위한 수단이지 목적은 아니다. 그러므로 계율 지상주의로는 결코 윤회의 화택문(火宅門)을 벗어날 수 없다고 말하고 있다. 계율에 속박당하는 것은 인간을 불행하게 만든다. 그러므로 계율만을 너무 고집하지 말라고 다음과 같이 강조하고 있다.

> 혹 어쩌다가 계율을 어긴다면 그는 두려움에 떨면서 불안해 할 것이다. '계율을 지킴으로써만이 순수한 경지에 이를 수 있다'라고 부르짖으며 그는 몹시 비탄해 할 것이다. 동료들로부터 뒤처진 상인이 그 동료를 찾아 헤매듯, 집을 나온 나그네가 객지를 떠돌면서 자나깨나 고향집을 그리워하듯. 그러므로 계율만을 너무 고집하지 말라. 나쁜 행위와 좋은 행위를 모두 버려라. 순수를 바라지도 말고 순수치 않음을 바라지도 말고 그 어떤 것에도 붙잡히지 말고 가

---

87) Suttanipāta, v.792.
88) Suttanipāta, v.898.

거라. 평화만을, 평화만을 너무 강조하지도 말라.[89]

불교의 가르침에서는 한 가지 가치관에 절대성을 부여하고 이에만 집착하는 것을 경계한다. 계율에 얽매이는 것이 이에 해당한다. 그렇다고 해서 무분별적인 파계를 용납하는 것은 물론 아니다. 즉 지혜와 자비에 입각한 계율의 적용을 권장하고 있는 것이다.

> 난다여! 그네들은 하나같이 철학적 견해와 학문이나 지식에 의해서 인간은 순수해질 수 있다고 말하고 있다. 또 계율이나 도덕을 지키는 것만으로도 얼마든지 다시 순결을 되찾을 수 있다고 말하고 있다. 그러나 그네들이 그런 식으로 자신을 잘 절제한다 하더라도 태어나고 늙음을 극복할 수는 없을 것이다.[90]

위에서 말한 바와 같이, 경전의 곳곳에서는 실천이 없는 지식이나, 지혜에 바탕을 두지 않은 지계(持戒)의 허구성을 가르쳐주고 있다. 결코 그러한 행만으로는 생사를 벗어나는 해탈을 얻을 수 없다는 것을 강조하고 있다. 생태적 관점의 불살생관은 신라시대의 원광법사와 현시대의 틱 낫한(Thich Nhat Hanh, 釋一行)의 계율관에 잘 드러나 있다.

원광법사는 자신을 찾아와 가르침을 구하는 추항(箒項)과 귀산(貴山)이라는 두 젊은이에게 세속오계를 말해 주었는데 그 가운데 살생(殺生)에 대해 다음과 같이 설명하였다.

> 다섯째 살아 있는 것을 죽이는 데는 가림이 있어야 한다. … 6재일(六齋日)과 봄철·여름철에는 생물을 죽이지 말아야 하니 이는 때

---

89) Suttanipāta, vs.899~900.
90) Suttanipāta, v.1080.

를 가려서 하는 것이다. 가축을 죽이지 않음은 곧 말·소·닭·개를 이름이며, 작은 생물을 죽이지 않음은 곧 고기가 한 점도 되지 못하는 것을 이름이니 이는 생물을 가림[擇物]이다. 이는 또한 쓸모 있는 것만 가려서 죽이고, 많이 죽이지 말아야 할 것이다. 이것이 세속의 좋은 계목이다.[91]

재일(齋日)이란 몸과 마음을 청정히 하는 날로 6재일은 음력으로 매월 8·14·15·23·29·30일의 6일을 가리킨다. 이날은 재가인들이 살생, 도둑질, 음행, 거짓말, 음주 등을 하지 않는 8재계(八齋戒)[92]를 지키면서 착한 일을 하는 날이다. 원광법사는 평상시엔 한 달에 6일만이라도 불살생을 지킬 것을 세속의 계로 정하였다. 나머지 날들은 살생을 해도 된다는 뜻이다. 이는 언뜻 생각하기에 살생을 용납하고 권장하는 것처럼 보일 수도 있다.

그러나 그렇지 않다. 때를 가려서 봄철이나 여름철에 생명을 죽이지 말라는 것은 바로 번식기의 동물을 살생하는 것은 종의 소멸을 초래할 위험성이 많기 때문에 이를 막으려는 생태적 생명존중사상의 발로라 할 수 있다. 또 고기가 한 점도 되지 못하는 작은 생물을 죽이지 말라는 것은 잡아 보았자 숫자만 많고 양은 얼마 되지 않는 먹이사슬의 하부에 있는 작은 생명체를 죽여서 생태계의 질서를 교란시키지 말라는 것이다.

6재일에 8재계를 지키라는 것은 날마다 살생을 저지르고 살아가

---

91) 一然, 『三國遺事』권4, 「義解」제5, '圓光西學' 『韓佛全』 6, 342中: 五日殺生有擇 … 六齋日春夏 月不殺是擇時也 不殺使畜謂馬牛鷄犬 不殺細物 謂肉不足一臠 是擇物也 此亦唯其所用 不求多殺 此是世俗之善戒也.

92) 『五佛頂三昧陀羅尼經』卷2 『大正藏』19, 274中: 不殺盜婬妄語飮酒 脂粉塗身 坐臥大床 不過中食.

는 재가인들의 일상생활을 참회하라는 종교적인 의미가 있다. 생태적으로는 적어도 6재일만이라도 살생을 피하여 종의 소멸을 막아보자는 깊은 뜻이 숨어 있다고 말할 수 있다. 실로 이 살생유택(殺生有擇)의 계는 생명의 죽임보다는 살림에 초점이 맞춰져 있다는 것을 알수 있다.

이에서 더 나아가 틱 낫한은 『개정된 계본(Revised Pratimoksha)』의 항목 중 교단에서 추방되는 중죄인 4바라이죄(Degradation Offences, parajika)에서 기존의 불살생계(不殺生戒)를 불살인계(不殺人戒)로 대체하였다.[93] 이는 살생을 권장하려는 의도에서가 아니라 형식적인 계율주의를 타파하자는 것이다. 그가 정한 계율조항을 살펴보면 그것을 금방 확인할 수 있다.

그는 물건의 소유를 규정한 23사타죄(捨墮罪, Release and Expression of Regret Offences)의 네 번째 조목에서 '차를 소유한 비구는 계를 범한 것이다.'라고 하여 차가 달리면서 자기도 모르게 벌어질 수 있는 살생이나 대기오염을 염려하고 있다. 타인에게 참회하면 속죄되는 90단타죄(單墮罪, Expression of Regret Offences, payantika)의 77번째 조목은 불살생 정신을 강조하고 있고[94], 82번째 조목에서는 환경을 오염시키며, 숲을 태우거나 파괴한 비구는 계를 범한 것이라 하였다.[95]

이러한 사고는 생태적인 불살생관으로 생태계의 균형과 조화를 염

---

93) Dharmacarya Council of Plum Village Practice Center, Reviced Pratimoksha Recitation Ceremony of the Bhikshu Precepts Plum Village Press, 2003, p.14.
94) 위의 책, p.40.
95) 위의 책, p.41.

두에 둔 시의 적절한 계율의 적용이라 할 수 있다.

이들의 계율관을 통해 볼 때, 계율 엄수주의자들이 주장하는 개체 생명에만 초점을 맞춘 불살생은 진정한 불살생이 아니라는 것을 알 수 있다. 그러한 불살생관이 때로는 모든 중생들에게 더 큰 속박의 고통을 가져다 줄 수도 있다.

앞에서 살펴본 계율의 제정 경위를 통해, 계율의 적용은 상황에 따라서 유동적일 수 있음을 알 수 있다. 따라서 생태위기시대인 현시대에 개체생명의 보존만을 위한 불살생계를 절대적으로 지켜야 한다고 고집하는 것은 극단적 논리라 할 수 있다. 경전의 이러한 내용을 통해서 볼 때 계율 엄수주의를 고수하면서, 수많은 생물들이 멸종되어 가는 것에는 아랑곳하지 않고 개체 생명의 소중함에만 얽매이면서 생태계의 파괴에는 관심을 두지 않는다면 그것은 시대적 상황에 맞지 않는 극단적인 불살생관이라 할 수 있을 것이다.

눈앞에서 벌어지는 개체의 생명 단절에 초점을 맞춘 생명관보다는 생물체들이 다양성 속에서 조화와 균형을 이루면서 살아갈 수 있는 생태적 생명관에 관심이 모아져야 할 것이다. 따라서 앞에서 언급한 원광법사의 세속오계처럼 생물종의 존속을 중요시하는 생명관으로 다시 태어나야 된다. 앞으로의 생명관은 인간만을 소중히 하던 인본주의(humanism)에서 모든 살아 있는 생명체를 소중히 여기는 중생주의(sattvaism)[96]로 전환되어야 할 것이다.

생물종의 멸종은 지구 온난화를 포함한 대기오염, 토양오염, 수질

---

96) 목정배, 『한국불교학의 현대적 모색』(서울: 동국대학교 출판부, 2000), 457쪽.

오염과 서식지 파괴와 같은 환경 교란행위에서 시작된다. 우리 모두는 이와 같은 현상의 유발에 자유스럽지 못하다. 이로 인한 생명의 단절이나 생물종의 소멸이 비록 우리의 고의적인 살생행위 때문에 벌어진 것은 아니라 할지라도 이러한 현상은 우리의 간접 살생행위와 무관하게 벌어지는 일은 아니다. 이것이 바로 생태적 살생행위인 것이다. 따라서 현시대의 인간이라면 어느 누구도 이런 비의도적이고 간접적인 살생행위에서 면죄부를 받을 수 있는 사람은 아무도 없을 것이다.

　이러한 사실을 자각할 수 있게 해 주고, 오염이나 서식지 파괴에 대한 도덕적 무감각으로부터 벗어나게 해 줄 수 있는 가치관이 필요한 시점이다. 생물의 멸종이 급속도로 진행되는 현시대가 요구하는 생명관은 생물종의 소멸 방지에 초점을 둔 생태적 불살생관이라 할 수 있다. 연기론적인 불교사상에 입각하여 보아도 개체 중심의 불살생관에서 생물종 중심의 불살생관으로 전환하는 것은 시대적 요청이라고 할 수 있다. 이 세상의 조화와 균형을 파괴하여 생태계의 교란을 가져오게 한 것은 전적으로 인간에게 그 책임이 있다. 따라서 그 해법 또한 인간이 찾아야 한다. 생명의 소중함을 강조하는 불교가 생태위기시대에 기여하는 길은 기존의 개체적 불살생관을 생태적 불살생관으로 전환하여 종의 소멸을 막는 것이다. 이러한 불살생관이 바로 불교가 추구해야 할 생명관인 것이다. 화석과 같이 굳어 있는 계율은 중생의 고통 소멸에 기여하는 바도 없고 생태계의 조화로운 공존에도 도움이 되지 않을 것이다.

2) 투도업(偸盜業, 도둑질)의 생태철학적 해석

(1) 투도업의 의의

도둑질[偸盜業]은 불여취업(不與取業)이라고도 하며 소유한 사람이 주지 않는 것을 억지로 차지하는 것을 말한다. 즉 투도업이란 개인의 소유권이 인정된 상태에서 벌어지는 일이므로 도둑질로 인해서 발생하게 되는 사회적 갈등을 해결하기 위한 가르침이다. 우선 경전에 나타난 투도업의 개념을 『중아함경』권3, 「사경(思經)」과 『증지부경전』의 「십불선업도경(十不善業道經)」에서 살펴보자.

> 어떤 것이 몸이 일부러 짓는 삼업(三業)으로 선하지 않아서 괴로움의 결과를 주고 괴로움의 갚음을 받게 하는 것인가? … 둘째는 도둑질인데 남의 재물에 집착하여 훔쳐서 취하는 것이다.[97]

> 또 그 자는 훔치는 자이다. 집에 있는 것이든 한적한 곳에 있는 것이든 남의 소유물과 재산을 (자신에게) 주어진 것도 아닌데 훔치려는 의도를 가지는 자이다.[98]

투도의 의미는 남의 재물을 임의로 자기 소유화하는 행위이다. 즉 투도업이란 사회적으로 합의되지 않은 방식에 의한 소유권 이전(移轉)의 문제이다. 그래서 언뜻 보면 생태문제와 아무런 관련이 없는 것처럼 생각하기 쉽다. 그러나 시야를 넓혀 보면 그렇지 않다. 투도업을 생태학적인 측면에서 고찰해 보기로 하자.

---

97) 『大正藏』1, 437下: 云何身故作三業 不善與苦果受於苦報 … 二曰不與取著他財物以偸意取.
98) AN V. p.292.

(2) 투도업(偸盜業)의 생태철학적 해석

투도업의 유형은 다음 셋으로 나눌 수 있다. 첫째는 남이 소유한 물건을 훔치는 행위로 도둑질이다. 말 그대로 주지 않는데 취하는[不與取] 행위다. 둘째는 소유주가 주려고 하지 않는 것을 눈앞에서 강제로 탈취하는 강도 행위다. 셋째는 이러한 일이 집단 간에 벌어지기도 하는데 국가 간에 벌어지면 이를 전쟁이라 한다. 전쟁 역시 기득권이 있는 남의 나라의 물건을 빼앗는 것으로 단지 취하는 방법에서 투도와 차이가 다를 뿐이다. 국가 간에 무력을 동원한 강탈행위가 전쟁이다. 생태학적 측면에서 본 전쟁의 폐해는 소유권 차원보다 자연의 파괴와 생명의 살상이다. 현시대의 전쟁에 대하여 살펴보자.

과학문명이 발달하기 이전의 전쟁은 근거리에서나 사용이 가능한 원시무기와 짐승을 동원하여 적과 창과 방패로 싸우는 것이 전부였다. 그 때는 인간들끼리 서로 살상을 하고 방화를 하는 것이 전부였기 때문에 생태계에 미치는 영향이 지금처럼 크지 않았다. 그러나 현대전은 가공할 만한 파괴력을 가진 무기 사용으로 자연을 파괴하는 것은 물론이고 화학전, 생물학전, 핵전(核戰) 등을 통하여 생태계에 엄청난 충격을 가할 수 있다.

아무리 그럴듯한 명분으로 포장을 하더라도 전쟁은 살상행위로 시작하여 강탈행위로 끝을 맺게 되는 투도행위다. 전쟁은 힘의 논리를 바탕으로 하여 승리자는 원하는 전리품을 차지하고 패배자에게는 온갖 의무만 부과되는 가장 야비한 약육강식의 현장이다. 전쟁은 인명의 희생과 함께 뭇 생명체들의 무차별 살상과 자연의 파괴를 동반하는 생태파괴의 현장이다.

그러므로 불교가 항상 전쟁을 방지하려 노력하고 반전운동에 앞장서는 것은 자연스런 일이라 할 수 있다. 초기 경전에 나타난 집단 약탈의 현장을 보자.

'주지 않는 것을 도둑질하는 자가 있다면, 날카로운 칼을 만들어서 머리를 자르자. 그들이 (딴 짓을 못하게) 막고 근절하기 위해서'라고 생각했다. 그리하여 사람들은 날카로운 칼을 만들었다. 날카로운 칼을 만들어서 마을을 약탈하기 위해서 나아갔고, 시읍을 약탈하기 위해서 나아갔고, 도시를 약탈하기 위해서 나아갔고, 강도짓을 하기 위해 나아갔다. 그런데 주지 않은 (남의) 것들을 도둑질하여 가진 자들이 (오히려) 다른 사람들을 (딴 짓 못하게) 막고 근절하고 머리를 잘라 버렸던 것이다.[99]

방어용이라는 명목으로 무기를 개발하지만 결국에는 공격용으로 전환하여 자국의 이익을 위해 전쟁을 일으키는 것은 현대 사회와 마찬가지로 수천 년 전에도 똑같이 벌어졌던 일이다. 전쟁이란 생태적인 관점에서 보면 어떤 명분으로도 정당화될 수 없는 도둑질(투도업)이라 할 수 있다. 이젠 소비적인 측면에서 투도업을 살펴보기로 하자.

인간이 생명을 유지하고 살아가기 위해서는 소비생활은 필수적이다. 그러나 과소비는 필수적인 소비와는 다른 문제를 발생시킨다. 지구의 자연 자원은 현세대와 미래세대를 위한 공동자산인 것은 분명하다. 따라서 대체 수단을 마련하지 않고 현세대의 인류가 미래세대에 상속해야 할 자원을 방탕하게 사용하여 고갈시키는 것은 미래세대에 대한 투도행위이다. 더욱이 과소비는 미래세대가 사용할 자원을 탈취하는 행위이다. 현 세대가 선조로부터 풍족한 유산을 물려받았으면서 후손들에게 텅 빈 금고를 물려준다면 그것은 미래세대가

---

99) DN Ⅲ. pp.67~68.

물려받아야 될 것을 우리가 빼앗는(不與取) 행위와 다를 바 없다. 자원의 고갈은 과소비 행위로 앞당겨지는 것이다.

지구상에 존재하는 자원이 오직 인간만을 위해 주어진 선물은 아니다. 특히 물과 공기는 지구상의 모든 생태구성원들의 공동자산이다. 지나치게 물을 많이 사용하고 공기를 오염시키는 것도 일종의 투도업을 범하는 것이다. 그러나 그 밖의 대부분 자원은 인간만이 이용할 수 있는 것이기 때문에 자원의 활용은 인간의 특권이라 할 수 있다. 그렇지만 이 시대의 인간들에게만 주어진 특권은 아닌 것이다. 상속받아야 할 미래세대의 몫도 있는 것이다.

근대 산업문명은 화석연료가 주도한 문명이다. 초반의 산업문명을 석탄이 주도했다면 20세기 중반 이후의 산업문명은 석유에 의해서 주도되었다. 21세기에도 이런 석유 의존현상은 계속될 것이다. 사람들은 석유를 사용하여 농작물을 재배하고, 음식을 조리할 때도 석유를 연료로 하며, 석유에서 나온 부산물로 옷을 만들어 입고, 석유로 냉난방을 하여 여름과 겨울을 지내고, 석유의 정제과정에서 나온 부산물을 재료로 하여 온갖 제품을 만들어 쓴다. 가히 석유문명의 개화기라 할 만하다.

그런데 문제는 화석연료가 재생가능 자원이 아니라는 점이다. 언젠가는 고갈될 수밖에 없는 자원이다. 대체자원의 개발로 석유의 사용이 감소하거나 새로운 유전이 발견되지 않는 한 석유의 고갈 예상 시점이 대략 2040~2060년 전후가 될 것으로 전문가들은 추정하고 있다. 현재 이용되고 있는 다른 에너지원의 고갈 예상시점을 보면, 천연 가스의 매장량은 144조㎥로 약 60년, 석탄의 가채 매장량은 1조 톤으로 230년 이상, 우라늄은 가채매장량이 436만 톤으로 30년

정도이다.[100] 이것은 3억년에 걸쳐서 만들어진 석유를 불과 200년 만에 인간들이 다 써버린다는 결론이다. 그러나 이러한 예상은 현재와 같은 추세의 에너지 소비를 기준으로 한 것이고 중국이나 인도의 산업화가 급속도로 이루어질 때 고갈 시점은 더 앞당겨질 것이다.

현대인들의 소비성향을 살펴보자. 현대인들은 화장품 소비에 180억 달러, 향수소비에 150억 달러, 애완용 동물 사육에 170억 달러를 사용한다. 하지만, 인간에게 가장 필요한 굶주림의 퇴치를 위한 190억 달러, 식수의 정수를 위한 100억 달러, 문맹퇴치를 위한 50억 달러는 재원이 부족하여 이러한 사업의 추진에 어려움을 겪고 있다.[101]

교통수단의 발달과 함께 여행은 고상하고 바람직한 취미로 견문을 넓히는 데 최선의 수단으로 칭송 받는다. 그러나 여행이란 자동차를 이용하든 항공기를 이용하든 에너지 소모가 필요한 반생태적인 행위임을 인식하여 무분별한 여행은 자제되어야 할 것이다. 또한 에너지 소모적인 여가문화나 취미활동은 지구의 환경오염이나 자원고갈을 앞당기는 데 적지 않은 영향을 미치므로 새로운 생태친화적인 문화가 개발되어야 할 것이다.

소비지향성을 가진 현대인들은 자기들 마음대로 자연자원의 가격을 낮게 책정하여 거래를 하고 있다. 그러나 이 시대의 인간들에 의해서 자연자원의 가격이 낮게 책정되어야 할 기준은 어디에도 없다. 그것을 재료로 하여 가공기술이 발달한 산업화된 나라는 기술력에 높은 부가가치를 부여하여 자원의 혜택을 독차지하고 풍요로움을 누

---

100) http://nowworld.net/resources.htm.
101) 월드워치연구소 / 오수길 등, 『지구환경보고서 2004』(서울: 도서출판 도요새, 2004), 38쪽.

려가며 환경악화에 앞장서고 있는 것이다.

화석연료의 사용으로 인체나 자연생태계에 미치는 피해는 가격에 반영되지 않고 있으며, 펄프와 종이의 생산에 따른 생물의 서식지 파괴와 제조과정에서 배출되는 유독물질에 의한 환경오염 역시 가격에 반영되고 있지 않다. 금속제품이나 화학물질 역시 생산과정 중에 발생하는 폐기물의 폐해나 미래세대에 대한 배려 없이 가격이 책정되고 있다.

생태문제를 염두에 두지 않는 자본주의 경제는 부유한 사람이 소비를 많이 해야 경제가 살아난다고 생각한다. 그래서 소비는 미덕이라고 생각한다. 얼마를 소모해도 괜찮다는 생태윤리적 무감각증을 드러내고 있다. 그러나 조금만 깊게 생각해 보면 그러한 행위는 바로 미래세대가 사용할 자원에 대한 탈취행위라는 것을 알 수 있다. 현세대에서 통용되고 있는 경제논리로 자원을 과소비하는 것은 자원의 고갈 및 환경의 오염, 생물의 멸종과 직결되는 일이며 미래의 나에 대한 자학증이다. 적어도 과도한 소비행위는 생태적인 투도의 개념으로 인식되어야 할 것이다.

"벌이 꽃에서 꿀을 딸 때면 그 빛깔과 향기를 다치지 않게 한다."라는 『불소행찬(佛所行讚)』의 내용[102]과 "부를 축적하는 데 인간은 벌의 행동을 본받아서 서서히 늘려가야 한다."[103]는 가르침처럼 인간의 소비행위가 일시적인 편리와 행복을 위해서 자연에 일방적인 피해를 주어서는 안 된다. 벌은 꽃에서 꿀을 딸 때 그 대가로 꽃의 수정

---

102) 『佛所行讚』卷5, 대반열반품 제26, 『大正藏』4, 48中: 譬如蜂採花 不壞其色香 比丘行乞食 勿傷彼信心.
103) Sigālovādasutta, DN.Ⅲ, 188.

을 도와준다. 이처럼 벌은 꿀을 얻는 과정에서 일방적인 이익만을 취하지 않는다. 인간이 자연을 이용하는 과정도 벌과 같아야 할 것이다. 미생물학에서는 동물의 몸에 사는 균을 정상균총과 병원균으로 나누어 다음과 같이 설명한다.

동물은 미생물과 지속적으로 접촉하며 살아가는데 그 몸 안에는 수 천만 마리의 미생물이 거주하고 있다. 이들은 대부분 그 동물의 건강에 이로움을 주거나 필수적인 역할을 하고 있다. 이러한 생물체를 정상균총(normal flora)이라 한다. 이들 생명체는 동물 몸의 어떤 조직과 밀접한 관계를 맺으며 살아간다. 이런 경우와는 달리 숙주에게 해를 주는 미생물이 있는데 이러한 생물을 병원균(pathogen)이라 한다.[104]

지구라는 생명체에는 생태구성원으로 수많은 생물들이 더불어 살고 있다. 그 생물 중에서 인간이 정상균총의 역할을 하느냐 병원균의 역할을 하느냐는 우리의 행위에 달려 있다.

3. 구업(口業)의 생태철학적 해석

1) 구업(口業)의 의의
입으로 짓는 업[口業]은 거짓말[妄語], 욕설[惡口], 이간질[兩舌], 꾸며대는 말[綺語] 등 4가지이다. 그 내용을 『중아함경』 3권, 「사경(思經)」의 내용을 살펴보자.

---

104) Michael T. Madigan etc, Brock Biology of Microorganisms, (London: Prentice Hall international(UK)Limited, 1997), p.786.

입 때문에 짓는 4업은 무엇인가? 선하지 않은 고통스런 결과를 주어서 고통스런 과보를 받게 하는 것인데, 첫째는 거짓말이다. … 자기를 위해서, 남을 위해서, 혹은 재물을 위해서 알면서도 거짓말을 한다. 둘째는 이간질하는 말이다. 남을 헤어지게 하려고 여기서 들은 것을 저기서 말하고, 이들을 파괴하려고 그에게서 들은 것을 이 사람에게 말하고, 그들을 파괴하려고 한다. … 셋째는 추악한 말[욕설]이다. 그가 만약 말을 한다면 말씨가 거칠고 사납다. 험악한 소리는 귀에 거슬린다. 여러 사람이 기뻐하지 않고, 사랑하지 않아서 남을 괴롭게 하여 안정을 얻지 못하게 한다. 넷째는 꾸며대는 말이다. 적당하지 않은 때에 말을 한다. 진실하지 않은 말을 한다. … 이것을 입 때문에 짓는 4가지 업이라 한다.[105]

위에서 구업을 분류하여 설명한 바와 같이 구업은 윤리적인 측면에서 주로 다루어지고 있다. 그래서 잘못 사용하는 말의 폐해를 염려하고 있다. 그렇지만 우리가 하는 말이 긍정적으로 작용하는 경우가 더 많다. 따뜻한 격려의 말 한마디가 인생의 구렁텅이에 빠진 사람을 구해내기도 하고, 가슴에 와 닿는 말 한마디로 인생이 달라진 사람도 많이 있다. 말은 그 내용에 따라 인간을 죽이기도 하고 살리기도 한다. 앞에서 말한 투도업과 마찬가지로 경전 상에서 말하는 구업은 수행 차원이나 인간의 갈등 해소를 위한 교설이다. 인간 중심적인 구업에서 이젠 생태 중심적인 구업을 알아보자. 생태문제가 인류의 생존문제와 직결된 현 시점에서 구업 역시 생태윤리 차원에서 재

---

105) 『大正藏』1, 437下: 云何口故作四業 不善與苦果受於苦報 一日妄言… 為己為他 或為財物 知已妄言 二日兩舌 欲離別他 聞此語彼 欲破壞此 聞彼語此 欲破壞彼… 三日麤言 彼若有言 辭氣麤獷 惡聲逆耳 眾所不喜 眾所不愛 使他苦惱 令不得定 說如是言 四日綺語 彼非時說 不真實說… 是謂口故作四業 不善與苦果受於苦報.

해석이 필요하다.

2) 구업(口業)과 생태문제

구업이란 의사전달 수단의 하나인 언어활동을 말한다. 의사전달 수단은 말[구업], 몸짓, 표정, 문자 등이 있다. 문자는 말을 약속기호로 표현한 것이기 때문에 구업의 한 가지 수단이라 말할 수 있다. 문자나 영상매체를 통한 의사전달 수단도 구업의 역할을 하고 있다. 그러면 우선 언어와 소비의 문제에 대하여 살펴보자.

소비 욕구를 자극하는 말로 과소비를 유도하는 언어행위는 생태적 구업이다. 근검절약하는 생활태도에 대하여 비웃거나 비난하는 단어(예를 들면 궁상, 수전노, 자린고비)를 동원하여 상대방이 수치심을 갖도록 유도하는 언어 행위는 생태적 관점에서 보면 구업 중의 악구(惡口)이다. 고가의 제품을 구입하고 명품이라고 자랑을 하면서 그러한 행위를 자기의 신분상승과 동일시하려는 언어행위는 생태적 기어(綺語)이다. 그럴싸한 말을 앞세워 좋지 않은 물건을 좋은 물건이라고 속이며 소비를 조장하고 물건을 구매하도록 만드는 말은 생태적 망어(妄語)이다. 물건의 구입뿐만 아니라 의식주생활 및 취미생활에서 과소비를 마치 자기의 인품의 척도인 양 자랑하는 사회적 분위기는 생태적인 병적 사회라고 할 수 있다.

이런 소비의 충동이 대중매체를 타고 전해질 때는 엄청난 영향력을 발휘한다. 그것은 동영상으로 표현되는 텔레비전 광고나 인터넷 매체의 광고, 말로만 표현되는 라디오 광고, 사진과 글로 표현되는 신문이나 잡지 등의 광고이다. 모두다 소비를 촉진시키기 위한 전략이다.

광고의 목적과는 달리 불교에서 필요 이상의 소비는 항상 경책의 대상이 된다. 그렇다고 해서 불교가 경제적 궁핍이나 빈궁을 미덕으로 삼는 것은 아니다. 이에 대하여 『금색왕경(金色王經)』에 다음과 같이 말하고 있다.

> 어떤 법을 괴로움이라고 하는가? 이른바 빈궁이다. 어떤 괴로움이 가장 중한가? 이른바 빈궁의 괴로움이다. 죽는 괴로움과 가난한 괴로움 두 가지는 같은 것이나 다름이 없으니 차라리 죽는 괴로움을 받을지언정 빈궁하게 살지 않으리라.[106]

빈궁의 고통은 죽음의 고통과 같으므로 빈궁하게 살아서는 안 된다고 한다. 궁핍은 악의 근원을 제공하기도 한다. 그래서 불교는 인간으로서 기본적인 욕구까지도 억제할 정도의 궁핍을 강요하지 않는다. 단지 꺼려하는 것은 욕망의 노예가 되는 것이다.

생태적으로 보아도 빈곤은 자연에 커다란 부담을 준다. 빈곤계층은 경작지의 절대부족과 인구증가로 인해 생산력이 거의 없는 불모의 생태계로 밀려나 삼림과 초원, 토양을 더욱더 황폐화하고 굶주림을 해결하기 위해 야생생물을 남획하면서 생태계와 그들 자신을 더욱 열악하고 빈곤하게 만들어 간다.[107]

3) 상업 광고와 생태문제

대량생산과 소비를 통하여 이윤의 극대화를 추구하는 산업사회에서 상업광고는 자본주의 경제의 꽃이라고 칭송받고 있다. 자본주의

---

106) 『大正藏』3, 389下: 何法名為苦 所謂貧窮是 何苦最為重 所謂貧窮苦 死苦與 貧苦 二苦等無異 寧當受死苦 不用貧窮生.
107) 앨런 테인 더닝/구자건, 『소비사회의 극복』(서울: 도서출판 따님, 1994), 94쪽.

는 그 특성상 끝없는 소비의 창출을 통해 이윤을 추구한다. 그런 역할을 충실히 수행하는 것이 광고 산업이다. 광고 산업은 분명히 현대 산업사회의 총아다. 그러나 생태적 측면에서 본 상업광고 는 전혀 원치 않는데도 태어난 사생아 같은 존재이다.

상업광고의 내용을 보면 경쟁상품을 교묘한 말로 헐뜯고[惡口], 잘 꾸며댄 말[綺語]로 자사제품의 장점만을 부각시키고, 좋지 않은 상품을 좋은 상품이라고 속이는 말[妄語]로 선전을 한다. 또 타사 제품은 단점을 부각시키고 자사 제품은 장점만 강조하여 소비자와 경쟁사를 이간질[兩舌]한다. 생태적 관점에서 보면 광고의 이러한 역할은 악구(惡口), 기어(綺語)와 망어(妄語)와 양설(兩舌)를 범하는 대표적 사례이다. 욕구를 충동하여 구매를 유도하는 선전으로 매출이 증가하면 훌륭한 광고사원이 된다. 그러기 위해서는 신제품의 개발과 동시에 기존제품을 폐기물화시켜야 한다. 광고는 인간의 숨겨진 욕망을 자극시켜 발길을 시장으로 달려가게 만드는 데 그 목적이 있다. 그러면 광고학에서 주장하는 광고의 기능 및 역할을 알아보고 광고와 소비의 관계를 알아보자.

광고의 기능을 보면 첫째, 광고는 기업의 관점에서 소비자들에게 제품을 소비하거나 판매를 촉진하는 마케팅적 기능을 수행하고, 둘째, 거시적인 관점에서 광고는 사회전반에 걸쳐 경제적 및 사회적 기능을 수행한다.

먼저 마케팅적인 기능을 보면 첫째, 상업광고는 제품에 대한 인지도를 형성하는 기능을 수행한다. 둘째, 광고는 제품정보(가령 제품의 기능이나 특징)를 제공하여 궁극적으로 상표에 대한 선호도를 향상시키는 기능을 수행한다. 광고는 자사제품의 장점만을 부각시킬 뿐

단점이나 부작용은 전혀 언급의 대상으로 삼지 않는다. 셋째, 광고는 자사제품을 경쟁사 제품과 차별화하여 소비자들로 하여금 그 제품을 선택해야 할 근거를 제시하는 기능을 수행한다. 넷째, 광고는 제품에 대한 선호도나 상표에 대한 애호도를 높이는 기능을 수행한다. 다섯째, 광고는 제품에 대한 구매욕을 유도하는 기능을 수행한다. 즉 광고는 자사제품이 최고의 선택임을 강조하여 소비자들의 즉각적인 구매를 유도하기도 한다.[108]

다음에는 광고의 거시적인 기능 즉 사회적 기능과 경제적 기능을 보면 첫째, 광고가 사회 전반에 미치는 기능은 긍정적인 면과 부정적인 면이 있다. 다른 광고와 달리 공익광고의 경우에는 소비자들의 바람직한 소비를 교육시키는 기능을 수행하기도 하고 생활수준의 향상 및 대중적인 소비문화를 반영하고 형성하는 기능을 수행하기도 한다. 반면에 제품광고는 소비자들로 하여금 불필요한 구매를 유도하기도 하고 물질주의를 조장하기도 하며 과장광고나 허위광고를 통하여 소비자의 올바른 선택을 가로막는 부정적인 기능을 수행하기도 한다. 둘째, 광고는 유효수요의 유발에 의해 대량생산을 가능하게 하고, 제품의 단가를 낮추어 물질적으로 풍요로운 사회를 이룩하는 데 기여하며, 기업 간의 경쟁을 유도하여 소비자의 권익을 보호하는 등 긍정적인 기능을 수행한다.[109] 이러한 광고의 긍정적인 기능이 바로 생태적 관점에서는 부정적인 기능으로 작용하고 있다. 대량생산은 본질적으로 폭력적이며, 생태계를 파괴하고 재생될 수 없는 자원을 낭비하며, 인성을 망쳐놓는다고 슈마허(E. F. Schumacher,

---

108) 안광호·유창조,『광고원론』(서울: 법문사, 1998), 17쪽.
109) 위의 책, 20쪽.

1911~1977)는 염려하고 있다.[110]

공익 광고는 사회적으로 긍정적인 기능을 하는 것은 사실이다. 공익에 도움이 되는 지식과 정보를 제공하여 삶을 보람차게 이끌어 줄수 있다. 그러나 기업의 이름으로 내보내는 공익광고는 자사에 대한호감도를 높여 자사제품의 매출을 증대하려는 데 궁극적인 목적이있음은 두 말할 필요가 없다. 이러한 점에서 보면 제품광고는 물론이고 기업의 이름으로 내보내는 경우는 공익광고조차도 생태적인 면에서는 부정적 기능이 더 많다고 할 수 있다.

예를 들면 "유효 수요를 유발해 대량생산으로 제품의 단가를 낮추어 물질적으로 풍요로운 사회를 이룩한다."는 제품광고의 긍정적인측면이 우리의 경제적인 삶의 질을 높여 줄 수 있는 것이 사실이지만생태적 관점에서는 부정적인 측면으로 평가된다는 점이다. 왜냐하면, 모든 기업광고의 궁극적인 목표는 소비의 창출에 있기 때문이다.대량생산, 낮은 단가, 풍요로운 사회는 자연의 착취 없이는 결코 이루어질 수 없는 일이다.

광고의 유형은 그 주체에 따라 제품광고와 조직(기업)광고로 분류될 수 있다. 그 중 조직광고는 기업 이미지광고(corporate image advertising)와 이슈광고(issue advertizing)로 나눌 수 있다. 그 각각의 기능을 알아보면 첫째, 기업 이미지광고는 소비자들로부터 기업에 대한 호의적인 이미지나 기업과의 우호적인 관계를 형성하기 위하여 수행되는 광고다. 소비자들이 기업에 대하여 호의적인 이미지를형성하게 되면, 그 기업의 제품에 대한 구매의사도 높아지게 된다.

---

110) E. F. 슈마허/이상호, 『작은 것이 아름답다』(문예출판사, 2002), 197쪽.

소비자들은 같은 조건이라면 호감이 가는 기업의 제품을 선호하는 성향이 강하기 때문이다. 따라서 기업 이미지광고는 개념적으로 기업에 관한 내용을 전달하지만 궁극적으로는 제품판매를 간접적으로 후원하는 역할을 수행한다.[111] 그러면 2004년 한겨레신문 주최 광고대상을 수상한 ○○생명 보험회사의 광고를 분석해 보자.

> 엄마가 되어 알았습니다. 저를 낳고 많이 울었다 하셨습니다. 밤늦은 귀가에 잠을 못 이루셨습니다. 여행 갈 때면 조심하라는 말을 열 번도 더 하셨습니다. 결혼식 내내 남몰래 눈물을 훔치셨습니다. (중략) 아이가 저를 바라보는 것처럼 저도 엄마를 기쁘게 해 보겠습니다. 어머니, 당신의 인생을 응원합니다. Bravo your life! ○○생명이 어머니의 인생을 응원합니다.

이 광고에서 ○○생명은 어머니와 같이 우리를 따뜻하게 보살펴 주는 기업이고, 우리와 고락을 같이 해 주는 기업이라는 착각에 빠져들게 한다. 마치 ○○생명이 인생의 어떠한 난관도 헤쳐 나가게 해 줄 수 있다는 느낌을 준다. 마지막 부분에는 영어 문구를 슬쩍 집어넣어서 자본주의를 선도해가는 서양 제국주의의 문화를 비호한다. 비영어권의 열등감을 자극해 자기 회사의 우월성을 나타내려는 의도가 엿보인다. 사람들의 바른 판단력을 마비시키기 위한 고도의 온갖 수법이 광고에 동원되는 것을 알 수 있다.

둘째, 이슈광고(issue advertizing)는 대중이 중요하게 생각하는 사회적인 이슈를 거론하면서 기업이 추구하는 철학을 전달하고자 한다. 기업 이슈광고는 사회적인 문제를 거론하여 기업에 대한 관심

---

111) 앞의 책, 23쪽.

과 호의적인 태도를 유도한다.[112] 광고에 대해서 긍정적인 평가를 내리는 사람들은 광고가 소비자들에게 제품과 서비스에 대한 정보를 제공하고 그들의 삶을 향상시키는 데 도움이 되며 사업에 활력을 불어넣는 사회적 활동을 하는 것으로 본다.

즉 광고는 새로운 직업을 만들고 신규 기업이 시장에 진출하는 데 도움이 된다는 것이다. 그들은 경쟁에 토대를 두는 자유시장경제가 성공하기 위해서는 소비자에게 완전한 정보가 제공되어야 하며, 저렴한 비용으로 보다 우수한 제품정보를 제공하는 데 있어 광고보다 나은 수단이 없다고 주장한다. 그러나 이러한 주장은 생태적인 측면이 전혀 고려되지 않은 인간의 소비중심적인 판단일 뿐이다.

자본주의 경제 체제는 소비지향적인 사회구조를 지향한다. 소비가 경제를 지탱해 주는 체제에서는 상표의 선택이 사회계층의 구분을 결정하는 잣대가 되기도 한다. 과학기술을 바탕으로 하여 발달된 산업사회는 생산력을 통제할 줄 모르고 공급능력만을 자랑 삼으면서 무조건 새로운 제품만을 생산하려 한다. 마치 제동장치가 고장 난 자동차처럼 앞으로만 달려 나간다. 수요에 의해 생산이 결정되는 것이 아니라, 생산과 공급에 비례하여 수요를 창출하려고 발버둥을 치는 것이 광고 산업이다.

대중매체가 동일한 생활 이상, 동일한 양식, 동일한 유형의 록 음악 등을 유도하는 것처럼[113] 광고는 대중문화의 획일화를 유도한다. 이러한 대중매체를 이용한 광고 산업은 유행을 인위적으로 조작하는 마술사와 같은 능력이 있다. 상품을 출시하여 소비하게 만들고 새

---

112) 앞의 책, 25쪽.
113) 펠릭스 가타리 / 윤수종, 『세 가지 생태학』(서울: 동문선, 1989), 11쪽.

로운 상품이 개발될 즈음에는 이전의 물품을 폐기물화시키는 능력을 발휘하기도 한다. 광고 활동을 구업에 대입하여 생각해 보자. 다음의 『잡아함경』 권49, 「십선경(十善經)」의 내용을 살펴보자.

> 자기를 위하거나 남을 위하여, 재물과 즐거움을 위해서 거짓말을 하지 않는 것, 이것이 곧 하늘에 태어나는 길이다. 성실하지 않고, 뜻이 없고, 요익하지 않은 말을 하지 않으며 항상 법에 따라 말을 하는 것 이것이 곧 하늘에 태어나는 길이다.[114]

위의 내용에서 거짓말을 하지 않는 것이 하늘에 태어나는 길이라고 하였다. 이 말은 거짓말을 하면 지옥·아귀·축생의 3악도에 태어나게 된다는 의미이다. 즉 자기의 이익을 위하여, 기업의 발전을 위하여 진실하지 않은 광고를 제작하고 홍보하는 것은 바로 내세의 생태적인 삶을 고통 속으로 몰아넣게 된다는 말이다.

이러한 광고 산업이 발달한 나라의 소비 행태를 보자. 전 세계 인구의 12%밖에 되지 않는 북미와 유럽이 전 세계 물자와 서비스의 60%를 소비하고 있다. 반면, 세계 인구의 3분의 1이 사는 남아시아와 사하라 이남의 아프리카는 3.2%만 소비하고 있다. 과소비에 익숙한 산업화된 나라의 이산화탄소 배출량을 보면 미국의 경우는 1인당 19.66톤, 한국은 9.48톤, 일본은 9.47톤이었다.[115]

과소비는 환경을 악화시키는 것은 물론이고 이런 소비의 증가가 인간에게 행복의 증가를 보장하는 것도 아니다. 소비가 늘어나면 비

---

114) 『大正藏』2, 357中: 自為己及他 為財及戲笑 妄語而不為 是則生天路 不為不誠說 無義不饒益 常順於法言 是則生天路.
115) 월드워치연구소 / 오수길 등, 『지구환경보고서 2004』(서울: 도서출판 도요새, 2004), 32쪽.

만이 확산되어 인류의 건강을 위협하고, 높은 소비를 지속하기 위한 노동시간의 증가로 근로자의 스트레스를 가중시킨다. 그럼에도 불구하고 소비의 증가가 신분상승을 나타낸다고 생각하는 사회적 분위기, 명품이 자기의 품격을 높여준다고 생각하는 의식구조 속에서는 생태 우선적 가치관은 자리 잡을 곳을 잃게 된다.

생태계의 위기는 순환성의 파괴가 가장 큰 문제이다. 순환은 모든 생명체들이 조화롭게 공존할 수 있게 하는 원리다. 자연계에서 벌어지는 영양물질의 합성과 분해과정을 생물적인 차원에서 보면 식물→동물→미생물→무기물→식물로 끊임없는 순환이 이어진다. 현재의 자원 고갈과 환경의 오염으로 인한 생태계 파괴는 이런 순환 고리를 단절시킨다는 데 문제가 있는 것이다. 생태계가 그렇듯이, 사회, 물, 대기 역시 순환이 없으면 항상성은 유지될 수 없는 것이다.

그러나 순환의 원칙이 너무 잘 작동하면 파멸을 가져 올 수 있는 것이 있다. 화폐의 순환이 그 예이다. 화폐의 순환은 소비를 동반하기 때문에 화폐의 과도한 순환은 생태계를 파괴한다는 사실이다. 달리던 자전거가 멈추면 넘어지듯이 소비가 멈추면 존립할 수 없는 것이 자본주의 경제체제이다.

현 자본주의 체제는 소비욕을 어떻게 하면 이끌어낼 것인가에 고심하는 체제다. 즉 욕망을 성장시켜 매출을 증가시키려는 체제다. 이러한 역할을 가장 앞장서서 이끌어 가는 사업이 바로 광고 산업이다. 광고 산업이 주도하는 자본주의 체제가 이대로 지속된다면 그 종말은 생태계 파멸, 즉 인류의 파멸이라는 종착역에 도달하게 될 것이다.

Ⅳ. 불공업(不共業)과 공업(共業)의 생태철학적 해석

1. 불공업(不共業)과 공업(共業)의 개념

불교에서 업의 분류법 중 또 하나로 불공업과 공업이 있다. 그렇지만 초기불교에서 업의 교설은 세분화되어 있지 않았고 업이라면 보통 개인의 업에 한정된 불공업(不共業)을 의미하였다. 공업(共業)과 불공업(不共業)이라는 용어가 처음 등장한 것은 불교교리의 분석에 열중하던 아비달마 불교시대에 이르러서다.[1] 그러나 알고 보면 초기 불교경전에서부터 이미 공업의 개념은 잉태되고 있었다. 『숫따니빠따』에서 다음과 같이 말하고 있다.

> 행위(업)에 의해서 세계는 존재하고, 행위에 의해서 인간은 존재한다. 그리고 살아 있는 뭇 존재는 또 이 행위 때문에 구속당하고 있는 것이다. 앞으로 굴러가는 수레가 그 축에 매여 있듯이.[2]

즉 인간의 업에 의해서 자신의 존재상태가 좌우되고, 우리가 공동으로 거주할 세계도 결정된다는 사상은 초기불교에서부터 이미 교시되고 있었다. 단지 개인 차원의 업과 공동체 차원에서 공유하는 업

---

1) 조용길, 「초기불교의 업설에 관한 연구」(동국대학교 불교학과 박사학위 논문, 1987), 124쪽.
2) Suttanipāta, v.654.

에 대한 용어의 구분이 없었을 뿐이었다. 이미 초기불교경전인『중아함경』권44에서도 유정은 스스로 지은 업에 의해서 자기 자신의 신체적인 조건과 사회적인 환경 및 자기가 살아갈 자연적인 조건까지 결정됨을 설하고 있다.

> 중생들은 자기가 행한 업을 원인으로 한다. 업을 원인으로 하여 과보를 얻게 된다. 업(業)과 숙업(宿業, 依業)과 업처(業處)를 연으로 하여 중생들은 그에 따라서 높고 낮으며, 처소가 묘하고 묘하지 않다.[3]

위의 내용을 보면 자신의 업이 원인이 되어 자신뿐만 아니라 자신이 의지하여 머물 주변 환경의 좋고 나쁨도 결정된다는 것이다. 그런데 세상은 자기 혼자만의 소유공간이 아니고 남들과도 공유하는 공간이다. 자타가 서로 공유하는 처소는 남과 서로 영향을 주고받을 수밖에 없다. 과거의 업인 숙업[依業]에 의해서만 모든 것이 결정되는 것이 아니고 오늘의 우리의 행위[業]와 마음가짐[業處]도 역시 현재의 처소에 영향을 미치게 된다는 것이다. 알고 보면 우리의 숙업이나 현재의 행위와 마음가짐도 개인의 독단적인 판단에 의해서 결정되는 것이 아니고 다른 사람이나 당시의 문화와 사회제도 그리고 기후 등의 자연현상에 의해 많은 영향을 받게 된다. 그러므로 다인다과(多因多果)의 원칙에 의해 우리의 운명과 처소가 좌우된다는 것을 알 수 있다.

업에는 다양한 의미가 함축되어 있다. 그 중에도 업의 의미 속에는

---

3) 『大正藏』1, 706中: 衆生因自行業 因業得報 緣業·依業·業處. 衆生隨其高下處 妙不妙.

행위로 인한 결과를 내포하고 있는 경우가 종종 있다. 공업의 의미가 더욱 그러한 경우이다. 여러 사람들이 공통적으로 하는 행위가 그들이 머물 자연환경의 우열을 결정해 준다는 것이 공업(共業)이 의미하는 바다. 즉 공업은 인과의 의미를 동시에 내포하고 있는 용어다.

우선 공업의 사전적 의미를 살펴보면 공업은 범어(梵語) sādhāraṇa-karma를 한자로 변역한 용어이다. 그 용어 중 sādhāraṇa는 "어떤 똑같은 지주(支柱)나 기준에 기초하는(having or resting on the same support or basis), 모두에게 속하는(belonging or applicable to many or all), 일반적인(general), 모두에게 공통되는(common to all), universal, 두 가지 상반되는 특성의 어떤 것을 가진(having something of two opposite property), 두 극단 사이의 중간(mean), 공통적이거나 일반적인 규칙(a common rule)"을 의미한다.[4]

따라서 공업은 공통적인 특성이 있거나, 보편화되어 있거나, 어떤 상황에서 중도적으로 행해지는 여러 사람들의 일상적인 공통행위라고 해석할 수 있다. 경전에 사용된 공업의 의미를 분석해 보면, 자기가 지은 업의 과보를 자기만이 아니라, 다른 사람들도 함께 받게 되고, 마찬가지로 이 사회의 다른 사람들이 행한 선악의 업보를 자신도 공유하게 된다고 한다. 이처럼 공업은 인과의 의미를 동시에 내포하고 있다.[5]

---

4) Monier-williams, sir monier, 《Sanskrit-english dictionary/Sir monier-williams》(Japan: Oxford at the clarendon press, 1899).
5) 水野弘元, 「業說について」『印度學佛教學研究』2卷2號, 通卷4號 (東京: 日本印度學佛教學會, 1954), 113쪽.

공업은 특히 현대사회의 현상을 설명하는 데 적합한 개념이다. 현대사회는 교통과 통신수단의 발달로 이젠 지구촌의 어느 구석에서 벌어지는 사건이라 할지라도 그 영향이 미치지 않는 곳이 없게 되었다. 인간의 심리현상이나 행동이 미치는 영향도 마찬가지다.

특히 자연현상에서는 교통이나 통신수단의 발달과 관계없이 공업의 영향력을 서로 주고받아 왔다. 중국에서 발생한 황사가 한국이나 일본에 영향을 미치며, 적도 지역에서 일어난 조그만 기후변화가 태풍을 한국까지 몰고 오고, 러시아 체르노빌의 원자력 발전소 사고로 누출된 방사능 물질이 온 세계 생태계에 영향을 준다. 방사선 낙진이 바람을 타고 날아가 노르웨이에서 발견된 경우가 그러한 예이다. 일단 방사능 물질이 배출되면 생명체가 있는 곳에서는 먹이사슬(biologcal cycle) 속에 흡수되어 모든 생명체에 영향을 미친다. 이는 바로 『화엄경』에서 말하는 인드라망(網)[6]에 박혀 있는 구슬처럼 서로 영향을 주고받으며 연기의 도리 속에서 자연현상이 유지되고 있다는 증거다.

공업 사상은 연기론을 주장하는 불교의 근본교리에 더 계합하고, 갈수록 더 복잡계적인 현상을 나타내는 현대 산업사회에도 합치되는 업의 이론이라고 말할 수 있다. 불공업과 공업의 개념에는 업이 미치는 영향력에서 차이를 드러낸다.

공업에는 집단의 업과 공동의 과보 개념이 내포되어 있는 데 비해

---

6)   인드라라는 그물은 한없이 넓고 그물의 매듭마다 구슬이 매달려 있으면서 서로를 비추고 비추어 준다. 그것이 바로 인간세상의 모습이라는 것이다. 우리는 마치 스스로 살아가는 것 같지만 실제로는 서로 연결되어 있는 밀접한 관계이다. 이것은 인간관계뿐만 아니라 세상과 인간과의 관계에서도 마찬가지라는 것이다.

불공업은 한 개인의 행위와 그에 따른 당사자의 결과만을 논하고 있다. 즉 불공업은 다른 사람과 차별되는 자기만의 특성을 갖게 하는 개인적인 행위를 의미한다. 이에 대하여 언급하고 있는 『아비달마대비바사론』 권9의 내용을 보자.

> 유정수(有情數)는 각자의 별업(불공업)에 의해서 태어나고 비유정수는 공업으로 생기는 것이지 자재천 등의 삿된 원인으로 생기는 것이 아니다.[7]

유정수는 각자의 행위인 별업(別業)에 의해서 자기의 특징 및 성향을 불러오고, 비유정수[환경이나 자연, 기세간]는 공업에 의해서 생기게 된다고 한다. 별업이란 불공업과 같은 말이다. 유정수란 유정세간과 같은 의미로 6도를 윤회하는 유정(중생)들을 가리킨다. 좁게 보면 우리 인간을 의미한다고 봐도 무방한 개념이다. 즉 개인의 운명과 성향은 개인의 업에 의하고 중생들이 공유하는 우주나 자연환경은 그 소속 중생들의 공동의 업에 의한 것이지 결코 유일신이나 창조주에 의해서 생기는 것이 아니다. 창조론과 같은 견해는 바로 삿된 견해[邪見]라는 것이다. 마찬가지로 『아비달마구사론』 권13에서도 그와 의견을 같이하고 있다.

> 유정세간(有情世間)과 기세간(器世間)은 각각 차별이 많은데 이런 차별은 무엇으로 말미암아 생기는가? 송(頌)으로 말하겠다. 세간의 차별은 업으로 말미암아 생기는 것이다. 생각과 생각을 행동으로 옮긴 업이 있는데, 생각으로 그친 업[思業]은 생각의 업[意業]이고, 생각에 의해 짓는 업은 신업(身業)과 구업(口業)이다. 논하여

---

7) 『大正藏』27, 41中: 有情數各別業生 非有情數共業所生 非自在等邪因所生.

말하겠다. 개인 자신과 환경의 차별은 절대자에 의해서가 아니고 단지 유정의 업으로 말미암아 일어나게 된다.[8]

즉 인간의 생각과 행위에 의해서 자기 자신[유정세간]의 신체적인 조건 및 운명이 변하고 주변 환경과 거주처[기세간]의 좋고 나쁨이 결정되는 것이지 어떤 절대자나 창조주에 의해서 좌우되는 것이 아니라고 하였다. 위의 내용이 의미하는 바는 인간이 행한 하나의 행위 속에는 이미 공업적인 요소와 불공업적인 요소가 함께 내포되어 있다는 것을 일러주고 있다. 『순정리론(順正理論)』 권33의 「변업품 (辯業品)」에도 마찬가지로 다음과 같이 이야기하고 있다.

> 세간의 차별은 업으로 말미암아 생긴다. 생각과 생각에 의해 지어진 것이다. 생각은 바로 의업(意業)이고, 생각에 의해 지어진 것은 신업(身業)과 구업(口業)이다. 논하건대 세상의 차별은 유정의 정업 (淨業)과 부정업(不淨業)으로 결정되므로 모든 내외의 현상이 다양하고 같지 않다. 어떻게 그것을 알 수 있는가? 업의 작용을 보기 때문이다. 말하자면, 세상에서 좋아하는 과보와 좋아하지 않는 과보의 차별이 생기는 것을 경험할 때는 꼭 업의 작용으로 말미암는 것이다. … 또한 처음 태에 있을 때부터 현재의 인을 말미암지 않고 즐거움과 괴로움이 있음을 본다. 이미 중요한 업이 먼저 있어서 현재 곧 좋고 좋지 않은 과보를 얻을 수 있음을 본다. 즐거움과 괴로움을 앞서 꼭 업이 먼저 있음을 알 수 있다. 그러므로 모든 내외의 일들은 인이 없이 자연히 종종의 차별이 있는 것이 아니다.[9]

---

8) 『大正藏』29, 67中: 有情世間及器世間 各多差別. 如是差別 由誰而生. 頌曰 世別由業生 思及思所作 思卽是意業 所作謂身語 論曰. 非由一主先覺而生. 但由有情業 差別起.

9) 『大正藏』29, 529上: 世別由業生 思及思所作 思卽是意業 所作謂身語 論曰 定由有情淨不淨業 諸內外事種種不同 云何知然 見業用故 謂世現見 愛非愛果 差別生時 定由業用 … 復見亦有從初處胎 不由現因 有樂有苦 既見現在要業

공업과 불공업의 용어는 종파에 따라서 각각 다르게 사용되었다. 『아비달마대비바사론』과 『아비달마순정리론』에서는 불공업은 별업(別業)으로, 『아비담심론경』에서는 불공업은 불공자(不共者)로 공업은 공자(共者)로 표현되고 있다. 또한 업에 대한 과보에 중점을 둔 개념으로 유정세간은 정보(正報)로, 기세간은 의보(依報)라고도 부른다. 유식(唯識, 불교심리학)에서는 업을 심리현상으로 보아 마음속에 심어두는 종자(種子)의 관점으로 본다. 『섭대승론』은 이에 대하여 다음과 같이 말하고 있다.

> 아뢰야식에는 공상(共相)이 있고 불공상(不共相)이 있으니, 생을 받지 않는 종자의 상[無受生種子相]과 생을 받는 종자의 상[有受生種子相]이다. 공상이란 기세계(器世界)의 종자이다. 불공상이란 각기 다른 개개인[內入處]의 종자이다. 또한 공상이란 생을 받지 않는 종자이고, 불공상은 생을 받는 종자이다. [10]

위에서는 업 대신에 상(相)이라는 용어를 사용하고 있는데, 결국 공상과 불공상은 공업과 불공업을 의미한다. 여기서는 업을 객관적으로 보지 않고 아뢰야식(제8식, 심층의식)의 모습으로 보므로 이것을 공업이라 하든지 불공업이라 하더라도 유식에서 말하는 업은 유부나 경량부의 견해와는 달리 객관적·고정적인 존재가 아니다.[11]

『대승아비달마집론(大乘阿毘達磨集論)』 권4에서는 자업자득의 과

為先 方能引得愛非愛果 知前樂苦必業為先 故非無因 諸內外事 自然而有 種種差別.

10) 『大正藏』31, 117下: 此識有共相 有不共無受生種子相 有受生種子相 共相者 是器世界種子 相 不共者 是各別內入種子 復次共相者 是無受生種子 相不共者 是有受生種子 相.

11) 干潟龍祥, 「業の 社會性-共業-について」『日本學士院紀要』第33卷 第1号, 5쪽.

보개념인 불공업과는 다른 차원에서 공업을 구체적으로 설명하고 있다. 공업이란 유정의 업이 상호간에 영향을 주고받으며 간접적인 연으로 작용하고 서로 보조하는 힘이 되어 부분적인 요소의 합보다 커다란 결과를 나타내는 업이다. 예를 들면 눈송이 하나에는 아무런 힘이 없지만 폭설이 내리면 눈사태를 일으키듯이 공업에는 상승작용을 일으킬 수 있는 힘이 있어 그것을 증상력(增上力)이라 하고 그 결과는 증상과(增上果)라 한다. 즉 공업의 과보는 증상과이고, 불공업의 과보는 이숙과(異熟果)라고 유식학파에서 말하고 있다.

『아비달마구사론』과 『아비달마순정리론』 권18에서도 불공업이 초래하는 과(果)를 이숙과(異熟果)라고 하였고 『아비달마구사론』에서는 유정의 공업에 의해서 초래되는 과를 증상과(增上果)라 하였다. 『대승아비달마집론』에서 증상과로 나타나는 것이 기세간이라고 다음과 같이 말하고 있다.

> 증상과라는 것은 일체유정의 공업의 증상력에 의해서 초감된 기세간을 말한다.[12]

『아비달마구사석론』 권5에서도 마찬가지로 증상과란 공업으로 생기는 것이라 한다.[13]

지금까지 논한 것에서 알 수 있는 바와 같이 인간의 업은 불공업

---

12) 『大正藏』31, 765中: 增上果者 謂一切有情共業增上力所感器世間.
13) 『大正藏』29, 193上: 偈曰 果報無記法 釋曰是無覆無記法 此果報為非眾生名耶 偈曰 眾生 釋曰 此法唯屬內 非共得故 稱眾生名 此法為增長為等流 偈曰 有記生 釋曰 善惡二法 於果報可記故說有記 從此後時生非無間生 是名果報 果報相如此 非眾生名法 亦從業生 云何不名果報 共所得故 此法餘人亦能如此共用 果報無得 何以故 是彼所作業果報 此得共用 無有是處 增上果亦是業所生 云何共用 從共業生故.

과 공업이 따로 분리되어 있지 않다는 것이다. 개인이 행한 업이 개인에게만 영향을 미쳐 그 과보가 본인에게만 적용된 경우를 불공업이라 하고, 그러한 업들이 다른 일체중생의 업과 서로 상승작용[增上作用]을 하여 그것이 주변 환경[기세간]에 영향을 미쳐 나타나는 결과를 증상과(增上果)라고 하는 것이다. 그런 작용을 일으킬 수 있는 중생들의 공통된 업을 공업이라 부른다.

우리들은 여기에서 업의 사회성을 볼 수 있다. 무심코 행한 개인의 업은 남에게도 그런 행동을 부추기는 힘인 증상력(增上力)이 있기 때문에 자기 개인의 업으로만 끝나지 않고 다른 사람에게도 영향을 미치게 되는 것이다.

인간이 편리함을 추구하여 타고 다니는 자동차의 배기가스가 서로 증상력을 발휘해서 지구의 온난화라는 증상과를 초래하게 되고, 인간들이 생산성 향상을 위해서 농약을 뿌려대는 인간의 행위가 증상력이 되어 환경오염이라는 증상과를 초래하고 있는 것이다. 이러한 불교의 업이론을 보면 업이 복잡계로 형성되어 있다는 것을 알 수 있다. 그 중 공업은 복잡계의 성격을 더 강하게 나타낸다고 할 수 있다.

2. 불공업(不共業)과 생태문제

1) 불공업(不共業)의 정의

업사상이 공업과 불공업의 개념으로 분화되기 이전의 업은 주로 불공업을 의미하였다. 불공업은 각 개인의 운명을 좌우하고 특징을 결정지어 주는 자업자득 개념의 업이다. 『구사론』 권30, 「파집아품

(破執我品)」에서 자기가 지은 업에 따라 그에 해당하는 몸[五蘊]을 상속하게 된다고 다음과 같이 서술하고 있다.

> 이것은 또 어떻게 생사를 유전하는가? 전생의 5온을 버리고 후생의 5온을 취하기 때문이다. 이와 같은 이치는 마치 무서운 기세로 타오르는 불길이 비록 찰나멸하는 것이나 그것이 상속함에 의하여 화염이 상속되는 것과 같이 5온이 취합함을 유정이라 가명하고, 이 유정이 갈애와 집착[愛取]을 연으로 하여 생사고해를 유전한다는 것이다.[14]

갈애[愛]는 맹목적으로 집착하는 사랑이고, 취(取)는 부질없는 소유욕을 말한다. 우리는 갈애와 취(取)로 인하여 업[불공업]을 짓고 그 업력으로 중생은 세세생생을 이어가고 있다. 다시 말하면 스스로 짓는 업의 상속에 의하여 우리의 생사는 끊임없이 이어지게 되는 것이다. 『아비담심론』권1,「업품(業品)」제3에서는 이에서 더 나아가 우리가 짓는 업에 의해 유정의 특징이 결정될 뿐만 아니라 머물 공간까지도 영향을 받게 된다고 다음과 같이 말하고 있다.

> 모든 것[諸行]은 자기의 본성과 여러 인연으로 말미암아 생긴다고 이미 말했다. 이제 이것은 인이 있어야 과의 종자를 장식할 수 있어서 종자가 태어나 차별을 일으킨다는 것을 말한 것이다. 이제 업이 세간을 장식하여 각 종류의 유정[趣趣]이 곳곳[處處]에 있게 할 수 있다는 것을 설명하겠다. 그러므로 업을 생각하고, 세간에서 벗어나 해탈을 구해야 한다.[15]

---

14) 『大正藏』29, 156下: 此復如何流轉生死 由捨前蘊取後蘊故 如是義宗前已徵遣 如燎原火雖刹那滅 而由相續說有流轉 如是蘊聚假說有情 愛為緣流轉生死取.
15) 『大正藏』28, 812中: 已說諸行己性及由諸因緣生 今謂此有因能嚴飾果種 生

각자가 스스로 짓는 업에 의하여 자신[趣趣]이 거주할 처소[處處]가 결정된다고 말하고 있다. 업에는 어떠한 과보를 나타나게 하는 힘이 있는데 이를 업력이라 한다. 이러한 업력이 개인에 국한되어 영향을 미치는 업을 불공업이라 한다.

2) 5온(五蘊)과 5취온(五取蘊)

유정이란 범어 sattva의 역어로 '감정이나 의식을 지닌 존재'로 식물이나 무생물은 이에 속하지 않는다. 다시 말하면 유정은 일반적으로 동물을 말하며 좀 더 좁은 의미로는 사람을 의미한다. 구역(舊譯)에서는 '중생(衆生), 군생(群生), 군류(群類)'라고 번역되었다. 불교는 유정(有情)의 구성요소를 크게 명색(名色)으로 나누는데, 명(名)은 정신적 요소이고 색(色)은 물질적 요소를 말한다. 유정의 구성요소인 명색을 좀 더 자세히 분류한 것이 5온설(五蘊說)과 6계설(六界說)이다.

5온설에서 5온(五蘊)은 색·수·상·행·식온(蘊)을 말한다. 즉 5온은 명색(名色) 중에서 물질적 요소인 색(色)은 그대로 둔 채 정신적인 요소인 명을 수·상·행·식(受想行識)의 4가지로 세분한 분류법이다. 이러한 5온은 업에 의해 절묘한 조합이 이루어져 각 유정을 차이가 나타나게 하는 요소이다.

『대비바사론』 권74에 의하면 5온 중 색온(rūpa-skandha)은 일반적으로 모든 물질 즉 지·수·화·풍(地水火風) 4대로 만들어진 것[16]을 총칭하지만 좁은 의미로는 유정의 육체를 의미한다. 수온(受蘊,

---

種 生差別可得 今當說業能莊嚴世 趣趣在處處 以是當思業 求離世解脫.
16) 『大正藏』27 383 上: 諸所有色皆是四大種及四大種所造

vedanā-skandha)은 우리의 감각기관인 안·이·비·설·신·의(眼耳鼻舌身意)가 대상과 접촉하여 일으키는 느낌을 의미한다. 이때의 느낌으로는 고통스러운 감각[苦受], 즐거운 감각[樂受], 즐겁지도 않고 고통스럽지도 않은 것[不苦不樂受] 등이 있다. 상온(想蘊, saṃjñā-skandha)이라 함은 상(像)을 취함을 그 본질[體]로 하는 것을 말한다. 우리는 일체의 사물을 인식하는 과정에서 그 대상을 먼저 마음에 상(像)으로 받아들인 후에 그것을 인식하게 되는데 그 때 인식하는 상의 집합이 바로 상온이다.

행온(行蘊, saṃskāra-skandha)은 5온 중에서 색(色)과 수·상·식(受想識)을 제외한 모든 정신적·심리적인 작용을 의미한다.[17] 행온에서 행은 조작 또는 변해가며 머물지 않는 성질[遷流性]의 의미를 가지고 있다. 우리가 목숨처럼 아끼는 가치관이나 생각과 주장도 결국은 조작된 것이고 나중에 변하는 것이라는 가르침을 행온의 교설은 우리에게 전해주고 있는 것이다. 식온(識蘊, vijñāna-skandha)이라 함은 안·이·비·설·신·의의 6종의 정신적 주체가 각각 그 대상을 구별하여 아는 것[了別] 즉 인식작용을 말한다.

이를 요약하면 우주간의 일체만법을 물질적인 것[色蘊]과 정신적인 것[受想行識蘊]으로 나눈 것이 5온의 분류법이다. 5온설은 유정의 심리적인 요소를 주로 분석하면서 유정 즉 인간이 무상(無常)하고 무아(無我)의 존재임을 밝히는 데 주된 목적이 있는 교설이다.

5온설이 정신적인 요소를 강조함에 비하여 6계설(六界說)은 명색(名色) 중에서 정신적 요소인 명을 식(識)으로 표현하고 물질적 요소

---

17) 김동화, 『구사학』(서울: 불교시대사, 2001), 64쪽.

인 색(色)을 지·수·화·풍·공(地水火風空) 5가지로 자세히 분류한 것이다. 따라서 5온설이 정신작용에 주안점을 두어 정신적 자아에 대한 집착을 제거하기 위한 교설이라면, 6계설은 육체적 자아에 대한 집착을 제거하기 위한 교설이다.

즉 불교적인 시각에서 보면, 정신적인 존재인 영혼과 물질적인 존재인 육신은 실제로 존재하는 것이 아니라 무명으로 가려진 우리의 인식작용이 빚어낸 임시적인 존재[假我]일 뿐이다. 그러므로 그것은 우리가 애지중지하며 집착할 만한 대상이 아니라는 것이다. 이에 대하여 『중아함경』 권49에서 다음과 같이 말하고 있다.

> 몸의 왕성한 음[色蘊]은 과(果)가 아니다. 공허한 것으로 바랄 만한 것도 아니요, 항상 있는 것도 아니며, 의지할 만한 것도 아니며, 변하여 바뀌는 것이다. 그래서 나는 이와 같이 안다. 만약 몸[색온]에 대하여 바라는 것이 있고 염오되고 집착이 있고 결박이 있고 번뇌에 속박되었다면 그것을 다하고, 바라지 않고, 멸하고 쉬고 그쳐서 받을 것 없음을 알아서 번뇌가 다한 마음의 해탈을 얻어야 한다. 나머지 음도 그와 같다.[18]

5온으로 구성된 이 몸은 결과물이 아니라 과정물이라는 것이다. 과정물이어서 고정불변의 실체로 존재할 수 없는 것이기 때문에 집착할 만한 대상이 아니다. 그래서 5온에 집착하면 해탈에 방해가 된다고 말한다. 그렇다고 해서 불교가 5온을 혐오의 대상으로 취급하는 것은 아니다. 단지 그 자체를 있는 그대로 알아야 한다는 것이다.

---

18) 『중아함경』 권49, 187경, 「설지경(說智經)」『大正藏』1, 732中: 色盛陰非果 空虛 不可欲 不恒有 不可倚 變易法 我知如是 若於色盛陰有欲 有染 有著 有縛 縛著使者 彼盡 無欲 滅 息 止 得知無所受 漏盡心解脫 如是覺 想 行 識盛陰.

또한 6계(六界)에 대해서도 마찬가지로 논하고 있다. 『중아함경』 권 49, 187경, 「설지경(說智經)」을 보자.

> 나는 지계(地界)가 나의 것이라고 보지 않는다. 나는 지계의 소유도 아니고 지계는 정신도 아니다. 그런데 3수(三受: 즐거운 느낌, 괴로운 느낌, 중간의 느낌)가 지계에 의지하여 머물고 모든 번뇌[使]에 집착 당하게 된다고 말한다. 그것을 다하고, 바라는 바가 없고, 마음이 멸하고 쉬고 멈추어서 받는 바 없음을 알아서 번뇌를 다한 마음의 해탈을 얻을 수 있게 된다. 이와 같이 수·상·행·공·식계(水火風空識界)가 나의 것이 아니고, 내가 식계의 소유도 아니고, 식계가 정신도 아니다. 그런데 3수가 식계에 의지하여 머물고 모든 번뇌에 집착 당하게 된다고 말한다. 그것을 다하고, 바라는 바가 없고, 마음이 멸하고 쉬고 멈추면 받는 바 없음을 알아서 번뇌를 다한 마음의 해탈을 얻을 수 있게 된다. 여러 현자들이여, 나는 6계를 이와 같이 알고 이와 같이 보아서 받을 바 없는 번뇌를 다한 마음의 해탈을 알 수 있게 된다.[19]

5온설이나 6계설은 인간을 구성하고 있는 물질적 요소와 정신적 요소에 대한 집착이 스스로를 속박할 뿐 해탈의 길과는 동떨어지게 한다는 것을 가르치기 위한 교설이다. 우선 5온설에서 말하는 온(蘊)의 의미부터 살펴보자. 온은 구역(舊譯)에서 음(陰)이라고 번역되었던 범어 skandha의 한역어로 덩어리(mass)나 많은 양(large amount) 또는 공기와 땅과 불의 온 덩어리를 가진 우주를 의미하기

---

19) 『大正藏』1, 733上: 我不見地界是我所 我非地界所 地界非是神 然謂三受依地界住 諸使所著 彼盡 無欲 滅 息 止 得知無所受 漏盡心解脫 如是水 火 風 空 識界 非是我所 我非識界所 識界非是神 然謂 三受依識界住 諸使所著 彼盡 無欲 滅 息 止 得知無所受 漏盡心解脫 諸賢 我如是知 如是見此六界 得知無所受 漏盡心解脫.

도 한다. 때로는 덩어리의 의미로 쓰일 때는 광채나 빛의 덩어리, 비극의 덩어리라는 의미로 쓰이기도 한다.

온(蘊)이 불교적으로 쓰일 때는 인간의 근간이 되는 덩어리, 근원적으로 존재에 딱 붙어 있는 것 등을 의미한다. 덩어리는 여러 개가 모여야 이루어지는 것이다. 그러므로 하나하나의 온에는 각기 복수의 의미와 집합의 의미가 있는 것이다. 따라서 온 하나에도 복잡계적인 구조를 내포하고 있다 할 수 있다. 이에 대하여 『아비달마구사론』권1에서 "온의 뜻은 모든 유위법(有爲法)이 화합하여 쌓여 모인 것이다."[20]라고 하였다. 유위법이란 원인과 조건에 따라 형성된 것을 말한다. 즉 색온에는 모든 물질적 요소가 포함되어 있다. 수온(受蘊)도 마찬가지로 모든 감각기관들에서 나타날 수 있는 즐겁고, 괴롭고, 즐겁지도 괴롭지도 않은 모든 느낌을 포함하고 있는 개념이다. 상온·행온·식온도 이에 견주어서 설명되는 정신적 요소다. 『잡아함경』5권, 「염마경」에 보면 이러한 5온[음]에 대한 애착의 해악에 대하여 알려주고 있다.

> 야마가 비구여, 어리석고 들은 것이 없는 범부들은 5수음(五受陰)에 대하여 변함이 없는 것이고, 편안한 것이고, 괴로워할 것이 아니고, 나이고, 나의 것이라는 생각을 하여 이러한 5수음을 보호하고 아끼다가 마침내는 이러한 5수음이라는 적에게 해를 입는다. 마치 저 장자가 친한 것같이 자신을 속인 적에게 해침을 당하게 될 것을 알지 못하는 것과 같다. 야마가여, 많이 들어 아는 성제자는 이 5수온을 괴로운 것이고, 종기와 같은 것이고, 가시와 같은 것이고, 죽음과 같고, 무상하고, 고이며, 공이고, 나가 아니고, 나의 것

---

20) 『大正藏』29, 4下: 諸有爲法和合聚義是蘊義.

도 아니라고 관찰하라.[21]

나를 구성하는 육체적·정신적 요소인 5온에 속박되는 것은 적에게 속아 공격을 당하는 것과 마찬가지로 자신을 해롭게 한다는 것이다. 5온이 원하는 대로 행동하는 것은 파멸의 길이기 때문에 5온에 집착하지 말 것을 누누이 강조하고 있다. 5수음(五受陰)이란 5온과 같은 뜻으로 어리석은 중생들이 실체화하여 집착하는 5온을 의미한다. 그러므로 범부 중생의 5온을 5수음이라고 부른다. 이를 다른 말로는 우리가 집착한다는 의미에서 5취온(五取蘊)이라고도 한다.

5온설의 목적은 이 세상에 고정된 실체는 아무것도 없듯이[諸法無我] 우리가 애지중지하며 자존심이나 목숨을 내걸고 주장하는 가치관이나 명예라는 것도 집착할 것이 못 된다는 진리를 밝히려는 데 있다.

무명 중생들은 이 몸[5온]이 임시로 화합한 것[假和合體]임을 바로 보지 못하고 그것을 불변의 나로 생각하여 거기에 온갖 집착을 하게 된다. 불교에서는 이러한 집착을 항상 경계하고 있다. 그래서 불교는 이 몸과 마음은 나의 것이 아니라고 하여 5온무아(五蘊無我)를 강조한다. 『잡아함경』 권1, 11경에 다음과 같이 말하고 있다.

색은 무상하다. 인이나 연으로 모든 물질이 생겼다면 그것 역시 무상하다. 무상한 인과 무상한 연으로 생한 모든 색이 어떻게 항상하겠느냐? 이와 같이 수·상·행·식도 무상하다. 인이나 연으로 모

---

21) 『大正藏』2, 31下: 迦迦比丘 愚癡無聞凡夫 於五受陰作常想 安隱想 不病想 我想 我所想 於此五受陰保持護惜 終為此五受陰怨家所害 如彼長者 為詐親怨家所害而不覺知 摩迦迦 多聞聖弟子於此五受陰 觀察如病 如癰 如刺 如殺 摩無常 苦 空 非我 非我所.

든 식이 생겼다면 그것 역시 무상하다. 무상한 인과 무상한 연으로 생한 모든 식이 어떻게 항상 하겠느냐? 이와 같다. 모든 비구들이여, 색은 무상하다. 수·상·행·식도 무상하다. 무상한 것은 고(苦)다. 고라면 나가 아니다. 나가 아니라면 나의 것도 아니다.[22]

흔히 벌어지는 개인 간의 갈등이나 집단 간의 갈등으로 흉악한 일이 벌어지고 전쟁이 일어나는 것도 5온 무상의 원리를 모르는 어리석음 때문이다. 종교적인 갈등이나 국가 간의 갈등도 마찬가지다. 5온의 가르침은 평화를 위한 가르침이고 인류의 행복을 위한 가르침이고 생태계의 조화를 위한 가르침이라고 할 수 있다.

5온이 무상하다는 자각은 본능적·맹목적·세속적인 탐욕에 빠져 있는 사람들로 하여금 반성적·창조적·종교적인 삶을 향해 적극적으로 나아가게 하는 계기가 되는 것이다.[23] 이처럼 불교는 정신적인 깨달음에 주된 관심과 가치를 두고 있지만 오늘날의 산업문명 사회에서는 물질적인 현상에도 큰 관심을 기울인다. 또한 5온의 충족을 위하여 전력을 다해 질주하도록 만든다.

이에서 더 나아가 『중아함경』 권7, 「분별성제경(分別聖諦經)」에서는 4성제(四聖諦)[24]를 설하는 중에 5온에 집착하는 것이 모든 고통의 근원이라고 다음과 같이 말하고 있다.

---

22) 『大正藏』2, 2上: 色無常 若因 若緣生諸色者 彼亦無常 無常因 無常緣所生諸色 云何有常 如是受想行識無常 若因 若緣生諸識者 彼亦無常 無常因 無常緣所生諸識 云何有常 如是 諸比丘 色無常 受想行識無常 無常者則是苦 苦者則非我 非我者則非我所.

23) 박경준, 「원시불교의 사회·경제 사상 연구」(동국대학교 불교학과 박사학위논문, 1993), 67쪽.

24) 불교에서 말하는 고통의 생성과 소멸에 대한 4가지 진리[苦集滅道]. 고성제는 고통의 직시, 집성제는 고통의 원인, 멸성제는 고통을 멸한 상태, 도성제는 멸하는 방법이 있다는 것.

어떤 것이 고성제(苦聖諦)인가? 그것은 생로병사가 괴로움이고, 원수같이 증오하는 사람을 만나는 것이 괴로움이고, 사랑하는데 헤어져야 하는 것이 괴로움이고, 구하는데 얻지 못하는 것이 괴로움이며, 한마디로 말해서 5취온이 괴로움이다.[25]

즉 5온에 집착하는 것이 모든 괴로움의 원인이 된다고 했다. 그래서 5온의 가화합체인 중생에 대해서 『잡아함경』 권45, 「시라경(尸羅經)」에서는 다음과 같이 말하고 있다.

네가 중생이 있다 하면 이는 곧 악마의 견해다. 오직 공한 음이 모여서 있는 것일 뿐 중생은 없는 것이다. 마치 여러 재료를 잘 맞춰두면 세상에서 그것을 수레라 하는 것처럼 모든 음이 인연으로 화합하면 임시로 그것을 중생이라 한다.[26]

『숫따니빠따』에서 이러한 5온의 욕구충족은 끝이 없는 것이므로 현재의 상황에 만족을 앞세우는 삶이 최상의 행복을 찾는 길이라고 다음과 같이 표현하고 있다.

존경과 겸손과 만족과 감사와 적당한 때에 가르침을 듣는 것, 이것은 더할 나위 없는 행복이다.[27]

붓다고샤는 『빠라마다 조디까』에서 이 게송에 대하여 상세한 주석을 달고 있다. 그는 생활필수품에 만족해야 할 12종을 열거하고 있다. 그것은 (1)의복 (2)음식[托鉢食] (3)거주처[臥坐處] (4)약 등 4가

---

25) 『大正藏』1, 476中: 云何苦聖諦 謂生苦 老苦 病苦 死苦 怨憎會苦 愛別離苦 所 求不得苦 略五盛陰苦.
26) 『大正藏』2, 327中: 汝謂有衆生 此則惡魔見 唯有空陰聚 無是衆生者 如和合 衆材 世名之爲車 諸陰因緣合 仮名爲衆生.
27) Suttanipāta, v.265.

지 항목에 대하여 제각각 ①얻은 그대로 만족할 것 ②이외의 다른 것을 구하지 말 것 ③얻으려고도 받아 취하려고도 하지 말 것 등의 3가지를 더한 것이다. 즉 과도하게 구하려는 것, 없는 것을 많이 구하려는 것, 욕심내는 마음을 아예 버리는 것이 지족(知足)이라고 설하고 있다.[28]

지족을 모르고 이 몸[5온]이 요구하는 대로 집착하는 것은 인간을 생사의 미혹에 빠뜨린다. 또한 이러한 집착은 과소비를 유발하여 다른 생명체를 죽일 뿐만 아니라 생태계를 파괴한다. 이에 대하여 『불성론(佛性論)』 권2에서 인간의 네 가지 거꾸로 된[四倒] 생각과 이의 치료법에 대하여 말하고 있다.

> 네 가지 전도(顚倒)된 생각이라는 것은 색 등의 5음은 (1)실로 무상한 것인데 상견(常見)을 일으키는 것, (2)실로 괴로움인데 즐겁다는 견해를 일으키는 것, (3)실로 무아(無我)인데 아견(我見)을 일으키는 것, (4)실로 부정한 것인데 깨끗하다는 견해를 일으키는 것을 말한다. … 이 4가지 전도된 생각을 대치하기 위해서 설한 것이 다음과 같은 4가지 전도되지 않은 것[無倒]이 있는데 어떤 것인가 하면 (1)미래·현재·과거에 존재하는 색 등의 오음은 멸하는 것이므로 실로 무상하므로 이에 대하여 여실하게 무상하다고 깨닫는 것[諸行無常]. (2)괴로울 때가 고(苦)이고 즐거움이 멸할 때가 고이고, 불고불락[捨]까지 3시가 다 고이므로 실로 고이다. 이에 대하여 고라고 아는 것[一切皆苦]. (3)…무아라고 아는 것[諸法無我]. (4)… 이와 같이 실제로 5음은 부정하므로 부정하다는 것을 깨닫는 것이다.[29]

---

28) 望月海慧, 「佛敎思想は 環境問題に 效果的作用をもたらすのか」『佛敎と環境-立正大學佛敎學部開設50周年記念論文集』(東京: 丸善株式會社, 2000), 214쪽.
29) 『大正藏』31, 798上: 四倒者 於色等五陰實是無常 起於常見 實苦起樂見 實無

불교는 이와 같이 5온은 우리 인간이 집착할 대상이 아니라고 말하고 있다. 더 나아가 5온에 대한 인식과 실천은 인류의 평화를 누릴 수 있는 방법이고 생태계와 공존할 수 있는 길이다. 그러나 인간은 부질없는 5온을 소중히 여겨 이를 만족시키려고 부단히 노력하고 있다. 그러면서 스스로를 불행하게 만들고 남들과 갈등을 일으키면서 생태계에 부담을 가중시키고 있다.

3) 색·수온(色·受蘊)과 생태문제

육체 즉 색온에 대한 집착은 편리함과 편안함을 추구하고 게으름을 부리는 것으로 나타난다. 교통수단의 이용 상황을 보면 이를 잘 알 수 있다. 대중교통을 이용하려면 승차장까지 걸어가야 하고 계단을 오르내려야 된다. 이것은 너무나 귀찮은 일이라 항상 자가용 승용차를 타고 다니려고 한다. 교통체증으로 시간이 많이 지체되는 것보다는 몸이 편안한 것을 더 중요하게 여긴다. 배기가스로 인한 대기오염은 안중에도 없다. 차를 굴릴 수 있는 경제력만 있으면 아무런 문제가 될 것이 없다. 육체의 편안함을 소중히 여기는 사람은 생태적인 문제는 말할 것도 없고 경제적인 효율성조차도 따지지 않는다.

승용차는 전체 시간의 평균 2.8%만 운행상태이고, 나머지 97.2%

我起我見 實不淨起淨見… 對治此四 說四無倒 何者為四 於色等五陰未有有 已有應滅 故 實無常 如實起無常解 苦時苦故樂滅時苦故捨三時苦故 故實是 苦 於中生苦解 無常為因 無常為果 由因果得成 以依他執故 果不自在 因亦如 是 未有有有還無既由前因是故 依他亦不自在 離因果外無別餘法為我 是故 無我為實 生無我解 不淨有二種 一色二非色 色不淨有三 謂初中後 初者 始入 胎和合 種子不淨 中者 出胎已後 飲食資養多諸不淨. 後者 捨身已後 身體壞時 種種不淨故 非色者 或喜 或憂 或惡 或無 記或 不離欲諸繫縛等 故非色 由此 等法故 不淨 是以聖人通觀三界. 皆是不淨 如是 五陰 如實不淨 生不淨解.

는 차고에서 녹슬고 있을 뿐이다. 어떤 책임 있는 기업가가 2.8%만 가동되는 기계를 구입할 수 있겠는가! 수명을 다할 때까지 승용차는 약 12억 리터의 공기를 오염시키고, 30여 그루의 나무를 병들게 하고, 세 그루의 나무를 죽여 버린다.[30] 평균적인 임금생활자 가정이 자동차를 굴리기 위해 지불해야 하는 비용은 순수입의 4분의 1이다.[31]

육체가 편해지고 싶은 인간의 욕구는 모든 것을 자동화해서 최대한 힘을 아끼려 한다. 2층이나 3층을 올라가는데도 승강기를 이용한다. 계단을 오르내리는 것은 힘이 드는 일이다. 인근에 식당을 두고도 찾아가기가 귀찮아 음식을 배달시켜 먹는 시대이다.

인간의 게으름에는 한계가 없다. 게으름을 경계하여 『법구경』에서는 "게으르고 노력 없이 100년을 사는 것보다는 단 하루만이라도 사마타-위빠사나(samatha-vipassanā)를 용맹스럽게 수행하는 것이 훨씬 낫다.[32]"라고 하였다. 게으른 100년보다 부지런히 자성을 성찰하는 하루에 더 큰 가치를 부여하고 있다. 물론 이 내용은 깨달음에 방해가 되는 일상생활의 게으름에 대한 질책으로 하는 말이지만 생태계의 파괴를 가져올 수 있는 게으름에 대한 질책으로 받아들여도 될 경책이다.

현대인들은 일과 운동을 철저히 분리해서 생각한다. 일은 당연히 힘들이지 않고 하려 한다. 이제는 인력(人力)으로 일을 하지 않고 전력(電力)으로 일을 한다. 간단한 청소와 빨래에도 세탁기와 진공청소기가 동원된다. 운동은 필요할 때 따로 하면 된다는 생각이다. 육체

---

30) 프란츠 알트 / 박진희, 『생태적 경제기적』(서울: 양문, 2004), 113쪽.
31) 위의 책, 114쪽.
32) Dhammapāda, v.112.

노동은 생활고에 찌든 사람이 먹고살기 위해 어쩔 수 없이 하는 일이고, 운동은 생활 속에 여유로움을 즐기는 멋있는 일이라고 여긴다. 이러한 모습이 산업화된 사회에서 색온에 집착하며 살아가는 현대인의 생활상이다. 사용을 마친 전자제품의 플러그만 빼어둬도 소비전력의 11%를 줄일 수 있지만 그러한 노력조차도 귀찮아한다.[33] 전기세를 더 지불하면 되지 왜 그런 데 신경을 쓰냐는 것이다.

5온의 집합체인 인간에 대한 정의는 다양하다. 만물의 영장이며, 먹이사슬의 최정점에 있고, 생각하는 동물이고, 윤리성이 있는 동물이라고 한다. 이러한 인간의 우월성을 교리로 앞세우는 기독교를 정신적 바탕으로 삼는 서양에서는 모든 자연과 동물은 인간을 위해 준비된 자원이라는 생각을 하고 있다. 그런데 과연 인간이 그렇게 뛰어난 동물인지 생리학적인 측면에서 살펴보자.

인간은 항온동물로 체온유지를 위해 생리적으로 적합한 온도가 있다. 이를 쾌적온도 또는 열중립지대(thermal neutral zone)라 하는데 인간은 항온동물 중에서도 열중립지대의 폭이 아주 좁은 동물이다. 생리학적으로 보면 인간은 열대성 기후에서 살아야 할 동물이다.[34]

그러나 인간은 추위와 더위를 가리지 않고 살지 않는 곳이 없다. 그래서 뙤약볕 속을 지날 때는 밀짚모자를, 추운 날씨에는 털모자를 쓰고 다닌다. 외부의 열과 냉기를 차단하기 위해서 집을 짓고 살아야 한다. 이에서 더 나아가 더운 곳에서는 냉방시설을, 추운 곳에서는 난방시설을 가동시키면서 살아가고 있다. 인간은 환경에 적응하면

---

33) 2004년 10월 12일, 조선일보.
34) Manuel C. Molles, Jr., Ecology, (New York: McGraw-Hill, 2002), p.99.

서 사는 것이 아니고 환경을 변화시키면서 사는 동물이다.

환경을 변화시키기 위해서는 자원의 소모와 가공이 필요하다. 이러한 과정을 거쳐 인류에게 편리한 도구와 환경을 만드는 것을 문명이라고 하며, 이러한 일을 이루게 할 수 있는 힘을 과학기술이라 부른다. 그런데 환경의 변화가 단순히 기술의 적용으로만 이루어지는 일이 아니다. 여기에는 반드시 에너지가 투입되어야 한다. 우리가 밥을 먹으면 배설을 하듯이, 제품을 생산하기 위하여 투입된 재료는 반드시 폐기물을 배출하게 된다. 에너지와 재료가 투입되지 않는 제품은 아무것도 없다. 산업혁명이라는 것도 알고 보면 인간의 노동을 대체할 수 있는 자연의 에너지를 발굴해 내는 작업이었다. 그러나 이런 에너지를 발굴해서 사용하는 데에도 많은 에너지가 소모될 수밖에 없다. 꼬리에 꼬리를 물고 벌어지는 소모전이다.

인간을 제외한 다른 생명체들은 자기의 삶의 터전을 파괴하여 스스로 불행을 자초할 정도로 어리석은 행동을 하지는 않는다. 그러나 만물의 영장이라고 자부하는 인간들은 자기들의 삶의 터전을 '신이 내려준 선물'이라는 가설을 내세워 개발과 이용의 대상으로 여기며 학대하고 있다. 이러한 면에서 보면 인간은 만물의 영장이라기보다는 생태학적 하등동물이라 할 수 있다.

감각작용[受蘊]에 집착하며 살아가는 현대인의 모습을 분석해 보자. 무명 속에서 살고 있는 중생들은 눈에 띄는 것마다 싫은 것[苦受]이나 그저 그런 것[不苦不樂受]은 거부하고, 마음에 드는 것[樂受]만을 좋아한다. 청각 등의 나머지 감각[耳鼻舌身識]에서도 마찬가지다. 감각기관마다 제 마음에 드는 것만을 찾으면서 생태계에 부담을 주게 되지만 그 중에서도 안식(眼識)을 충족시키려는 욕구가 생태문제를 주도적으로 유발하고 있다.

밤에는 반짝거리는 네온사인으로 눈을 자극시켜야 고객의 발길을 불러들여 매출이 증가한다. 도시마다 아름다운 야경을 위해서 대낮 같이 전깃불을 밝혀둔다. 웬만한 행사장이면 불꽃놀이를 한다고 폭죽을 쏘아댄다. 때로는 에어쇼를 해서 사람들의 시선을 끌려 한다. 시각을 만족시키려 하는 사람들에게 대기오염은 고려의 대상이 아니다.

옷은 몸을 보호하기 위해서가 아니고 멋을 부리기 위한 수단으로 입는다. 옷은 이미 패션이다. 따라서 유행 따라 입어야 하고, 색깔을 맞춰서 입어야 한다. 유행이 지나면 멀쩡한 옷도 폐기의 대상이 된다. 눈을 즐겁게 하기 위해서 표백제를 사용해야 하고 합성세제로 세탁을 한다. 화장지도 하얗게 표백을 해서 사용한다.

이러한 것을 염려하여 불교에서는 이미 자연 친화적인 의생활을 강조했다. 승려를 누더기 옷 입은 수행자[衲子]라 부르는 이유도 여기에 있다. 의복을 입는 이유에 대하여 다음과 같이 말하고 있다.

> 올바로 아는 비구행자(남자수행자)는 소용되는 바에 따라서 옷을 입는다. 꾸미지 않고, 즐겨하지 않고, 탐하지 않고, 장식하려 하지 않기 때문이다. 단지 이 몸이 모기·등에·바람·햇볕·독을 물리쳐 혼란스런 뜻이 생기는 것으로부터 스스로 지키게 하려 할 뿐이다.[35]

이러한 정신이 가장 잘 스며들어 있는 불교의 일화가 있다. 옷감의 절약에 대한 유명한 이야기다. 『자타카』에 나오는 우전왕과 아난존자의 대화를 들어보자.

---

35) 『佛說一切流攝守因經』『大正藏』1, 813下: 是聞比丘行者 從所用被服 不綺故 不樂故不貪故不嚴事故 但爲令是身却蚊蚋風日曝含毒相更從亂意生亦自守.

어느 날 꼬삼비의 왕비가 5백 벌의 가사를 아난존자에게 기증하였다. 아난존자가 옷에 대한 욕심이 많다고 의심한 꼬삼비의 우전왕이 물었다. "그 가사를 어떻게 하셨습니까?" 아난존자가 대답하였다. "떨어진 옷을 입고 있는 형제들에게 나눠 주었습니다." "떨어진 가사는 어떻게 하셨습니까?" "보자기를 만들어 사용합니다." "보자기가 떨어지면 어떻게 하십니까?" "방석을 만듭니다." "방석이 떨어지면 어떻게 하십니까?" "걸레를 만듭니다." "걸레가 떨어지면 어떻게 하십니까?" "대왕이시여, 우리는 그 헌 걸레를 잘게 썰어 진흙에 섞어서 벽을 바르는 데 사용합니다. 부처님의 제자들은 이렇게 물건을 아껴 씁니다.[36]"

우리의 눈이 원하는 것을 만족시키기 위한 활동은 끝이 없이 벌어진다. 한여름에는 물을 뿜어대는 분수를 작동시켜 시각적 만족을 추구한다. 상품은 내용물보다 포장이 더 중요한 세상이 되었다. 따라서 선물 꾸러미도 내용물보다는 겉모양을 치장하는 데 더 정성을 기울인다. 그래서 소비계층이 인구의 대부분을 차지하는 산업국가에서 포장으로 발생하는 쓰레기가 도시쓰레기 양의 절반에 가까울 정도이다.[37] 실내에 멋있는 가구를 장만해야 하고, 싫증나면 때때로 바꿔주어야 한다. 눈을 만족시키기 위해서는 몸까지 뜯어 고치는 성형수술을 해야 한다. 몸에 장신구를 주렁주렁 매달아야 된다. 어떻게 보면 온 몸이 눈의 노예가 되어 있는 듯한 느낌이다. 오로지 눈을 만족시켜 줄 경비를 마련하기 위해서 하루 종일 일을 하는 것처럼 보인다.

음식도 색깔에 맞춰야 먹음직스럽다고 생각한다. 설탕, 소금, 조미료, 밀가루도 하얗게 표백을 하고 쌀도 하얀 색깔이 나타날 때까지

---

36) Jataka Ⅱ, 157.
37) 앨런 테인 더닝 / 구자건, 『소비사회의 극복』(서울: 도서출판 따님, 1994), 98쪽.

깎아낸다. 표백제나 방부제로 인한 부작용보다는 시각적인 효과가 우선이다. 음식을 입으로 먹는 게 아니고 눈으로 먹는 것이다.

보지 못했던 것들은 호기심의 대상이다. 자연경관만으로는 성에 차지 않아 인공 조형물을 멋지게 세워야 한다. 관광은 고상한 취미로 여겨 사치스런 소비로 비난받지 않는다. 한 번의 해외여행을 위해서 몇 년 동안 절약을 하면서 돈을 모은다. 온갖 교통수단을 이용하여 거리의 멀고 가까움에 관계없이 구경을 다닌다. 현대의 산업문명은 시각의 욕망을 만족시키기 위해 충실한 시녀의 역할을 하고 있다 해도 지나친 말은 아닐 것이다.

나머지 감각기관들도 즐거움을 갈망하는 것은 마찬가지다. 감미로운 소리를 들으려는 귀를 위해서, 향기로운 냄새를 맡으려는 코를 위해서, 맛을 즐기려는 혀를 위해서, 부드러운 감촉을 원하는 피부를 위해서 우리는 얼마나 많은 생명을 희생시키고 있으며 얼마나 생태계를 파괴시키고 있는지 조금만 생각해 보면 누구나 알 수 있는 일이다. 인간이라는 생물종의 5욕락을 위해서 자연의 희생이 헤아릴 수 없을 정도로 벌어지고 있다.

이제는 이러한 문제들을 생태적 차원과 인류의 지속적인 생존 차원에서 다루어져야 할 것이다. 불교에서는 이미 이러한 문제들로 발생할 수 있는 생물종의 살상에 대하여 다음과 같이 염려하고 있었다.

모든 종류의 감각적인 기쁨을 뒤로 하라. 약한 존재이거나 강한 존재를 불문하고 살아 있는 모든 것에 적대감을 갖지 말라. 그리고 어떤 것에도 애착을 두지 말라. 살아 있는 다른 것을 자기 자신과 동일하게 생각해서 살아 있는 것을 죽여서는 절대로 안 된다. 또한

남을 시켜서 죽이게 해서도 안 된다.[38]

4) 4식(四食)과 생태문제

인간은 육체적 만족뿐만 아니라 정신적인 만족을 추구하며 살아가는 존재이다. 그래서 인간이 살아가기 위해서는 음식물과 아울러 정신을 충족할 수 있는 에너지를 공급받아야 한다. 인간의 육체와 정신의 존속에 필요한 에너지원을 통틀어 불교에서는 식(食, āhāra)이라 한다. 이에 필요한 에너지를 공급하는 방법으로 불교는 네 가지 음식 즉 4식(四食)이 있다고 말한다. 그것을『증일아함경』권41에서는 인간식(人間食)이라고 표현하였다.[39] 인간의 생존을 위해 꼭 필요한 것이기 때문이다.

그 네 가지로 첫째는 단식(段食), 둘째는 촉식(觸食), 셋째는 사식(思食), 넷째는 식식(識食)이 있다. 단식(段食)은 우리가 먹고 마시고 삼킬 수 있는 보통의 음식물을 말한다. 단식은 변괴(變壞) 즉 소화되는 것을 특징[체상]으로 한다.[40] 나머지 3가지 식(食)은 심리적·정신적인 작용과 관계가 있는 것들이다.

그 가운데 촉식(觸食)은 감각기관이 그 대상을 만나 느낀 감촉을 자양분으로 삼는 것이다. 예를 들면 좋은 옷을 입고, 양산을 받고, 꽃을 감상하고, 몸에 향을 바르고, 여인들과 모여 함께 어울리는 것은 촉식에 해당된다.[41]『구사론』에서는 촉식(觸食)이란 우리의 감각

---

38) Suttanipāta, vs.704~705.
39) 『大正藏』2, 772中: 云何四種是人間食 一者揣食 二者更樂食 三者念食 四者識食
40) 『成唯識論』卷四,『大正藏』31,17中: 段食變壞爲相.
41) 『大正藏』2, 656下: 彼云何名爲摶食 彼摶食者 如今人中所食 諸入口之物可食噉者 是謂名爲摶食 云何名更樂食 所謂更樂食者 衣裳 繖蓋雜香華熏火及香油 與婦人集聚 諸餘身體所更樂者 是謂 名爲更樂之食.

기관이 각각의 대상을 접하면서 발생한 인식작용이 좋은 것을 취하려 하고 싫은 것을 멀리 하려는 것이라고 말한다.[42]

『성유식론』에서 말하기를, 촉식(觸食)은 대상에 접촉하는 것으로써 특성[체상]을 삼는다고 하였다. 우리의 감각기관이 대상을 접할[촉심소] 때 마음에 드는 것만을 받아들여 만족[食事]을 얻게 된다. 이 촉식은 모든 인식작용[8식]과 상응하긴 하지만, 주로 6가지 식(識)과 작용하여 우리의 정신을 풍요롭게 해 주는 음식물의 뜻이 매우 강하다. 구체적인 대상에 접촉하며, 싫지 않거나 좋은 느낌[喜受·樂受·捨受]이 드는 대상을 받아들여[섭수] 자양분으로 삼는 것이 뛰어나기 때문이라고 하였다.[43]

사식(思食)은 마음속으로 기억하고, 상상하고, 사유한 것으로 입으로 말하고, 몸으로 접촉한 모든 것을 모두 지니는 것이다.[44] 달리 말하면 사식(思食)이란 의도적인 마음의 작용[意業]을 말한다.[45] 사식은 희망을 갖는 것을 특성으로 삼는다. 인간은 희망이 없으면 삶의 의욕을 잃게 된다. 그러므로 사식을 만족시켜야 인생에 활력이 생긴다. 우리의 생각[思]에 욕심이 함께하여 마음에 드는 대상을 만나면 그것에 만족하여 힘을 얻는다. 이 사식은 모든 인식작용[8식]과 반응을 하지만 제6의식(意識)과 주로 관계를 맺는다. 우리의 의식은 바라는 대상에 대하여 뛰어나게 작용하기 때문이다.[46]

---

42) 『俱舍論』卷十, 『大正藏』29, 55上.: 觸謂三和所生諸觸.

43) 二者觸食觸境爲相 謂有漏觸纔取境時攝受喜等能爲食事 此觸雖與諸識相應 屬六識者食義偏勝 觸麁顯境攝受喜樂及順益捨資養勝故.

44) 『大正藏』2, 656下.: 彼云何名爲念食 諸意中所念想 所思惟者 或以口說 或以體觸 及諸所持之法是謂名爲念食.

45) 『俱舍論』卷十, 『大正藏』29, 55 上.: 思謂意業.

46) 『成唯識論』卷四, 三意思食希望爲相 謂有漏思與欲俱轉 希可愛境能爲食事

식식(識食)이란 마음으로 아는 것을 말한다.[47] 다시 말하면 식별 작용[識蘊]을 말한다.[48] 『성유식론』권4에서는 식식에 대하여 "식식 은 집지(執持)하는 것으로써 특징[체상]을 삼는다. 이 유루식은 단 식·촉식·의사식의 세력이 증장하여 식사가 된다. 이 식(識)은 모든 식 자체에 공통되긴 하지만, 제8식의 의미가 강하다. 한 종류로 상 속하도록 집지하는 것이 뛰어나기 때문이다.[49]"라고 하였다. 『구사론』 권10에서는 4식(四食)을 다음과 같이 정리하고 있다.

> 앞의 두 가지 식(단식·촉식)은 능히 이러한 신체의 소의와 능의를 증익하고, 뒤의 두 가지 식(사식·식식)은 당유(當有, 미래에 태어날 몸)를 이끌어 낼 수 있어서, 당유를 생기게 하는 것이다. 여기서 소 의라 하는 것은 신체[有根身]를 이르는 것으로 단식은 능히 그것을 북돋우어 이익이 되게 하며, 능의라고 하는 것은 마음과 마음의 작용[心心所]으로서 촉식이 그것을 북돋우어 이익이 되게 한다. 즉 이와 같은 두 가지 식은 이미 생겨난 존재[已生有]를 북돋우어 이 익이 되게 하는 공능이 가장 수승하다.
> 당유(當有)라는 것은 미래의 생유로서, 그러한 당래의 생유를 사식 (思食)이 능히 이끌어 내며, 사식이 이끌어 내고 나서 업에 의해 훈 습된 식의 종자에 따라 후유가 일어나게 된다. 즉 이와 같은 두 가 지 식은 아직 생겨나지 않은 존재를 이끌어 내는 공능이 가장 수 승하다. 그래서 비록 유루법이 모든 존재[有]를 북돋우어 증장시키

此思雖與諸識相應 屬意識者食義偏勝 意識於境希望勝故.

47) 『大正藏』2, 656下: 云何爲識食 所念識者 意之所知 梵天爲首 乃至有想無想 天 以識爲食 是謂 名爲識食.

48) 『俱舍論』卷十, 『大正藏』29, 55上: 識謂識蘊.

49) 『大正藏』31, 17中: 識食執持爲相 謂有漏識 由段觸思勢力增長 能爲食事 此 識雖通諸識自體 而第八識食義偏勝 一類相續執持勝故.

기는 하지만 수승한 것에 근거하여 오로지 4식만을 설한 것이다.[50]

단식과 촉식은 현세의 우리 몸과 정신을 이익 되게 하는 식이다. 사식(思食)은 내세의 몸을 받는 데 작용하기도 하지만 미래에 대한 희망을 추구하며 현재의 몸을 유지하게 해 주는 역할을 하는 식이다.[51] 식식은 앞의 세 가지 식을 바탕으로 하여 내세의 몸[後有]을 받도록 하는 식이라고 할 수 있다. 윤회의 몸을 받게 하는 기본이 되고, 종족 유지의 본능을 갖게 하는 식이 바로 식식인 것이다.

이 가운데 사식(思食)에 대하여 월폴라 라훌라(Walpola Rahula)는 "사식(思食)이란 살고, 존재하고, 다시 살고, 계속해서 다시 생존하려는 의지를 말한다. 그것은 선행과 악행을 통해 몸부림치면서 생존과 존속의 뿌리를 뻗친다. 그것은 의도[思]와 같다. 붓다가 정의하였듯이 의도가 업이라는 것은 이미 살펴보았다. 위에서 언급한 정신적 의도에 관해 붓다는 '정신적 의도의 자양분, 즉 의사식을 이해하면 갈애의 세 가지 형태를 이해할 수 있다.'고 말했다. 이처럼 갈애·의도·정신적 의도·업은 모두 같은 것을 의미한다.[52]"라고 하였다.

인간의 근본적인 생존의 욕구는 바로 사식(思食)에 근거함을 알 수 있다. 단식과 촉식을 추구하는 이유도 사식에 근거한다고 말할

---

50)　『大正藏』29, 55下: 初二食能益此身所依能依 後之二食能引當有能起當有 言所依者 謂有根身 段食於彼能為資益 言能依者 謂心心所 觸食於彼能為資益 如是二食於已生有資益功能最為殊勝 言當有者 謂未來生 於彼當生思食能引 思食引已 從業所熏識種子力後有得起 如是二食於未生有引起功能最為殊勝 故雖有漏皆滋長有而就勝能唯說四食.

51)　『俱舍論』卷十,『大正藏』29, 55中: 以世尊說四食皆為病癰箭根老死緣故 亦見思食安住現身.

52)　Walpola Rahula, What the Buddha taught, (London and Bedford: The Gordon Fraser Gallery Ltd, 1990), p.47.

수 있다. 사식은 인간의 가치관을 결정해 주고 삶의 의미를 찾게 해 준다. 내세의 몸을 받는 데 직접적으로 작용하는 식이 식식이라면 사식은 현재의 육체적·정신적인 토대를 마련해 주는 에너지원이라고 할 수 있다.

4식(四食) 각각의 특징을 간단히 말하면, 단식은 우리가 섭취하는 음식물을 의미하고, 나머지 세 가지 식은 심리적·정신적인 것으로 감각·사념(思念)·지식을 취하는 것을 말한다. 그림을 감상하거나 음악을 듣고 즐거움을 느끼는 등의 감각적 쾌락을 위하여 문명의 생활을 유지하는 것이 촉식이고, 인간 삶의 원동력이 되는 희망을 특징으로 삼는 것은 사식이고[53], 지식이나 관념은 식식을 만족시켜 주려 함이다.[54] 식식은 후세의 몸을 받게 하는 식이므로 종족 유지의 본능을 전담하는 식이라고도 말할 수 있다. 인간의 욕구는 이러한 것들이 갖추어져야 만족을 한다는 것이다.

앞에서 4식(四食)을 인간식이라 말한 것으로 알 수 있듯이 이러한 사식의 추구는 인간의 욕망을 충족시키려는 갈애에서 비롯된다.[55] 갈애가 원인이 되어 사식에 집착하다 보면 재생의 원인이 되어 윤회의 수레바퀴를 벗어나지 못하게 된다는 것이다. 그래서 붓다는 인간

---

53) 『成唯識論』卷4, 『大正藏』31, 17中: 一者段食變壞為相. 謂欲界繫香味觸三 於變壞時能為食事 由此色處非段食攝 以變壞時色無用故 二者觸食觸境為相 謂有漏觸纏取境時攝受喜等能為食事 此觸雖與諸識相應 屬六識者食義偏勝 觸麁顯境攝受喜樂及順益捨資養勝故 三意思食希望為相 謂有漏思與欲俱轉 希可愛境 能為食事 此思雖與諸識相應 屬意識者食義偏勝 意識於境希望勝 故.四者識食執持為相 謂有漏識由段觸思勢力增長能為食事 此識雖通諸識自 體 而第八識食義偏勝 一類相續執持勝故
54) 김동화, 『구사학』(서울: 불교시대사, 2001), 186쪽.
55) 『雜阿含經卷』15, 『大正藏』2, 101下: 此四食何因何集何生何觸 謂此諸食愛因 愛集愛生愛觸.

식을 추구하지 말라고 말한다. 그 대신 다섯 가지의 출인간식(出人間食)인 첫째 선식(禪食), 둘째 원식(願食), 셋째 염식(念食), 넷째 8해탈식(八解脫食), 다섯째 희식(喜食)을 실천하는 데 힘쓰라고 하였다.[56]

5출인간식의 각각을 살펴보면, 선식이란 마음의 안정과 평화를 가져다주는 선정(禪定)을 음식으로 삼는 것이고, 원식이란 깨달음과 중생 구제의 원력을 음식으로 삼는 것, 염식이란 정념(正念)에 머물러 선근(善根)을 기르는 것을 음식으로 삼는 것, 희식이란 진리의 법을 듣고 기뻐하는 것을 음식으로 삼는 것, 해탈식이란 번뇌의 속박을 벗어나 생사의 고통을 받지 않는 해탈을 음식으로 삼는 것을 말한다.

『대반열반경』에서 다음과 같이 4식을 관찰하여 그에 대한 집착을 버려야 한다고 말한다.

> 지혜 있는 이는 또 관찰하기를 '모든 중생들이 음식을 위하여 몸과 마음으로 괴로움을 받나니, 만일 모든 괴로움으로부터 음식을 얻는다면, 내가 어찌하여 먹는 데에 탐착을 내겠는가. 그러므로 먹는 데에 탐심을 내지 아니하리라' 하느니라. 또 지혜 있는 이는 마땅히 음식으로 인하여 몸이 증장함을 관찰하되, '내가 이제 출가하여 계를 받고 도를 닦는 것은 몸을 버리기 위함이거늘, 이제 음식을 탐한다면 어떻게 이 몸을 버릴 수 있겠는가' 하느니라. 이렇게 관찰하고는 비록 음식을 받더라도, 마치 광야에서 아들의 살을 먹듯이 마음에 싫고 미운 생각이 나서 조금도 달게 여기지 아니하며, 단식

---

56) 『增壹阿含經』卷41, 『大正藏』2, 772中: 彼云何名為五種之食 出世間之表 一者禪食 二者願食 三者念食 四者八解脫食 五者喜食 是謂名為五種之食 如是比丘,九種之食 出世間之表 當共專念捨除四種之食 求於方便辦五種之食.

[摶食]이 이런 허물이 있음을 관찰하느니라. 다음에는 촉식[觸食]을 관찰하되, 가죽이 벗겨진 소가 무수한 벌레에게 먹히는 것과 같이 하며, 다음에는 사식[思食]은 큰 불더미에 들어가는 것같이 하고, 식식[識食]은 3백 자루 창에 찔리는 것과 같이 관찰해야 한다. 선남자여, 지혜 있는 이는 네 가지 음식을 관찰하고는 그에 대하여 마침내 탐하는 생각을 내지 않는다.[57]

　그래서 단식을 섭취할 때는 아들의 살을 먹듯이 오로지 생명을 유지하기 위해서 하고, 촉식은 껍질이 벗겨진 소가 벌레에 먹히는 것처럼 괴롭게 생각하고, 사식을 추구하는 것은 큰 불더미에 들어가는 것처럼 멀리하고, 식식은 3백 자루의 창에 찔리는 것처럼 생각하라는 것이다. 위에서 말한 바와 같이 4식(四食)에 대한 집착과 추구는 도를 닦고 얻는 데 방해요인으로 작용한다. 그것이 생태계에 적용될 때도 마찬가지다. 인간의 무분별한 4식의 추구는 생태계의 파괴와 직결되는 행위이다. 그러한 예는 뒤에서 논하기로 하자.

　4식의 추구는 욕망의 만족을 위함이다. 그러나 그런 욕망의 만족은 인류 역사상 이루어진 적이 없었다. 인간이 욕망의 추구에 집착하다 보면 자신을 욕망의 노예로 만들어 쇠의 녹처럼 점점 스스로를 갉아먹게 만든다. 어느 순간 그것을 깨닫다가도 또 시간이 지나면 인간은 그것을 다 잊어버리고 다시 욕망을 추구하면서 산다. 그에 대한 대책으로 『화엄경수소연의초』에서 사명징관(沙明澄觀, ?~839)은 다

---

57)　『大般涅槃經』卷34, 『大正藏』12, 836下: 智者復觀 一切衆生爲飲食故身心受苦 若從衆苦而得食者 我當云何於是食中而生貪著 是故於食不生貪心 復次智者當觀因於飲食身得增長 我今出家受戒修道爲欲捨身 今貪此食云何當得捨此身耶 如是觀已雖復受食 猶如曠野食其子肉 其心厭惡都不甘樂 深觀摶食有如是過 次觀觸食如被剝牛爲無量虫之所唼食 次觀思食如大火聚 識食猶如三百鑽矛.

음과 같이 인간식을 출인간식으로 전환할 것을 주장한다. "사식(思食)은 염식(念食)으로, 촉식(觸食)은 법희식(法喜食)과 해탈식(解脫食)으로, 식식(識食)은 선열식(禪悅食)으로, 단식(段食)은 원식(願食)으로 바꿔야 한다."[58]

그러면 4식의 욕망에 대한 폐해를 생태학적인 측면에서 고찰해 보자. 식식, 사식, 촉식, 단식의 순서로 각각의 문제를 알아보기로 한다.

식식은 내세의 삶을 받게 해 주는 근본이 되는 식이다. 그러므로 식식은 바로 종족 유지의 본능이나 인구증가와 밀접한 관계가 있는 식이라 할 수 있다. 과연 현 지구생태계에 인구증가가 어떠한 영향을 미치며 그 추이는 어떠한지 알아보자.

인구의 증가가 모든 생태문제의 근원이라고 주장하는 사람이 있을 정도로 현재의 인구증가는 심각한 문제로 등장하고 있다. 인구증가는 식량의 소비증가로 이어진다. 그렇게 되면 그에 비례하여 경작지 확장을 위한 삼림 벌채로 동식물의 서식지를 파괴하게 되고, 식량증산을 위한 농약의 사용, 가뭄을 이겨내기 위한 제방사업, 편안한 이동을 위한 도로망의 확충 등으로 자연에 부담이 더해진다.

인류가 지구에 등장한 것은 약 300만 년 전으로 추정된다. 그 후 인구증가의 동향을 살펴보면, 1만 년 전의 세계 인구는 약 500만 명이었으며, 붓다 당시의 인구는 2억 명이 조금 넘었으리라고 추정된다. 예수가 태어날 즈음인 2000년 전에는 약 2억 5천만 명으로 추산된다. 그 후 17세기까지는 0.1%의 완만한 인구증가세를 보였다. 그러나 최근 150년 동안에는 과학문명과 의학의 발달에 힘입어 증

---

58) 『大方廣佛華嚴經隨疏演義鈔』卷48, 『大正藏』36, 379中.

가율이 2.0%로 상승하여 급격한 인구증가를 가져왔다. 세계 인구는 1930년에 약 20억 명, 1990년에 약 53억 명이었고 2000년에 60억 명으로 예상되던 수치를 넘어서고 있다.[59] 2011년에 이미 70억 명에 이르렀고 2045년에는 90억 명, 2050년에는 105억 명에 이를 것으로 추정되고 있다.[60]

인구증가는 산업화된 부유한 국가보다는 빈곤한 나라에서 주로 나타나는 현상이다. 그러나 알고 보면 인구증가가 없는 선진국도 산업화 과정에서 이미 급격한 인구증가를 경험하였다. 그 증가된 인구가 그대로 유지되고 있는 것이다. 그들 나라의 인구가 더 이상 증가하지 않는 것은 더 큰 안락과 소비를 위한 이기적 욕망 때문이라고 할 수 있다. 인구증가의 원인은 의학의 발달로 인한 질병의 퇴치와 위생증진, 식량증산, 전쟁감소 등등의 여러 이유로 사망률이 낮아진 데 있다. 인구증가가 미치는 영향으로는 인간에게는 식량부족을, 자연에는 삼림의 황폐화와 생태계의 교란을 유발하게 된다.

지구가 수용할 수 있는 인구의 한계가 80억 명이라고 말하지만[61] 급격히 불어난 현재의 인구와 에너지 소모적 생활방식은 자연이 가지고 있는 부양능력의 한계를 넘어서 있다. 이미 경작지에서 생산될 수 있는 곡물의 양, 목초지에서 제공될 수 있는 육류의 양, 어장에서 생산 가능한 어류의 양은 한계치에 도달해 있다. 인구의 적정 수준은 생태문제와 직결된다고 할 수 있다. 그러므로 인구를 줄이는 것은 생태위기의 해법을 위한 출발점이라 할 수 있다.

---

59) 최영길 외 14인 공저, 『환경과 인간』(서울: 교학사, 1999), 238쪽.
60) national geographic, 2011, Jan.
61) national geographic, 2011, Jan.

이와는 달리 지구촌에는 인구가 줄어드는 것을 걱정하는 나라들이 있다. 우리나라도 그 중 하나이다. 2004년 우리나라의 출산율은 1.19명으로 미국의 2.01명, 일본의 1.29명에도 미치지 못하는 세계 최저 수준으로 나타났다. 이에 자극받아 보건복지부는 출산 장려정책을 다각도로 추진하였다. 그러한 노력에도 불구하고 아직까지 출산율이 별로 늘어나지 않고 있다.

통계청이 발표한 2015년 출생·사망통계에 따르면 지난 해 우리나라의 합계출산율(여자 1명이 평생 낳을 것으로 예상되는 출생아 수)은 1.24명으로 OECD 평균 출산율 1.7명에 크게 못 미쳤다. 일반적으로 합계출산율이 1.3명 이하이면 '초저출산'사회에 해당한다. 우리나라는 2001년 합계출산율이 1.3명 이하로 떨어진 뒤부터 15년째 초저출산 상태를 유지하고 있다. 출산율이 2명 이하일 경우에는 장기적으로 인구가 감소하게 된다. 이러한 나라들은 인구 감소가 노동력의 감소뿐만 아니라 국방·노후 복지문제와 재정의 감소로 이어져 국력이 약화될 것을 우려하고 있다.

그러나 이러한 염려는 지구촌의 생태문제를 안이하게 생각하는 근시안적인 사고에서 비롯된 것이다. 바로 생태맹적인 사고이다. 생태문제는 인구의 증가와 비례하여 꾸준히 악화되어 왔다. 생태계의 균형과 조화를 위해서 인간이라는 생물종의 숫자는 당연히 줄어들어야 한다.

지금까지의 생태계 역사에서 현재의 인류처럼 한 가지 생물종의 일방적인 번영은 있지 않았던 일이다. 그렇게 번창했던 공룡이 어느 한곳에서도 살아남지 못하고 사라졌듯이, 갑자기 나타나 온 벌판을 뒤덮었던 메뚜기 떼가 어느 순간에 사라지듯이 인류의 과도한 번영은 순간의 멸망으로 이어질 수도 있는 일이다.

그런데도 인구문제를 국가의 사회복지 차원, 국가 간의 경쟁력 차원 또는 경제적인 차원에서만 접근하여 인구를 계속 증가시키려는 것은 본말이 전도된 생각이라 하지 않을 수 없는 것이다. 오히려 인구가 대폭 줄어들어야 할 상황이다. 지구의 수용능력에 한계가 있으므로 인구가 계속 늘어나는 것은 심각한 생태문제를 일으키기 때문이다.

예전에 경험했던 다출산 시대가 있었으면 언젠가는 고령화 사회를 겪어야 하는 것은 어쩔 수 없는 일이다. 고령화 사회를 막을 수 있는 방법은 계속적인 인구증가밖에 없다고 생각하는 게 큰 문제이다.

사실 문제는 고령화가 아니고 고령자들을 유통기간이 지난 상품처럼 생각하는 사회 제도와 문화이다. 정년퇴직을 하면 놀고먹어도 살아가기에 충분한 연금이 나오는데 누가 일을 하려 하겠는가. 인간의 수명이 길어져서 환갑잔치는 이미 없어진 지 오래다. 나이가 일흔이 되어도 나이가 많다고 대접받을 수 있는 시대가 아니다. 인생칠십고 래희(人生七十古來稀)라는 말을 거론하기가 무색한 시대이다. 그만큼 고령자들의 건강이 증진되었기 때문이다. 이젠 노동력 부족을 염려하여 출산율의 감소를 걱정할 상황이 아니고 노인들의 축적된 지식과 노련한 경험을 활용해야 할 정책을 추구해야 할 때이다. 현 상태에서 인구가 유지되거나 더 증가하는 것을 고집한다면 미래세대가 사용해야 할 자원의 고갈은 물론이고 환경의 오염을 유발하게 되어 미래세대가 살아야 될 터전을 열악한 환경으로 만들어 물려주겠다는 것과 다르지 않다.

국방이나 국력이 외계인과의 투쟁에서 지구상의 인간을 보호하기 위한 것이 아니며, 다른 생물종의 횡포로부터 인간을 존속시키기 위한 힘의 비축이 아닌 한, 국가 간의 경쟁을 위해 국방과 국력을 염려하는 것은 현재의 생태문제를 인류의 생존문제와 무관한 일로 생각하기 때문이다. 생태문제는 국가적 차원이나 인류적 차원의 문제에만 국한된 것이 아니며, 지구촌의 범 생물 차원의 생존문제다. 오히려 우리가 진정으로 염려해야 할 것은 인구감소가 아니고 환경오염으로 인한 불임률의 증가이다.

학계의 보고에 따르면 환경호르몬의 영향으로 정자의 수가 줄어들어 불임이 증가하고 있다 한다. 2010년 건강보험심사평가원 자료에 따르면 불임 진료 환자는 2000년 5만2천816명에서 2009년 19만3천607명으로 10년간 약 3배 이상 증가한 것으로 대략적으로 8명 중의 1명이 불임부부인 것으로 보고되고 있다.[62] 현재 우리나라에서는 출산율이 떨어지는 속도보다 불임률이 증가하는 속도가 훨씬 빠르다고 한다. 이의 원인은 초산 연령이 높아진 것이 큰 원인이기는 하지만 환경의 오염과 무관하지 않다고 볼 수 있다.

우리나라의 경우에는 인구 감소를 염려하면서도 이민정책이 까다롭고, 사생아의 국내입양보다는 미국이나 유럽 등의 지역에 해외입양이 많이 이루어지고 있다. 이런 일이 벌어지는 이유는 인구정책이 비인도적·비생태적 차원에서 결정되기 때문이다.

현 세대에서 벌어지는 인구의 증가나 감소문제는 모두 인간의 이기적 욕망에서 비롯된다. 혈통의 보존이나 소속집단의 번성을 위한 이기적 욕망은 인구의 증가를 가져오고, 편안해지고 싶고 소비지향

---

62) 2016년 4월 19일, 중부일보.

적인 삶을 유지하려는 이기적 욕망은 인구의 감소를 초래한다. 과소
비를 위한 이기적 욕망은 인구의 감소에도 불구하고 생태문제를 일
으킬 수밖에 없다.

대부분의 종교는 신앙적인 의무사항으로서 혈통의 유지를 중요시
한다. 그러나 불교에서는 그러한 것에 비중을 두지 않는다. 불교가
출산을 종교적인 의무사항으로 권장하지 않는 이유는 유정들의 상
호의존성이 결코 생물학적인 출산에 달려 있는 것이 아니라고 생각
하기 때문이다. 더욱이 생물학적인 출산은 자기중심적이고 이기적인
동기에서 일어나게 된다고 생각한다.[63] 또한 불교의 궁극적 목표는
혈통의 보존에 있지 않다. 업을 짓지 않고 윤회의 사슬을 끊어 다시
이 세상에 태어나지 않는 것이다. 그래서 불교에서는 승려들의 결혼
을 금지하고 있고 교리적으로 재가자의 다산을 권장하지도 않는 것
이다.

사식(思食)이란 생존의 의지, 갈애에 근거한 의도를 말한다. 좀 더
안락하고 풍요로운 삶을 원하는 것은 사식을 만족시켜 주려 함이다.
이러한 것은 타고난 인간의 본능이기도 하지만 주위환경과 문화, 사
회적인 제도에 많은 영향을 받는다. 인간이 어떠한 삶을 영위하는 것
이 과연 인간다운 삶인지는 그 시대상이 반영되기 마련이다. 우선
인간의 생존과 생태문제를 동일시하는 사회적인 분위기의 형성이 중
요하다. 그러기 위해서는 생태교육은 물론이고 환경보호를 위한 법

---

63) Rita M.Gross, "Buddhist Resources for Issues of Population,
Consumption and Environment,"Edited by Mary Evelyn Tucker
and Duncan Ryuken Williams, Buddhism and Ecology; The
Interconnection of Dharma and Deeds,(Harvard University Press,
1997), pp.301~302.

률의 제정도 중요하다. 인간의 도덕성 평가가 인간 상호간의 윤리적 가치관에만 그치지 않고 생태계에 피해를 미치지 않는 생활태도에까지 확장되어야 할 것이다. 인간적으로 훌륭한 인품의 소유자가 지구에는 해악을 미치는 경우가 얼마든지 있을 수 있기 때문이다. 국가의 정책도 마찬가지이다.

수입과 지출이 균형을 이룬 경제를 건전한 경제라고 하듯이 건전한 생태계를 위해서 자연의 자정능력과 재생산능력을 벗어나지 않도록 세심한 배려를 필요로 한다. 즉 중도적 사상이 필요하다. 생태문제에 대한 선악의 여부에 인간중심적인 윤리의 잣대를 들이대서는 안 될 것이다. 왜냐하면 인간들이 논하는 윤리란 인간 이외의 생태구성원은 배제한 채 인간들끼리 갈등 없이 잘 살자는 것을 목표로 하기 때문이다. 인격적으로 훌륭한 사람일지라도 사냥이나 낚시를 즐기면서 동물을 괴롭히고 과소비를 일삼으며 환경을 오염시키는 행위를 주저하지 않는 경우가 허다하다. 즉 인간사회에서의 품격인 인품(人品)이 생태사회에서의 품격인 생태품(生態品)과 일치되는 것은 아니다. 일찍이 구약성서의 잠언(proverbs)에는 "올바른 사람은 자신의 가축을 돌보지만 사악한 사람은 잔인하게 대한다."고 하였다.[64] 그러나 그러한 사상이 생활 속에서 실천된 경우는 많지 않았다.

인품이 훌륭하여 수많은 제자를 두었던 아리스토텔레스마저도 "모든 사물들은 제각기 나름의 목적을 지니고 있는데 동물들의 지향목적이 결국 인간에 대한 봉사다."라고 하였다.[65] 또한 데카르트는 "이성을 가진 인간 이외의 나머지 존재는 오로지 인간을 위한 도구적인

---

64) 구약성서
65) 도날드 휴즈 / 표정훈, 『고대문명의 환경사』(서울: 사이언스북스, 1998), 114쪽.

가치밖에 없다."라고 생각하였다. 한편 현대 윤리학의 시조라고 불리는 칸트(Immanuel Kant, 1724~1804)는 동물의 학대를 반대하였다. 그런데 그 이유는 동물들이 받게 될 고통을 염두에 둔 것이 아니었다. 그러한 습성이 인간의 학대로 연장될 수 있다는 염려 때문이었다. 이처럼 인류의 대 스승이라고 인정받는 위대한 철학자들 중에서도 생태적으로 보면 그 품격이 하품(下品)인 경우를 찾아볼 수 있다. 인품을 기준으로 인간을 평가하기보다는 생태품을 기준으로 하여 도덕적인 선악을 규정하는 것이 현 생태위기시대가 요하는 제도적·사회적·문화적 과제일 것이다.

이러한 생태품과 같은 의미로 심층생태학자인 노르웨이의 철학자 아르네 네스(Arne Naess, 1912~2009)는 심층생태이론을 네 가지 수준으로 분류하고 제1수준에서는 궁극적인 전제(철학적이거나 종교적인)로 생태지혜를 갖춰야 한다며 자기의 생태지혜를 '생태지혜 T'[66]라 이름 짓고 그것이 의미하는 바는 '대아(大我)의 실현(self-realization)'이라 하였다.

내 몸과 정신을 작은 나[小我]라 한다면, 나를 존재하게 하는 주위의 모든 상황과 작은 나를 합하여 큰 나[大我]라 할 수 있을 것이다. 여기서 대아의 실현은 본 논문에서 말하는 상의상관성(相依相關性)에 입각한 나와 자연이 둘이 아니라는 의미의 의정불이(依正不二)의 생태품(生態品)을 의미한다 할 수 있다.

지금까지는 인간이 동물을 학대하고 자연을 마음대로 변화시키려고 노력해 왔다. 인간은 스스로를 만물의 영장이라 생각하며 그러한

---

66) T는 노르웨이의 산 속에 있는 네스의 조그만 오두막 이름인 Tvergastein을 의미함.

일을 당연한 것으로 생각하였다. 이제는 강자인 인간이 약자인 동물을 보호할 의무가 있고, 인간이 자연에 적응해야 한다는 것을 깨달아야 할 때이다. 인간의 자연 적응에 대하여 독일의 생태학자 프란츠 알트(Franz Alt, 1937~)는 나비를 예로 들며 다음과 같이 말한다.

> 나비는 공룡과 반대로 적응능력이 뛰어나고 변신을 잘한다. 나비는 이동이 자유롭고, 다양하고, 몸이 가볍고, 변화와 변신에 유연하게 대응한다. 알, 애벌레, 번데기, 나비로 말이다. 이것이 진화의 법칙에 따른 나비의 생애다. 그렇기 때문에 나비는 공룡이 멸종한 지 6000만 년이 지난 지금도 존재하는 것이다. 공룡의 경우 재미있는 것은 자신들에게 최후가 다가왔다는 사실을 그들 자신이 가장 늦게 알아차렸다는 것이다.[67]

위에서 말한 알트의 의견과 같이 이젠 인간이 환경에 유연하게 적응하는 데 힘을 기울여야 할 것이다.

이러한 문제는 가치관의 변화에 의해 가능해진다. 가치관은 개인적인 산물인 동시에 사회적인 산물이며, 사회제도에 의해 뒷받침될 때 우리의 행위를 효과적으로 제어하면서 환경에 적응하는 삶으로 이끌어 갈 수 있다.[68] 이를 불교 수행에 비교하면 내적으로는 마음을 변화시키는 데 힘쓰고, 밖으로는 세상을 변화시키도록 힘쓰는 데 있다.[69] 이것이 바로 생태적 상구보리하화중생(上求菩提下化衆生, 위로는 깨달음을 구하고 아래로는 중생을 교화함)이다.

---

67) 프란츠 알트 / 박진희, 『생태적 경제기적』(서울: 양문, 2004), 84쪽.
68) 앨런 테인 더닝 / 구자건, 『소비사회의 극복』(서울: 도서출판 따님, 1994), 160쪽.
69) Edited by Martine Batchelor and Kerry Brown, Buddhism and Ecology, (Delhi: Motilal Banarsidass Publishers Private Limited, 1994), p.38.

이제 촉식이 생태계에 미치는 영향을 알아보기로 하자. 촉식은 우리의 5감(五感)을 만족시켜 주기 위한 식이다. 즉 정신적으로 고상해지고 싶고 외형적으로 멋을 부리며 살아가고자 하는 마음을 충족시켜 주는 것은 촉식의 역할이다.

인간의 촉식을 충족시키는 과정에서 문명이 발전해 왔다. 욕구의 충족을 위해서 전개된 문명은 촉식 즉 다섯 가지 감각기관을 만족시키려는 것과 직결된다. 아름다운 것을 보려는 시각을 위해, 듣기 좋은 것만을 들으려는 청각을 위해, 고소한 냄새를 맡으려는 후각을 위해, 맛있는 것만을 원하는 미각을 위해, 부드러운 것을 느끼려는 촉각을 위해 우리는 얼마나 노력하고 있으며 이로 인해 자연에 얼마나 부담을 주고 있는지 조금만 더 생각해 보자.

인간들이 자연을 학대한 것은 문명생활의 시작과 함께 하였지만 그 대표적인 흔적은 고대 문명의 발상지 여기저기에 아직도 그대로 남아 있다. 고대 그리스인들이 건설한 신전이 바로 그러한 예다. 그들은 신에게 빌기 위한 건물을 건립하기 위하여 자연환경을 파괴하였다. 그 때 그 현장이 아직도 복구되지 못한 채 그대로 남아 나무 한 그루도 자라지 못하는 황량한 들판이 되어 그 신전을 둘러싸고 있다.[70]

레바논의 삼나무 숲은 예루살렘에 있던 솔로몬의 신전과 궁전의 건축에 이용되었을 뿐만 아니라 고대 근동지방의 수많은 도시들을 건설하는 데 사용되었고, 그 후 그 숲이 있던 지역이 사막으로 변했다는 것을 역사의 기록은 말해 주고 있다.[71] 다른 문명의 발상지도

---

70) 도날드 휴즈 / 표정훈, 『고대문명의 환경사』(서울: 사이언스북스, 1998), 11쪽.
71) 위의 책, 12쪽.

이와 크게 다르지 않다.

인더스 문명의 발상지에는 대인도사막이 펼쳐져 있다. 중국 문명의 발상지인 황하 중류지역은 문명의 발달과 함께 오랜 세월 동안 착취되어 황토고원으로 변한 땅이 30만㎢나 펼쳐져 있다. 여기에서 강으로 운반된 토사는 바다로 흘러들어 서해바다를 황해로 만들었고 흘러내린 토사가 쌓이면서 바다의 수위를 계속 낮추고 있다.[72] 그 밖에도 지중해 연안 지역에는 고갈되고 파괴된 자연환경들 가운데 고대 문명의 폐허들이 광범위하게 자리 잡고 있다. 이렇게 볼 때 문명의 진행과정과 자연환경 사이에 깊은 상호 연관성이 있다는 생각을 하지 않을 수 없다.[73]

이처럼 역사에 기록될 만한 문명사회가 아니라 해도 인구가 증가하면서 성립된 도시문명은 삼림을 파괴해서 주거환경을 조성해 왔고 농업문명은 삼림을 개간하여 경작지를 조성하면서 토양의 사막화 현상을 낳는 데 일조하였다.

인간의 이기적 욕망[有漏心]이 촉식을 통하여 정신적인 쾌락을 얻고자 이룩한 문명의 과정에서 인간이 자연을 폐허화시킨 것은 어제오늘의 일이 아니었다. 특히 요즘의 문명발달에 따른 환경문제의 악화는 산업화가 낳은 쌍둥이라는 것을 알 수 있다.[74]

이제 마지막으로 단식(段食)이 생태계에 미치는 영향을 알아보기로 하자. 먼저 인간에게 단식을 제공하기 위하여 벌어지는 경작과정을 보자. 지구상에 처음 경작이 시작된 것이 약 1만 년 전이었고, 불

---

72) 윤상욱, 『숲과 나무와 문화』(문음사, 2012), 85쪽.
73) 도날드 휴즈 / 표정훈, 『고대문명의 환경사』(서울: 사이언스북스, 1998), 12쪽.
74) 홍성태, 『생태사회를 위하여』(서울: 문화과학사, 2004), 267쪽.

과 2~3천 년 전까지만 해도 지구상의 많은 지역이 농업이라는 것을 몰랐다.[75] 그 이전의 인간들은 자연에서 채취한 것만을 음식물로 삼았기 때문이다.

농업이 처음으로 나타났다는 것은 숲을 파괴하고 논밭을 조성하여 경작을 시작한 것을 의미한다. 산업농 이전에는 농사를 짓는 데 사람의 힘이나 소나 말 등 짐승의 힘을 이용하였다. 농약이나 비료를 사용하지 않는 자연친화적인 경작이었다. 그 당시에는 경작한 농산물을 인간들만 독차지하는 법이 없었다. 경작과정에서 자연을 거스르지 않았고 생산량이 부족해도 이웃과 나누어 먹었다. 그래서 "하늘을 혼자 가질 수 없듯이 밥은 서로 나누어 먹는다." 하였고, "곡식을 세 알 심으면 하늘과 땅 그리고 사람이 각각 나누어 먹는다." 하였다. 그러나 요즈음의 농업은 생산물을 자연에는 하나도 돌려주지 않는 농법이다. 파종하기 전에 씨앗을 농약에 담근다. 벌레가 먹으면 발아가 안 되기 때문이다. 자연과의 조화는 뒷전이다. 산업농은 최소의 투자로 최단 시일에 최대의 소출을 올리는 것만이 목적이다.

이에서 더 나아가 산업농에서 생산되는 곡물은 사람을 먹여 살리기 위한 생산물이 아니다. 오직 이익의 수단일 뿐이다. 그러니 환경오염은 관심에서 멀리 떨어진 일이다. 이제 화학 비료와 농약 그리고 화석 연료의 사용은 산업농의 특징이 되어버렸다. 산업농의 경작과 수확과정은 지구상에 배출되는 이산화탄소[CO_2]의 25%, 메탄가스[CH_4]의 60%, 일산화질소[NO]의 80%의 원인을 제공하고 있다.

이런 기체들은 모두 강력한 온실가스다. 일산화질소는 토지가 경

---

75) 이진아, 「인류 역사와 의료의 전통」『녹색평론』79(대구: 녹색평론사, 2004), 59쪽.

지로 전환될 때 흙 속에 있는 탈질소화 박테리아의 활동을 통하여 발생하게 된다. 열대우림이 방목장으로 변환될 때에는 일산화질소의 방출량이 3배로 늘어나게 된다. 농지의 전환으로 인하여 방출되는 질소는 전부 일산화질소의 형태로 그 양이 연간 약 50만 톤에 이르고 있다.

유럽 환경청의 보도에 의하면, 일산화질소는 이산화탄소에 비해 최고 310배나 강력한 온실가스로 작용한다고 한다. 다행히도 현재 대기 중 일산화질소의 농도는 0.31ppm으로 이산화탄소 농도 365ppm과 비교하면 1/1000에도 미치지 않는다. 일산화질소 발생의 또 하나의 주범은 화학비료다. 현재 연간 대략 7천만 톤의 질소비료가 농작물에 사용되고 있으며, 해마다 일산화질소 총 배출량 2천 2백 만 톤의 10% 정도를 차지한다. 화학비료 사용의 증가로(특히 개발도상국들에서는) 농업에 의한 일산화질소의 방출이 앞으로 30년 후에는 배가(倍加)될 가능성이 높은 것으로 예상되고 있다.

산업화로 인한 축산업 성장과 함께 메탄가스 등의 온실가스 방출이 증가되고 있다. 산업화된 국가가 늘어나면서 사람들의 식습관에도 점차 변화가 일어나고 있다. 채식을 주로 하던 개발도상국 사람들이 서양인들의 식습관을 본받아 육류를 즐기게 되면서 지난 몇 십 년 동안 가축 특히 소의 사육이 증가하였다. 이것은 주로 열대지역의 삼림을 파괴하여 목장으로 전환시킨 결과다. 소를 기르는 과정에서 많은 양의 메탄가스가 방출되는데 거기에는 그럴 만한 이유가 있다. 현대의 축산업은 사육기간 단축을 위하여 소에게 고단백 사료를 먹이기 때문이다. 그런 소는 풀만 먹는 소에 비해 훨씬 많은 양의 메탄가스를 생산한다. 게다가 목장의 초지에 뿌리는 질소비료는 토양

박테리아의 메탄가스 흡수율을 감소시키며, 동시에 일산화질소의 생산을 증가시키는 역할을 한다.[76]

현대의 산업농은 자동화된 기계를 이용한다. 그래서 경작하는 모든 과정 즉 모를 심고, 김을 매고, 벼를 베고, 탈곡하는 데도 석유를 필요로 한다. 비료나 살충제의 생산 및 살포에도 석유를 필요로 하고, 방아를 찧는 데도, 식품을 가공하고 수송하는 데도 석유가 필수적으로 요구된다. 따라서 산업농의 모든 경작과 가공 그리고 이동과정은 대기를 오염시키고 온실가스 배출을 증가시킨다. 이런 과정을 살펴보면 현대인들이 먹는 것은 음식물이라기보다는 석유라고 말할 수 있을 정도이다.

그런 줄 다 알면서도 현대의 무명 중생들은 맛에 탐착하고 편리함에 도취되어 다단계 조리식품을 즐기면서 먹다 배부르면 아무 생각 없이 먹다 남은 음식물을 쓰레기로 버린다. 경제적인 능력만 있으면 음식물을 버리는 것은 아무 문제가 되지 않는다고 생각한다. 생태윤리적으로 보면 일종의 범죄행위이다.

인간은 이 세상에 존재하는 어떤 동물보다도 다양한 종류의 생명체로부터 영양소를 취하고 있다. 먹이 선택의 폭이 넓다는 얘기다. 몸집의 크기로 말하면 작은 멸치나 새우에서부터 고래에 이르기까지, 서식장소로 말하자면 심해의 어류에서부터 하늘을 나는 새에 이르기까지, 발육상태로 보면 알과 태아에서부터 늙은 짐승에 이르도록, 식물은 물론이고 동물에 이르기까지 극소수의 종류를 제외하면 식재료가 아닌 것이 거의 없다. 인간의 공격을 피해 안전하게 지낼

---

76) 에드워드 골드스미스, 「기후변화 아래서 세계를 어떻게 먹여 살릴 것인가?」 『녹색평론』79 (대구: 녹색평론사, 2004), 123~124쪽.

수 있는 동식물의 도피처는 아무 곳에도 없다.

인간을 제외한 다른 동물들은 먹이 선택의 폭이 넓지 않으며 또한 그 먹잇감들이 멸종될 정도로 먹어치우지도 않는다. 그러나 인간은 폭넓은 식성으로 대부분의 동식물이 먹잇감이다. 따라서 인간은 일부의 생물이 멸종되었다 하더라도 남아 있는 다른 생물을 영양소로 얼마든지 섭취할 수 있다. 그러니 인간은 생물의 멸종에 둔감할 수밖에 없다.

얼룩말 100마리 당 한 마리의 사자가 생존하는 것처럼 보통 인간을 제외한 다른 동물들은 먹이의 수량에 비례(반응)하여 포식개체의 숫자가 번식하게 된다. 이를 생태학에서는 수 반응(numerical response)이라 한다. 그러나 사람의 경우에는 먹이의 숫자에 따라 피동적으로 개체의 수가 결정되는 것이 아니다. 인간은 특정한 먹이에 생존이 좌우되지도 않을 뿐만 아니라 먹이를 스스로 기르거나 재배하여 에너지를 공급받고 있다.

우리나라의 식량자급률은 25%에 불과하다. 특히 최근 생활습관의 변화로 쌀 소비량은 줄고 육류 소비량이 크게 늘었는데, 육류 생산을 위해 사료로 사용되는 곡물의 자급률은 2%에 불과하다.[77] 이러한 실정에도 불구하고 한국인의 식습관은 음식물을 남기고 버리는 데 익숙해져 있다. 그러면 음식쓰레기로 인한 경제적인 손실을 살펴보자.

환경부 보도자료에 의하면 우리나라에서 배출되는 음식물 쓰레기의 경제적 손실 가치는 1년에 15조원이다. 이 액수는 우리나라 한

---

77) 한국농촌경제연구원 2004년 자료.

해 농축산물 수입액의 1.5배에 해당하는 액수이며, 1년 동안의 우리나라의 자동차 수출액과 같고 반도체 수출액의 60%에 해당하는 액수이다.[78] 음식물 쓰레기의 배출은 조리의 준비과정에서 나오는 것과 조리 후 먹다 남긴 것이 각각 반반씩이다.

그러므로 음식물 쓰레기를 줄이는 최선의 방법은 준비를 적게 하여 필요한 양만큼만 먹고 남기지 않는 방법밖에는 없다. 그러나 잘못된 식생활문화로 음식물을 남기는 것에 대해서는 아무런 죄의식도 느끼지 않는다. 식량의 생산과 소비에 관련된 문제를 경제적인 측면에서 더 나아가 생태적인 측면을 생각해 보자.

농약과 화학비료를 사용하는 현대의 산업화된 기계농은 파종에서 수확에 이르기까지 식량생산의 전 과정에서 환경을 오염시킨다. 또한 곡물의 유통과 저장, 음식물의 조리와 가공의 과정도 에너지가 투입되기 때문에 환경오염을 배가시킨다. 먹던 음식물을 남기게 되면 그것을 처리하는 과정에서 또 다시 환경오염을 일으키게 된다. 그러므로 음식물을 버리면서 환경오염을 염려하는 것은 너무나 자가당착적인 사고인 것이다. 음식물 쓰레기의 처리방법으로, 매립은 수질과 토양을 오염시키고, 소각은 불완전연소로 유해물질이 발생하여 공기를 오염시킨다.

환경부의 자료에 의하면, 2000년 기준으로 전국 식품공급량의 18.7%인 483만 2천 톤의 음식물 쓰레기가 발생하며 이를 처리하는 비용으로만 연간 4천억 원이 투입되었다. 물론 그 비용은 국민이 낸

---

78) 환경부에서 한국식품개발연구원에 의뢰한 「음식물쓰레기로 버려지는 식량자원의 경제적 가치 산정에 관한 연구 용역결과」, 연구기간 2001. 8. 26~2001. 12. 21.

세금으로 해결되고 있다. 그 비용은 자기 주머니에서 직접 지출되지 않기 때문에 관심의 대상이 아니다. 대부분 음식을 먹다 남기는 것은 경제적인 능력만 있으면 아무 문제도 되지 않는다는 생태불감증에 걸려 있다. 거기에 따른 사회적 혹은 생태적인 책임은 지지 않아도 된다는 생각이다.

오늘날의 축산업에서 짐승의 사육과정을 살펴보면 너무 자원 낭비적이고 환경 파괴적이다. 살생의 차원을 고려하지 않더라도 짐승을 사육하는 과정이 얼마나 반 생태적인지 다음의 내용을 보자.

미국의 경우 쇠고기 1kg을 생산하기 위해서 약 5kg의 옥수수나 콩을 사료로 먹인다. 이렇게 해서 전 세계 곡물 생산량의 40%가 쇠고기 생산을 위해 소모된다. 그리고 쇠고기 1kg을 생산하는 데는 3000 l 이상의 물과 2 l 정도의 휘발유가 소모된다.[79]

한편 산업사회에서 식생활을 위한 환경비용은 식품의 유통과정에서도 발생하는데 미국의 경우 식품 및 음료의 가공·포장·보급·저장의 과정에서 전체 사용 에너지의 17%가 소비되고 있다. 특히 냉동식품을 생산하는 데 소비되는 에너지는 무가공 식품의 10배에 달한다.[80]

식품 포장에도 많은 양의 자원이 소모되는데, 생산과정에서 에너지 소비가 매우 높은 알루미늄의 경우 미국 내 총 생산량의 4분의 1이 깡통 제조에 사용되며, 생산된 깡통의 절반은 쓰레기 매립장에 묻히고 있다. 세계적으로 매년 최소한 2000억 개의 병, 깡통, 플라스

---

79) 앨런 테인 더닝 / 구자건, 『소비사회의 극복』(서울: 도서출판 따님, 1994), 65~66쪽.
80) 위의 책, 68쪽.

틱 용기, 종이컵 등이 식료품의 보존 및 유통을 위해 생산 폐기되고 있다.[81] 이처럼 음식을 섭취하는 과정에서 쓰레기를 배출하는 생물종은 인간이 유일하다.

이러한 생태 파괴적 식생활 유형을 가져온 것은 편리와 소비를 최우선으로 지향하는 자본주의 체제로부터 기인한 것이다. 식가공산업은 각 지역의 특성에 맞는 식탁이 아니고 그들의 돈벌이 수단에 적합한 입맛의 획일화를 유도하고 있다. 음식물의 상품화는 자본주의 사회의 큰 특징 중의 하나다. 자본주의 사회는 예술도 산업이고, 교육도 산업이고, 의술도 산업이 된 지 오래다. 농업이 산업화된 것도 이미 오래 전이며, 이제는 산업화를 뛰어넘어 무기화되어 가고 있다.

산업화된 음식은 유통기간이 길고 수송거리가 멀기 때문에 부패의 위험성이 항상 도사리고 있다. 따라서 이런 음식물은 부패를 막기 위한 방법으로 다단계 조리와 가공이 필요하고 밀봉을 요하게 된다. 이렇게 상품화된 음식들은 조리가 더 이상 필요 없는 간편한 즉석식품으로 온 지구촌의 식탁을 점령하고 있다.

음식은 그 나라의 역사, 지형, 기후 등의 특성에 맞는 생활사이다. 그러나 산업문명이 지배하는 현대사회는 모든 지구촌 사람들이 밀가루를 먹어야 하는 통일된 입맛을 강요당하고 있다. 우리나라의 경우를 보면 주식인 쌀이 남아돌고 있으면서도 밀가루를 수입하여 먹고 있다. 방부제와 표백제 처리를 한 밀가루를 먹으면서도 무감각하다.

산업화된 농법은 식량의 생산과 저장 및 수송과정에서 모두 환경에 악영향을 미친다. 이런 과정은 온 지구의 생태 구성원들의 생존

---

81) 앞의 책, 68~69쪽.

을 위협하고 있다. 생물종의 멸종 속도가 이를 말해 주고 있는 것이다. 불교에서 말하는 5온(五蘊)과 4식(四食)의 가르침에 귀를 기울이면 현 생태위기를 극복하는 소중한 길잡이가 될 것이다. 『중아함경』 권53, 「치혜지경(癡慧地經)」에서는 음식에 탐착하여 태어나게 되는 축생도를 다음과 같이 묘사하고 있다.

> 어리석은 사람은 본래부터 음식 맛에 탐착하여 몸으로 악을 행하고, 입과 마음으로 악을 행한다. 저들이 몸으로 악행을 저지르고 입과 마음으로 악행을 저지른 뒤에 이 인연으로 죽은 뒤에 축생으로 태어나는데… 대변을 먹어 깨끗하지 못한 것을 말하는데 이것이 축생의 고통이다. 비구여, 내가 너희를 위해 무량방편으로 저 축생을 말하고 축생의 일을 말하나 이 축생의 고통을 낱낱이 다 말해 줄 수 없다. 그저 축생에겐 오직 고통이 있을 뿐이다.[82]

경전에서는 이처럼 음식에 탐착하면 그 과보로 축생도에 태어나서 얼마나 큰 괴로움을 받게 되는지 말하고 있다. 그러므로 음식을 먹을 때는 몸을 위해 약을 먹는 것처럼 먹어야지 그 맛에 탐착해서는 안 된다는 것이다.

우리나라 사찰에서는 식사 전에 공양게(供養偈)를 낭송하는데 음식을 먹을 때 다섯 가지를 관찰해야 된다 하여 5관게(五觀偈)라 부른다. 그 내용은 다음과 같다.

> 이 음식이 온 곳과 그 공덕의 많고 적음을 헤아려 보고 공양을 받기에 자기 덕행이 완전한지 부족한지 헤아려 보라. 마음을 다스려

---

82) 『大正藏』1, 761中: 愚癡人者 以本時貪著食味 行身惡行 行口意惡行 彼行身惡行 行口意惡行已 因此緣此 身壞命終 生畜生中 … 謂食屎不淨 是謂畜生苦 比丘 我 為汝等無量方便說彼畜生 說畜生事 然此畜生苦不可具說 但畜生唯有苦.

탐욕 등의 허물을 벗어나는 것을 으뜸으로 삼아 양약으로 바르게 생각하고 몸을 치료하는 약으로 여겨 도업을 이루기 위하여 이 음식을 받아야 한다.[83]

많은 사찰에서는 위의 내용을 현대 감각에 맞게 각색한 다음 두 가지 게송 중 하나를 선택하여 공양게로 독송하고 있다.

이 음식이 어디서 왔는고, 내 덕행으로는 받기가 부끄럽네. 마음의 온갖 욕심 버리고, 몸을 지탱하는 약으로 알아 도업을 이루고자 이 공양을 받습니다.[84]

한 방울의 물에도 천지의 은혜가 스며 있고, 한 알의 곡식에도 만인의 노고가 담겨 있습니다. 이 음식으로 주림을 달래고 몸과 마음을 바로 하여 사부대중을 위하여 봉사하겠습니다.[85]

'이 음식이 어디서 왔는고'에서나 '한 방울의 물에도 천지의 은혜가 스며 있고'에서도 생태사상에 입각한 자연의 은혜를 말하므로 5관게를 비롯한 두 가지 번역본 모두 생태계의 소중한 가치를 말하지 않는 것은 아니지만, 길상사 공양게의 경우는 주로 수행에 초점이 맞춰져 있고 불광사의 경우는 주로 인간중심적인 면에 초점이 맞춰져 있다 할 수 있다. 좀 더 확실한 생태중심적인 공양게가 필요한 시점이다.

다음과 같은 내용의 공양게를 가슴 깊이 새기면서 음식을 대하면

---

83) 四分律刪繁補闕行事鈔卷中三 『大正藏』40, 84上: 食須觀門五別 一計功多少 量彼來處 二自忖己德行全缺多減 三防心顯過不過三毒 四正事良藥取濟形苦 五為成道 業世報非意; 釋氏要覽 『大正藏』54, 274下: 一計功多少 量彼來處 二忖己德行 全缺應供 三防心離過貪等爲宗 四正思良藥爲療形枯 五爲成道業 應受此食.
84) 길상사 공양게(법정 스님 번역).
85) 불광사 공양게(광덕 스님 번역).

자연의 은혜와 뭇 생명들에 대한 고마움이 생겨 음식물을 소중히 여기게 될 것이다.

공양게

지금 받은 이 음식에

한없는 자연의 은혜와
수없는 생명의 희생과
수많은 사람의 노고가

배어 있음을 알고 고맙게 먹겠습니다.

따뜻한 햇살, 신선한 대기, 모든 것을 포용해 주는 대지, 맑은 물 등의 자연의 은혜, 다른 생명체의 희생, 대중의 노고가 없이 우리 입에 들어올 수 있는 음식물은 아무것도 없다.

3. 공업(共業)과 생태문제

1) 공업의 정의와 특징

불교의 핵심교리인 연기설은 개인의 종적(縱的) 관계만을 논하는 것이 아니다. 집단사회 전체의 종적 관계는 물론이고 개인과 집단의 횡적(橫的) 관계도 포함하는 것이다. 이러한 관계 속에 이루어지는 공업은 본래 불교가 지향하는 바의 업이라고 할 수 있다.[86] 즉 연기

---

86) 水野弘元, 「業について」『日本佛敎學會年譜』vol 25 (京都:日本佛敎學會, 1959), 324쪽.

설에는 이미 공업의 의미가 내포되어 있으므로 불교교리를 연구하고 분석하던 아비달마 불교에서 공업과 그 상대적 개념인 불공업이 논의되는 것은 자연스런 현상이라 할 수 있다.

일체 유정(인간)은 행동·언어·마음으로 3업을 짓는 가운데 각각 미래의 존재를 불러오게 되고 또한 공동으로 의지하여 머물 세계를 불러오는 원인을 동시에 제공하는 것이다. 이에 대하여 『대비바사론』 권134에서 다음과 같이 기술하고 있다.

> (문) 어째서 일체세계가 함께 무너지지도, 성립되지도 않는가?
> (답) 모든 유정들의 업이 같지 않기 때문이다. 유정들이 이곳에서 공업이 증장하면 세계가 문득 이루어지고, 공업이 다하면 세계가 문득 무너진다. 또 유정들이 저 곳에서 정업(淨業)이 증장하면 이 세계가 문득 무너지고 정업이 줄어든다면 이 세계는 문득 이루어진다.[87]

다시 말하면 세계가 생성되고 파괴되는 것은 중생들이 지은 공동의 업[共業]에 영향을 받는다는 것이다. 또한 나의 행위가 나 자신의 운명에 영향을 미칠 뿐만 아니라 우리가 공동으로 의지하고 살아야 될 공간 즉 지구를 비롯한 우주[器世間]의 형성과 파괴에도 영향을 미치게 된다는 것이다. 즉 업을 지으면 단순히 당사자의 운명을 좌우하는 것으로 끝나지 않고 공동체 구성원에게도 영향을 미치게 된다는 것이다. 그것이 바로 공업의 개념이다. 달리 말하면 개인의 행위에는 반드시 사회적 책임이 따른다는 것이다.

---

87) 『大正藏』27, 692下: 問何故一切世界不俱壞俱成 答以諸有情業不等故 謂有情類 於此處所共業增長世界便成 共業若盡世界便壞 又有情類 於彼處所淨業若增此界便壞淨業若減 此界便成.

우리는 공업(共業)의 개념에서 인간 행위의 사회적 영향력을 염두에 두지 않을 수 없게 된다. 특히 공업이 이루어지는 과정을 보면 우리의 행위는 증상연(增上緣)이 되어 어떤 형태로든 다른 사람의 행위와 영향을 주고받게 된다. 그 때 업이 상호간에 상승작용을 일으키는데 그 힘을 증상력(增上力)이라 한다. 복잡계 이론에서 말하는 일종의 창발성이다. 그러한 내용이 『대승아비달마집론(大乘阿毘達磨集論)』 권4에 다음과 같이 표현되어 있다.

> 또 어떤 업은 모든 유정으로 하여금 차츰차츰 증상하게 한다. 이런 업력으로 말미암아 모든 유정이 서로가 서로에게 증상연이 된다고 말한다. 그들이 상호간에 증상력이 있기 때문에 역시 공업이라 한다.[88]

증상연(增上緣)이란 어떤 것이 생기는데 힘이 되어 주거나 적어도 방해를 하지 않는 연(緣)으로 작용하는 모든 것을 말한다. 업에는 업력이 있는데 그 업이 공업으로 나타나는 것은 증상력의 작용으로 영향을 서로 주고받게 되기 때문이다. 결코 홀로 존재할 수 있는 것은 아무것도 없다. 그러므로 업은 자기에게만 영향을 미치는 불공업으로만 작용하지 않고 집단 전체와 영향을 주고받는 행동 즉 공업으로도 작용하는 것이다.

『대지도론』의 「석정불국토품(釋淨佛國土品)」 제80에 청정하지 않은 공업으로 나타나는 현상에 대하여 설명하고 있다.

> 3업을 청정히 하는 것은 단지 불토를 청정히 하기 위한 것이 아니

---

88) 『大正藏』31, 679中: 或復有業 令諸有情展轉增上 由此業力說諸有情更互相望爲增上緣 以彼互有增上力故 亦名共業.

다. 일체 보살도가 다 3업을 청정히 한다. 처음에 신·구·의(身口意) 업을 청정히 하고 나중에 불토를 청정히 한다. 자신을 청정히 하고 남도 청정히 한다. 무슨 까닭인가? 오직 한 사람만이 국토 중에 태어나지 않는 것은 다 함께 인연을 짓기 때문이다. 내법과 외법이 인연을 지어서 (환경이) 좋거나 좋지 않은 것이다. 악한 구업을 많이 짓기 때문에 땅에 가시가 많이 나고, 아첨하고 속이는 굽은 마음 때문에 땅이 높고 낮아 평평하지 않고, 간탐이 많기 때문에 가뭄이 들어 적합하지 않고 땅에 모래와 자갈이 많다.[89)

이 국토를 청정히 하기 위해서는 나 홀로 행하는 개인 차원의 업으로만 되는 것이 아니고 모든 사람이 동참해야 되기 때문에 보살은 자신을 청정히 해야 함은 물론 다른 사람도 청정하게 해야 한다는 것이다. 이 국토에 한 사람만 태어나지 않고 여러 사람이 함께 태어나게 되는 것도 어떤 절대자의 의지에 의해 이루어지는 것이 아니라 여러 사람의 공업에 의해 나타나는 현상이다.

토양이 척박하여 가시가 많이 나는 것은 험담을 많이 한 구업 때문이고, 간탐으로 인해서는 가뭄 등의 기상 이변이 나타나고 땅에 사막화 현상(모래와 자갈)이 나타나게 된다고 하였다. 즉 기후의 안정성과 토양의 비옥도는 인간의 생각과 그 행위에 달려 있음을 알려주고 있다. 이처럼 불교는 인간의 도덕성과 자연환경이 밀접한 관계를 가지고 있다고 믿는다.

자연과 인간은 절대자의 창조물도 아니고 그렇다고 해서 전생에

---

89) 『大正藏』25, 708下: 三業清淨非但為淨佛土 一切菩薩道皆淨此三業 初淨身口意業 後為淨佛土 自身淨亦淨他人 何以故 非但一人生國土中者 皆共作因緣 內法與外法作因緣 若善若不善 多惡口業故地生荊棘 諂誑曲心故地則高下不平 慳貪多故則水旱不調 地生沙礫.

지은 업의 굴레 속에서 사는 존재도 아니다. 이러한 이론에 근거하여 인간과 자연이 상호의존적 존재라는 사실을 체계적으로 정립한 것이 붓다고샤(Buddhaghoṣa, 5세기, 인도)가 저술한 『담마상가니 아타가타(Dhammasaṅgaṇī-aṭṭhakathā)』에 나오는 '다섯 가지 우주의 법칙(the five cosmic laws, panca niyāma dhammā)'이다. 이 세상은 그 다섯 가지 원칙에 의해서 운행된다는 것이다. 다섯 원칙이란 자연의 법칙(Utu Niyāma, natural law or physical law), 종자의 법칙(Bīja Niyāma, seeding law or biological law), 의식의 법칙(Citta Niyāma, psycological law), 업의 법칙(Kamma Niyāma, moral law), 인과의 법칙(Dhamma Niyāma, causal law)이다.[90]

첫째로, 자연의 법칙(Utu Niyāma, natural law or physical law)은 무생물계에서 벌어지는 현상을 지배하는 법칙이다. 이 법칙은 계절의 변화나 기후와 날씨 등을 관장한다. 오늘날의 학문적 표현을 빌리면 물리적·화학적·지질학적으로 일어나는 현상을 지배하는 법칙이다.

둘째로, 종자의 법칙(Bīja Niyāma, seeding law or biological law)은 생물학적 법칙이다. 이 법칙에 의해서 미생물, 씨, 꽃이나 과일 등의 성질이 좌우된다. 식물과 동물 등의 모든 생물에 적용되는 법칙으로 오늘날 말하는 유전의 법칙도 이에 해당한다.

셋째로 의식의 법칙(Citta Niyāma, psycological law)은 인간의 마음과 동물의 본능적 정신활동에 대한 법칙이다. 의식, 사고, 인지

---

90) Dhammasaṅgaṇī-aṭṭhakathā. pp.272~274.

작용과 관계가 있는 법칙이다. 예를 들면, 의식의 진행과정, 의식이 일어나고 사라지는 것, 의식의 구성 요소들, 마음의 힘 등이다. 정신 감응(텔레파시), 정신의 원격조정, 과거의 사건들을 텔레파시로 느끼는 것, 예감, 투시력, 초인적인 청력, 생각을 읽는 것 등 현대과학으로 설명할 수 있거나 설명할 수 없는 정신적인 현상들은 모두 이 종류에 속한다.

넷째로 업의 법칙(Kamma Niyāma, moral law)은 도덕적 인과관계를 나타내는 행동과 그에 따른 결과의 법칙이다. 예를 들면, 의도적인 행동은 그에 상응하는 좋거나 나쁜 결과를 가져온다. 중력이 작용하는 것처럼 업의 법칙도 일종의 자연의 법칙이다. 불교에서 말하는 업은 초자연적인 힘이나 절대자의 뜻에 의한 것이 아니다. 업의 법칙이란 선한 행동에는 즐거운 과보가, 악한 행동에는 괴로운 과보가 따르는 자연스런 성향이다.

마지막으로 법의 법칙(Dhamma Niyāma, causal law)이 있는데 여기서 말하는 법(Dhamma)은 불교적으로 여러 가지 의미가 있는 단어이다. 그 중 대표적인 것으로는 붓다의 가르침, 실존하는 모든 것, 진리 등을 의미한다. 법의 법칙에는 일체의 것에는 자성이 없다는 제법무아(諸法無我), 모든 것은 무상하다는 제행무상(諸行無常), 모든 것은 다 고통이라는 일체개고(一切皆苦)의 3법인이 포함된다.

위의 5가지 법칙은 각각 상호작용을 한다. 그래서 우주의 모든 현상은 서로 영향을 미친다. 자연과 인간이 서로에게 영향을 주고받는다. 예를 들면 물리적 환경이 동식물의 성장 발육을 제약할 수 있다. 또한 자연은 인간이 공업으로 짓는 선악업에 의해 영향을 받게 된다. 인간의 도덕성은 인간의 심리상태를 결정할 뿐만 아니라 해당 장소의 생물학적·물리적인 환경에도 지대한 영향을 미칠 수 있다.

이와 같은 5가지 법칙의 상호작용에 의해 인간과 자연은 서로 영향을 주고받게 되는 것이다.[91]

불교에서는 기세간인 자연과 우주의 수명도 영원한 것이 아니라 성립·존속·붕괴·공무(空無)[成住壞空]의 과정을 거치면서 순환하는 것으로 본다. 그러나 이러한 순환의 원리도 거기에 거주하는 유정의 의지 즉 공업에 의해 영향을 받게 된다고 다음과 같이 말하고 있다.

> 무슨 이유로 이와 같이 세계가 파괴되는가? (세 가지) 해로운 뿌리 때문이다. 해로운 뿌리들이 치성할 때 이와 같이 세계는 파괴된다. 탐욕이 치성할 때 그것은 불로 인해 파괴된다. 성냄이 치성할 때 물로 인해 파괴된다. 어떤 사람들은 성냄이 치성할 때 불로 인해 파괴되고, 탐욕이 치성할 때 물로 인해 파괴된다고도 주장한다. 어리석음이 치성할 때 바람으로 인해 파괴된다.[92]

최근 들어 갑작스럽게 심해진 가뭄과 홍수, 혹한과 혹서, 폭풍우 등의 기상 이변은 지구의 온난화와 관련이 깊다. 이런 온난화의 주범은 화석연료로 인해 배출되는 이산화탄소이지만 그 근본적인 원인은 풍요로움과 편리함을 지나치게 누리려는 인간이 지은 악업 때문이다. 이러한 현상을 상징적으로 표현하여 악업을 행하면 가뭄이 오고 땅이 척박해진다고 하였다. 이와 비슷하게 우리의 공업으로 자연현

---

91) Lily de Silva, Essays on Buddhism Culture and Ecology for Peace and Survival, (Dehiwala: Buddhist Cultural Centre, 2001), p.38.
92) 붓다고샤/대림 스님, 『청정도론』13장, 64송(서울: 초기불전연구원, 2004), 373쪽.

상에 나타난 기상이변의 현장을 『보살본생만론(菩薩本生鬘論)』은 다음과 같이 표현하고 있다.

그때의 인민들은 마구잡이로 비법을 행하고, 죄악을 습관적으로 수습하여 복력이 쇠미해졌다. 선신이 버리고 떠나서 재난이 다투어 일어났다. 공업이 초감(招感)되어 하늘로 하여금 대단히 가물게 하였다. 여러 해가 지나도록 단비가 내리지 않아 초목은 말라 비틀어졌고 샘물이 말랐다.[93]

사람들의 악업이 원인이 되어 극심한 가뭄이 오게 되었다고 말하고 있다. 인간의 비윤리적인 행위로 복력이 쇠미해졌기 때문에 기상이변이 일어나 비가 내리지 않고 흉년이 들게 되었다고 한다. 즉 공업에 의하여 우리의 의지처인 우주의 형성과 파괴뿐만 아니라 기후의 변화까지도 결정된다는 것을 주장하고 있다.

물론 이 경론이 저술될 무렵에 생태계 파괴는 상상할 수 없던 시절이었다. 그렇지만 이의 재해석을 통하여 산업문명 시대인 요즈음의 생태문제에 적용해 보면, 인간의 탐욕으로 저지른 악업[非法]이 대기오염과 온난화 현상을 발생시켜 기상이변을 유발한 것과 유사하다고 해석할 수 있다. 이러한 기후의 변화에 대하여 개괄적으로 알아보기로 한다.

기상학자들에 의하면, 지난 140년간 지구 표면 온도는 0.4~0.8도, 즉 평균 0.6도 상승하였다 한다. 기후 변화에 대한 정부 간 회의(IPCC)의 2001년과 2002년 보고서에 따르면 특히 1990년대의 10

---

93) 『大正藏』3, 337下: 時世人民枉行非法 慣習罪惡福力衰微 善神捨離災難競起 共所招令天亢旱 經于業數載不降甘雨 艸木焦枯泉源乾涸.

년은 기상관측 이래 가장 따뜻한 기간으로 분석되었다.[94] 이런 온난화 현상은 생태계에 커다란 변화를 가져오고 있다.

지구의 평균 해수면이 연평균 1~2㎜ 상승으로 20세기 중에 10~20㎝ 높아졌으며 북반구 중 북위 45도 이상의 중위도와 고위도 지방에서 강과 호수의 결빙기간이 약 2주 줄어들었다. 북극 얼음은 최근 수십 년 간 늦여름에서 초가을 사이 그 두께가 40% 얇아졌으며 1950년대 이래 봄~여름 사이 그 면적은 15% 감소했다. 알프스 등의 극지방(極地方)이 아닌 지역의 빙하도 위성 관측 결과 10% 감소했다. 온난화현상으로 인한 해수면 상승은 제주도 용머리 해안에서 피부로 느낄 수 있다. 조수(潮水)에 관계없이 항상 해안을 둘러볼 수 있는 높이로 조성된 용머리해안 길이 이제는 썰물 때에 맞춰서 가야만 들어갈 수 있으니 말이다.

세계 각국의 2500개 기후 변화 관련 연구를 분석한 결과 59종의 식물, 47종의 무척추 동물, 29종의 양서류와 파충류, 388종의 조류, 10종의 포유동물 중 80%가 교미 기간의 시작과 종료일, 동·식물의 이동, 몸의 크기 등에서 변화를 보였다. 유럽의 경우 1959년과 1993년 사이에 개화시기와 생장기간에 각각 11일 간의 변화가 관찰됐다. 알래스카의 경우 따뜻해진 기후로 각종 식물의 생장 일수가 20% 이상 증가했으며 한대림들은 기온이 1℃ 상승할 때마다 10~150㎞ 북쪽으로 이동 중이었다. IPCC보고서는 "인구증가와 현재와 같은 경제·산업 구조가 지속되는 한 2100년에는 전체적으로 지구의 온도가 2~4℃ 상승할 것으로 예측되며 국지적으로 8℃ 올라

---

94) 권원태, 「기후변화의 과학적 현황과 전망」 『한국기상학회지』41 (서울: 한국기상학회, 2005), 326쪽.

가는 지역도 있을 것"이라는 전망을 내 놓고 있다.[95]

이를 뒷받침이라도 하듯 우리나라에서도 온난화현상으로 강설량이 격감하여 울릉도에도 꿩이 서식하게 되었다고 한다. 더운 여름철에만 찾아오던 철새들이 텃새가 되고 있으며, 온난화 현상으로 소나무가 활엽수의 번식을 이기지 못하고 종 경쟁에서 밀려 20년 사이에 33%나 줄어들었다고 한다. 그리고 각종 식물들의 북방한계선이 갈수록 북상하고 있다는 보고다. 또한 이러한 온도의 변화는 우리나라의 해안에 서식하는 어종을 아열대 어종으로 바꾸어 놓고 있다.

기상청 기상연구소 기후연구실은 1904년 우리나라에서 근대적 기상관측이 시작된 이후부터의 자료 분석 결과에 의하면 지난 100년 동안 한반도의 평균기온 상승은 1.5℃로 지구의 평균 상승폭인 0.6℃를 크게 웃도는 것으로 나타났다고 발표하였다.[96] 또 기온 상승으로 지난 1920년대에는 123일이던 겨울이 1990년대에는 91일로 70년 사이에 한 달 가량 겨울이 짧아져 봄꽃의 개화 시기가 빨라진 것으로 관측됐다고 한다.[97]

영국 리즈대학의 크리스 토머스(Thomas) 박사 등은 영국의 과학잡지 「네이처(Nature)」에 '기후 변화에서 오는 멸종위기'라는 제목의 보고서를 발표했다. 토머스 박사 등 세계의 과학자 19명으로 구성된 연구진은 육지의 20%에 해당하는 '생물 다양성 지역' 6곳에 사는 동식물 자생종 1103종을 대상으로 기후변화에 따른 적응도를 컴퓨터

---

95) 2004년 1월 5일, 조선일보.
96) 권원태, 「기후변화의 과학적 현황과 전망」『한국기상학회지』41 (서울: 한국기상학회, 2005), 328쪽.
97) 최광용·권원태, 「20세기 우리나라 자연 계절 전이와 생활 기온지수의 변화」『지리교육논집』45 (서울대학교, 2001), 22쪽.

로 모의실험을 시행했다. 그 실험에서 그들은 만약 온실가스 배출을 줄이지 않아 지금 추세로 온난화가 계속될 경우 2050년에는 생물종의 15~37%가 멸종 또는 멸종위기에 처할 수 있다는 결과를 발표했다.[98]

지구의 평균기온은 2100년까지 현재보다 약 1.4~5.8도 높아질 것으로 예측됐다. 과거 1000년 동안 지구의 평균기온이 0.2℃ 범위에서 변화가 있었던 것에 비하면 엄청난 기온상승이다. 만약 기후 변화가 이처럼 급격하게 진행된다면 생태계의 파괴가 일어날 가능성은 불 보듯 뻔한 일이다.[99] 환경보존론자들은 지구상에는 모두 1400만 종의 동식물이 살고 있으며, 그 중 1만 2000종이 멸종위기에 처해 있다고 주장해 왔다. 이러한 생물의 멸종은 바로 인간의 공업(共業) 때문에 일어나는 현상이다.

물론 자연환경이 인간의 삶에 대해 지대한 영향을 미치는 것은 사실이다. 마찬가지로 자연환경 또한 인간에 의해 영향을 받는다. 인간은 주어진 자연환경을 있는 그대로 받아들이며 살아가는 것이 아니라 인간의 필요에 따라 변형시키며 살아간다.

원시 이래로 인간은 도구를 이용하면서 자연 속에 생존해 왔다. 인간이 불을 이용하고 경작과 목축을 시작한 것이 생태계를 변형시킨 출발점이었다. 다른 생물종과 달리 인간은 자연을 변화시키면서 인간이 살기에 적합하도록 환경을 조성해 왔다. 인류가 등장하면서 지구의 자연환경은 인간에 의해 영향을 받고 상당한 정도까지 변화

---

98) Chris D. Thomas et al, "Extiction risk from climate change," Nature, vol 427, 8 January 2004, p.145.

99) 권원태, 앞의 책, 327쪽.

되었다.[100]

이에 대하여 『대비바사론』에서는 기세간의 형성에 유정의 업이 관계하는 것은 물론이고, 파괴에도 유정들의 업이 영향을 미친다고 하였다. 즉 유정의 선한 공업이 증장하면 이 국토는 이루어지고, 정업(淨業)이 감소하게 되면 기세간이 무너진다는 것이다. 그러므로 기세간의 성주괴공은 순환과 무상(無常)의 원리뿐만 아니라 유정의 선악업에 의해서도 영향 받게 된다는 것을 말하고 있다.

『아비담심론경』에 의하면, 인간은 업에 의해서 과보를 받게 되는데 불공업에 의해서 자기의 신체적 조건인 키나 풍채 등의 외모, 능력, 죄와 복, 건강이나 수명이 좌우되고, 공업에 의한 과보로는 자기가 거주할 공간뿐만 아니라 생활하는 데 필요한 도구나 집 등의 환경이 영향을 받게 된다고 구체적으로 다음과 같이 설명하고 있다.

> 중생은 세세생생 행동·말·마음으로 업을 짓는다. 그로부터 모든 것이 생겨나고 여러 가지 몸을 받는다는 것은 그 업이 모든 것과 외부의 여러 가지 도구, 주택, 몸, 힘, 죄와 복, 수명을 생기게 하고 중생의 여러 가지 몸을 받게 한다. 이 모든 것[行]에는 2종류가 있다. 중생수(衆生數, 유정수), 비중생수(非衆生數, 비유정수)의 공업과 불공업이다. 불공업이란 중생 각자의 업이 증상(增上)하여 생기는 업이요, 공업이란 모든 중생의 업이 증상하여 생기는 이와 같은 지옥 등 5취를 생하게 한다. 깨끗하고 깨끗하지 않은 갖가지 업으로 몸은 고통과 즐거움 등의 갖가지 차별을 받게 된다.[101]

---

100) 한국산업사회연구회 편, 『새로운 사회학 강의』(서울: 미래사, 1990), 76쪽.
101) 『大正藏』28, 839下: 衆生世世造作身口意業 從彼生諸行及受種種身者 彼業生於諸行及外衆具宅舍色力罪福命等及受衆生種種身 此行有二種 謂衆生數非衆生數共不共 不共者 各各衆生業增上生 共者 一切衆生 業增上生 如是地獄等五趣淨不淨 種種業身受苦樂種種差別.

『성유식론』 권2에서는 자연공간[처소]의 형성은 일체 유정의 업에 의하여 이루어짐을 여러 등불이 함께 방안을 밝게 하는 것에 비유하여 다음과 같이 표현하고 있다.

> 처소[處]라는 것은 이숙식(異熟識)이 공상종자의 성숙력 때문에 물질로 구성된 기세간의 모습을 변사(變似)시킨 것이다. 곧 그것은 외대종(外大種)과 소조색(所造色)이다. 비록 모든 유정이 변하는 것은 각각 다르나 서로 처소는 같아서 다름이 없다. 여러 등불이 각각 빛을 내지만 하나같이 두루 비추는 것과 같다. 어떤 이숙식이 변해서 이러한 상이 되는가? 어떤 사람은 '일체다'라고 주장한다. 왜냐하면 경에서 '일체 유정의 업증상력이 함께 하여 일으키는 것이다.'라고 하였기 때문이다.[102]

여기서 말하는 용어를 풀어보면 이숙식이란 불교심리학인 유식학에서 말하는 인식작용의 일종으로 과보를 받게 역할을 하는 심층의 식인 제8식을 말한다. 공상종자란 공업과 같은 뜻이다. 외대종은 우주의 근본이 되는 원소로 지수화풍을 말하고 소조색은 지수화풍을 재료로 하여 만들어진 물질을 말한다.

수많은 등불이 각각 불빛을 내서 하나의 거대한 빛을 이루듯이 각각의 마음작용이 공업이 되어 자연세계(처소)에 그대로 반영된다는 것이다. 인간은 날마다 다양한 업을 짓고 산다. 위의 『성유식론』 권2는 그 업이 누적되어[多因] 여러 가지 결과[多果]를 가져온다는 불교의 인과원칙을 말하고 있다.

---

102) 『大正藏』31, 10下: 所言處者 謂異熟識 由共相種成熟力故 變似色等器世間相 卽 外大種及所造色 雖諸有情所變各別 而相相似處所無異 如衆燈明各遍似一 誰異 熟識變爲此相 有義一切 所以者何 如契經說 一切有情業增上力共所起故.

이어지는 문장에서 업이 증상(점차 더하여 감)한다는 말은 여러 가지 업이 서로 상승효과를 일으켜 불공업과 공업으로 작용하게 된다는 것이다. 불공업에 의해 생명체[衆生數]가 태어나고 공업에 의해 생명체가 의지할 터전[非衆生數]이 형성되는데 그 비중생수에는 공통적으로 사용할 수 있는 것[共]과 그렇지 않은 것[不共]이 있다 한다. 중생이 받는 고통과 즐거움의 차별은 우리의 선악업 때문이라 말하고 있다.

공업은 물론이고 불공업도 한 가지 업이 원인이 되어 나타나는 것이 아니고 다른 여러 가지 요인이 증상되어 과보가 나타나게 된다는 것으로 이에는 다인다과(多因多果)의 의미가 함축되어 있는 것이다. 조금만 깊이 생각해 보면 인간 개인도 불공업은 물론이고 공업의 산물임을 알 수 있다. 이와 같은 관점으로 장회익은 "인간이 지닌 본능과 심성 그리고 지능에 이르기까지 모든 것이 짧은 생애 안에서 이루어진 것이 아니라 40억 년이라는 지구의 역사와 함께하는 긴 진화 과정을 통해 이루어진 것이며, 인간의 지식과 습관은 개인의 경험 속에서 스스로 습득한 것이 아니라 장구한 역사를 통해 걸러지고 문화 속에서 다듬어진 것임을 생각할 때, 인간의 정체성은 공동 주체의 한 부분으로 여겨지는 것이 옳을 것이다.[103]"라고 하였다.

유식학파에서는 불공업과 공업을 심리현상으로 보아 제8 아뢰야 식인 이숙식의 역할로 본다. 그러므로 사회현상과 그 시대의 패러다임을 공업으로 볼 수 있다는 단서를 제공한다.

---

103) 장회익, 「자연, 환경인가 주체인가 -현대 과학의 입장에서 보는 관점-」『자연, 환경인가 주체인가』(서울: 동국대학교 불교문화연구원, 2003), 173쪽.

『성유식론술기(成唯識論述記)』에서는 다음과 같이 우리의 마음상태에 따라서 세상이 펼쳐진다고 이르고 있다. 산천 대지 등의 비정물(非情物)은 바깥에 있기 때문에 감각 대상이 되는 물체[外大種]라고 하지만 이는 모두 마음의 종자가 만들어 낸 것이라 한다. 이 마음의 모든 종자는 공상의 속성과 불공상의 속성이 있다는 것을 알 수 있다.

> 자종자가 인연이 되기 때문에 본래 식이 변하여 기세간상이 된다. 오직 바깥의 비정물은 곧 지수화풍[能造]과 그것에 의해 만들어진 물질[所造色]인데, 내 몸 바깥에 있기 때문에 외대종이라고 말하지만, 마음 밖의 법이 아니다. 모든 종자에는 두 가지가 있는데 첫째는 공상이고, 둘째는 불공상이다. 무엇을 공상이라고 하는가? 많은 사람에 의해 초감되기 때문이다. 사람마다 변하는 바가 각별하여 유식이라 한다는 것을 알아도, 서로 비슷하여 함께 수용하는 뜻을 설하는 것이므로 그것을 공상이라 한다. 실로 스스로 변하는 것은 다른 사람이 이것을 사용하지 못한다. 만약 사용할 수 있다면 이것은 마음 밖의 법을 연한다고 하기 때문이다. 그리고 나와 이 사물이 증상연이 된다. 가령 많은 사람들이 함께 수용할 수 있으면 공상이니, 예를 들면 산이나 강이 그것이다.[104]

공상종자는 나의 언행이 나뿐만 아니라 남의 의식[識]까지도 함께 변하게[共變] 하는 식변[識變]종자를 말한다. 즉 다른 사람도 자신과 똑같이 보고 느끼고 인식하는 대상, 곧 객관적 현상으로 나타나게 하는 종자를 말하는 것이다. 이것은 비록 유식에서 주장하는 것이지

---

104) 『大正藏』43, 321中: 由自種子爲因緣故 本識變爲器世間相 唯外非情 此卽能造 及所造色 在外處故 言外大種 非心外法 且諸種子總有二種 一是共相 二不共相 何人爲共相 多人所感故 雖知人人所變各別名爲唯識 然有相似共受用義 說名共相 實非自變他 能用之 若能用者 此卽名緣心外法故 然我此物爲增上緣 令多人可共受用名 共相 如山 河等.

만 객관성과 보편타당성을 확보해 주는 의식현상이라 할 수 있다.

2) 공업(共業)과 회향정신

공업사상에서 가장 강조하는 점은 자연세계[기세간]의 차별을 가져오는 원인은 바로 우리가 공동으로 짓는 선악업[공업]의 차이 때문이라는 것이다. 그리고 공업에는 증상력이 있다는 것이다. 증상력이란 서로 간에 영향을 주어 증폭된 결과를 가져오게 하는 힘이다. 공업에는 증상력이 있기 때문에 창발성을 가져올 수 있는 것이다.

업은 행위자 자신의 개인적인 문제로만 끝나는 것이 아니라 다른 사람들에게 영향을 미쳐 상승작용을 일으킨다. 그런 상승작용이 있는 업을 공업이라 한다. 이러한 공업사상은 "사회는 개인들로 구성되는 것이 아니라 이 개인들이 갖는 서로 간의 관계들의 총화이다. 인간이 시대와 사회에 따라 다른 인간성을 지니게 된다.[105]"라는 마르크스의 의견과 일맥상통하는 논리라고 할 수 있다.

불교에서 공업이라는 용어가 처음 사용된 것은 기원 후 2세기경에 찬술된 설일체유부의 논서 『대비바사론』이지만 이미 밝힌 바와 같이 불교의 업사상 속에는 공업의 의미가 항상 내포되어 있었던 것이다. 유정의 업이 서로 증상연이 된다는 것은 업이 상호간에 영향력을 주고받는다는 의미다. 업이 가진 증상력에 의해 증상과로 나타난 비유정수는 생사를 겪는 동물류[유정류]를 제외한 모든 것을 총칭한다. 즉 비유정수란 산천을 포함한 대지와 식물 등은 물론이고 대기 등의 유형무형의 자연물과 사회조직, 문화제도 등 우리가 공유하는 모든

---

105) 한국산업사회연구회 편, 『새로운 사회학 강의』(서울: 미래사, 1990), 73쪽.

것을 다 포함하는 개념으로 정의할 수 있다.[106]

불교는 모든 것이 상호 의존적으로 존재한다고 본다. 그렇듯이 공업 역시 상의상관성의 원리에 바탕을 두고 이루어진다. 일반적으로 불교 교리상의 공업은 인간들의 공업을 말하지만, 생태적으로 본 공업은 그보다 훨씬 범위가 넓어 동식물은 물론 무생물을 포함한 전 생태 구성원들의 합작에 의해서 이루어진다고 할 수 있다.

공업의 산물인 지구의 대기도 생물과 무생물의 상호의존적인 역할에 의해 형성되었음을 알 수 있다. 생태계의 구조 속에 담긴 상호의존성의 원리는, 생물이 자연과 상호작용을 함으로써 지구상의 환경이 생물체가 살기에 적당하도록 스스로 안정된 체계를 이루게 되었다는 데서도 확인될 수 있다. 생태계의 역사는 대기의 대부분을 차지하고 있던 이산화탄소 농도의 감소와 산소 농도의 증가를 이루기 위한 상호 협동의 역사라고도 말할 수 있다.

지구 탄생 초기의 원시 대기는 98%의 이산화탄소와 2%의 질소로 구성되어 있었고 산소는 거의 없는 상태였다. 그 후 이산화탄소는 더욱 더 해양에 흡수되어 녹아들고 석회암에 저장되면서 약 35억 년 전부터 질소를 주성분으로 하는 오늘날에 가까운 대기가 형성되었다. 현재의 지구 대기는 질소가 78%를 차지하고 있고 산소는 21%이며 나머지 1%를 아르곤·이산화탄소·헬륨 등이 차지한다. 이중에서도 이산화탄소는 0.04%에 불과하다.

산소가 대기 중에 나타나게 된 원천은 녹색식물이다. 원시식물은 이산화탄소를 흡수하여 그 농도를 낮추면서 산소를 대기 중에 방출

---

106) 『阿毘達磨俱舍論』卷6『大正藏』29, 35中: 非有情數亦從業生 何非異熟 以共有故.

하였다. 현재 유지되고 있는 이산화탄소와 산소의 농도는 전지전능한 유일신의 능력이나 창조주 혹은 생태계의 어느 특정 생물종의 일방적인 노력에 의해 이루어진 것이 아니고 동물은 물론이고 식물을 포함한 모든 무정물(無情物)까지 가담하여 이룩한 대공업(大共業)의 역사(役事) 현장이라고 할 수 있다. 이를 통해 보면 우리가 살기에 적합한 오늘날의 생태계가 이루어진 것은 생명체들이 그들을 둘러싸고 있는 환경과 상호작용에 의해서 가능하였다는 것을 알 수 있다.[107]

기상이변이 나타나는 원인 및 현장을 『보살본연경(菩薩本緣經)』권하(下)의 「면품(免品)」제6에 다음과 같이 묘사하고 있다.

> 이 때 사람들이 많이 악법을 행하니 이 인연으로 하늘이 몹시 가물어서 초목과 꽃과 과일이 말라서 나지 않고 바다·못·우물의 모든 물이 말라 졸아 들었다. 그 땅에 있는 나무나 풀뿌리, 마른 쑥까지도 그 곳 인민들이 다 거두어 갔다.[108]

사람들이 악법을 행한 과보로 비가 내리지 않아 타들어가는 산천초목의 모습과 흉년이 들어 먹을 곡식이 없는 지옥 같은 모습을 묘사하고 있다. 자연현상이 인간의 덕성과 관련된다는 주장이다. 인간이 악법을 행하여 기상 이변이 왔다는 것이다. 오늘날 나타나는 기상이변의 주원인은 대기 중의 탄산가스(CO_2), 불화염화탄소(CFCs), 메탄가스(CH_4), 일산화질소(N_2O), 오존(O_3) 등 온실가스(greenhouse gases)의 증가 때문이다. 이런 온실가스들은 태양광선의 적외선을 흡수해서 지구의 온도를 상승시키게 된다. 이것도 자연적으로 벌어진

---

107) 박헌렬, 『지구온난화, 그 영향과 예방』(서울: 우용출판사, 2003), 20~21쪽.
108) 『大正藏』3, 65下: 是時世人 多行惡法 以是因緣 令天炎旱草木華果枯乾不出 海池井泉諸水燋涸 其地所有林木蓬茹蒿草 土地人民收拾去盡.

현상이 아니라 인간의 행위(악업)에 의해서 벌어진 현상이다.

　일부 학자들은 지구의 온난화 현상은 1천여 년을 주기로 반복되어 나타나는 현상이지 그 원인이 인위적인 온실가스 배출 때문이 아니라고 주장하기도 한다. 그러나 산업화 이후에 급격한 온실가스의 증가가 있었고 이에 비례하여 기온이 상승되어 왔다. 이러한 온실가스의 배출원은 화석연료의 연소, 산림 훼손, 농지 경작, 가축 사육, 냉매제, 발포제 등으로 우리의 일상생활 양식과 밀접한 관계가 있음을 알 수 있다.[109] 즉 인간들의 공업에 의해서 대기가스의 성분변화가 초래되었고 그에 따라 기상이변이 나타나게 된 것이다.

　기상이변 현상을 통해서도 불교의 공업은 업에 대한 과보를 함께 받는다는 사회의 공동연대책임을 나타내 주고 있다. 따라서 자기의 업으로 인한 과보를 자신뿐만 아니라 공동사회의 구성원 전체가 함께 받게 되며, 마찬가지로 다른 사람이 행한 선악업의 과보를 자신도 공유하게 된다는 것을 공업사상은 강조하고 있다.[110]

　공업은 무아를 전제로 하는 업설에서 성립이 가능해진다. 남의 행동이 자기가 행한 업의 과보의 개변(改變)에 영향을 줄 수 있으므로 나의 모든 권세, 부귀, 학문, 건강까지도 다 남의 업행과 더불어 이루어진다는 것이 공업의 논리이다. 그러므로 대승불교의 회향사상이나 중생 구제의 서원을 갖고 자진해서 고난을 감수한다는 보살의 이타사상과 원행사상도 논리의 바탕이 공업사상에 있음을 알 수 있다. 다시 말하면 공업의 사회성이 대승의 회향사상이나 보살사상으로 이

---

109) 김기은 등 공저, 『21세기 환경과학』(서울: 아카데미서적, 2004), 151~159쪽.
110) 水野弘元, 「業說について」 『印度學佛敎學硏究』 2卷2號, 通卷4號 (東京: 日本印度學佛敎學會, 1954), 113쪽.

어졌다고 말할 수 있을 것이다.[111]

공업의 업보관계는 불멸의 영혼을 전제로 하는 인도 전통의 유아(有我)주의 업설에서는 성립될 수 없는 사상이다. 그러나 무아(無我)사상에 입각한 불교에서는 공업이 사회적 관계망을 중요시하는 업사상으로서 의의를 갖는다. 불공업이 개인의 성품 변화에 초점이 맞춰진 개인적인 업설이라고 한다면, 공업은 공동체의 생활습성이나 공통적인 성향의 향상에 초점을 두고 있는 사회적인 업설이다.

불교의 회향정신은 자신의 선업으로 얻은 좋은 과보[異熟果]를 남과 함께 나누자는 교시이다. 즉 소극적인 선에서 적극적인 선으로 전환하자는 운동이다. 이러한 회향정신이 현재의 생태위기에서 생태계에 공생하는 구성원들의 안녕을 위하여 미치지 않는다면 적극적인 불살생을 실천하는 생태적인 삶은 불가능한 것이다.

생태구성원을 위한 이타적인 행위가 곧 나의 기쁨으로 느껴질 때 생태사회를 위한 지속적인 회향이 가능할 것이다. 생태위기시대의 회향대상은 인간중심에서 생태중심으로 사고(思考)의 방향전환이 이루어져야 한다. 왜냐하면 인간 또한 자연과 함께하는 구성원의 하나이기 때문이다.

3) 공업(共業)의 사회성과 생태문제

불교에서 업은 인간의 자유의지로 이루어진다고 본다. 그러나 자유의지란 당사자가 겪어온 그 동안의 누적된 체험-그 사람과 주위 사람들의 선조 이래의 체험, 요컨대 인류가 시작할 때부터 이어져 온

---

111) 정승석, 「업설의 양면성과 불교 업설의 의의」『가산학보』(서울: 가산불교문화연구원, 1994), 209쪽.

체험 및 환경−에 의해서 어느 정도는 영향을 받을 수밖에 없다. 그러므로 우리의 행위가 비록 자유의지에서 행해진 것이라고 하더라도 실제로는 그 의식이 과거의 체험과 현재의 사회적 가치관에 의해서 상당히 영향을 받게 된다.

따라서 엄밀한 의미에서 완전한 절대자유로부터 나온 행위는 없다고 말할 수 있다. 다시 말하면 우리의 업은 부지불식간에 사회 환경의 제약을 받고 있는 것이다. 그러한 까닭에 우리의 업은 이미 어느 정도는 사회성의 바탕 위에서 출발하게 된다. 그러한 현재의 행위가 그 사람의 미래를 가꾸어 나가는 것이다.[112]

원인이야 어떻든 업이라는 것은 그 성격상 자기 개인에게만 영향을 미치는 것이 아니다. 그러나 업을 불공업 차원으로만 생각하여 모든 사회나 생태계에서 벌어지는 현상을 개인적인 문제로만 접근하려 한다면 현시점에서 벌어지고 있는 제반 사회문제나 생태위기의 문제를 해결하기는 어려울 것이다. 업의 상호 영향력에 대하여 『사분률행사초자지기(四分律行事鈔資持記)』에서 다음과 같이 서술하고 있다.

> 자신이 청정해지면 다른 사람을 역시 청정히 할 수 있다. 무슨 까닭인가? 단지 한 사람만 나라 가운데 태어나는 것이 아닌 것은 모든 사람이 함께 인연을 짓는 것이기 때문이다.(동처에 생을 받는 것은 공업에 초감된 것이다. 이는 보살이 정토를 취하고자 하면 반드시 다른 사람을 교화하여 3업을 청정하게 해야 함을 밝힌 것이다. 그래야만이 함께 초감할 수 있기 때문이다.)[113]

---

112) 干潟龍祥,「業の 社會性-共業-について」『日本學士院紀要』第33卷 第1号, 3쪽.
113) 『大正藏』40, 306下: 自身若淨亦淨他人 何以故 非但一人生國中皆共作因緣 (同處受生共業所感 此明菩薩欲取淨土 必須化他令淨三業 乃可同感故也).

여기서 자신을 청정히 하면 남을 청정하게 할 수 있다고 말하는 것은 자기 행위의 책임성과 사회성에 대한 강조다. 보살이 정토를 취하려면 다른 사람도 함께 청정해져야 초감할 수 있다고 하였다. 즉 어떤 결과를 이루려면 연합된 힘이나 연대성이 필요하다는 것이다.

사실, 이 사회와 지구에 나 하나만 살고 있는 것이 아니고, 수많은 사람이 함께 살고 있다. 모든 유정이 함께 인연을 지어 현상계가 이루어졌기 때문이다. 그러므로 사회에서 벌어지는 모든 현상을 각자가 자기의 맡은 일만 잘하면 되는 것이라고 모든 문제의 발생원인 및 해법을 개인적인 차원으로만 생각하는 것은 바로 삿된 견해[邪見]이고 극단적인 견해[邊見]라고 할 수 있다. 공업으로 인해 발생된 문제를 불공업적인 관점에서 원인을 찾으려는 것은 사태의 해결을 더욱 더 어렵게 하는 것이다.

불교의 모든 교설은 중생들의 고통을 해결하기 위한 것이다. 우선 불교에서 말하는 고통의 본래 의미가 무엇인지 살펴보자. 붓다 당시 통용되던 고통[dukkha]의 의미는 마차 바퀴가 서로 조화롭지 못하게 굴러가는 상태를 의미하였다.[114] 이에 비추어보면 생태적 고통[生態苦]이란 인간이 자기중심적인 이기적 사고로 인간과 사회 그리고 자연과의 조화를 깨뜨려버린 데서 출발한다고 할 수 있다.

업사상도 고통의 해법을 위한 교설에서 예외가 아니다. 중생의 고통이 개인의 심적 요인에 의해서 발생된 것이라면 의당 개인의 수행을 통해서 그 문제를 해결해야 하겠지만 사회적인 문제 즉 공업의 차

---

114) Padmasiri de Silva, Environmental Philosophy and Ethics in Buddhism(London: Macmillan Press Ltd, 1998), p.33.

원에서 유래된 고통이라면 사회적인 측면에서 해법을 찾아야 할 것이다. 생태사회에서 일어난 고통은 인간의 공업이 인간-사회-자연의 기반(human-society-nature matrix)에서 상호의존성을 파괴한 것으로부터 시작된다.[115]

『숫따니빠따』에 인간의 삶에서 최상의 복을 있게 하는 세 가지 요소가 있는데 1)과거의 공덕 2)적당한 환경에서의 생활 3)올바른 목적을 달성하려는 마음가짐이라 하였다.[116] 이는 우리의 삶이 과거의 영향을 받기도 하지만 현재의 삶의 태도에서 커다란 영향을 받는다는 것이다. 과거의 공덕을 바탕으로 적합한 환경 속에서 현재의 생활을 영위하면서 미래의 사회환경과 자연환경을 올바로 개선하려는 목적을 가지고 사는 것이 바로 행복의 길이라는 것이다.

사회학에서 추구하는 바도 마찬가지로 인간이 사회생활을 영위하는 가운데 부딪치게 되는 현실적인 문제들을 해결하여 보다 살기 좋은 사회를 이룩하려는 실질적인 지적 관심이라고 할 수 있다.[117] 이는 사회문제가 인간의 즐거움이나 고통에 영향을 미치기 때문이다. 어떤 사회문제든 인과 연이 되는 복잡한 요인들에 의해 발생하는 복잡계이기 때문에 간단히 개인적인 차원에서 접근하여 해결될 수 있는 것이 아니다.

얽히고설킨 관계[重重無盡緣起] 속에서 전개되는 것이 우리의 업이고 사회의 현상이다. 현실에서 벌어지고 있는 문제를 역사적·문화적·사회적인 맥락에서 거시적으로 보지 않고 모두 개인 차원의 심리

---

115) 앞의 책, p.30.
116) Suttanipāta, v.260.
117) 한국산업사회연구회 편, 『새로운 사회학 강의』(서울: 미래사, 1990), 23쪽.

적 문제로 단순히 생각하여 수행만을 강조하는 것은 문제의 본질을 흐리는 어리석음을 범하는 것이다. 생태문제의 원인 및 해법에 대한 접근도 마찬가지다.

업설의 일반적인 논리인 선인락과(善因樂果)와 악인고과(惡因苦果)를 개인적인 차원에서만 이해한다면, 이는 힘이 없는 사람에게는 전생의 업을 자책하면서 체념과 좌절 속에서 살아가게 하며, 힘 있는 자에게는 지배와 착취의 논리를 정당화시켜주면서 도덕불감증에 빠지게 할 우려가 있다. 만약 업의 이론이 정치적·경제적·사회적인 제도의 모순 때문에 생기는 수많은 불합리한 현상들을 단지 자업자득의 개인문제로만 규정짓는다면 이는 지배계층에게 그들의 기득권을 보호하는 방패를 제공하는 것이나 다름이 없다. 이것은 붓다가 가장 경계했던 숙명론적 관점의 업설이라 하지 않을 수 없다.

윗물이 맑아야 아랫물이 맑은 이유는 물이 위에서 아래로 흐르기 때문이다. 그러나 물이라는 인(因)이 열이라는 연(緣)을 만나면 공기보다 더 가벼운 수증기가 되어 하늘로 올라갈 수 있는 것이다. 이와 같이 인은 어떠한 연을 만나 어떻게 반연하느냐에 따라서 다른 결과를 가져온다. 마찬가지로 인간의 업인(業因)이 의지로써 연(緣)에 어떻게 반연하느냐에 따라서 자기 자신의 과보도 변화시킬 수 있고 사회환경도 변화시킬 수 있는 것이다. 즉 연을 만나 반연하지 못하는 인이란 아무런 결과도 가져오지 못하는 것이다. 연(緣)은 인(因)이 과(果)를 맺는 데 도와줄 수도 있고 방해를 할 수도 있는 것이다.

『장아함경』의 「세기경(世起經)」에 중생들의 마음이 타락하여 도둑질을 일삼자 이에 대한 해결책으로 지도자를 선출하여 조세권과 사법권을 부여하는 내용이 있다.[118] 도둑질을 하는 중생의 공업이 왕을 옹립하는 계기가 되었다. 이것이 업의 사회성이다. 이러한 사회제도적 장치를 멀리 하고 개인적인 차원의 문제로만 취급하여 문단속을 철저히 하고 경비를 열심히 하는 것만으로 해결될 수 있는 것은 아닐 것이다.

생태문제가 이 시대의 화두로 등장하였다면 그에 걸맞는 사고의 변화가 있어야 한다. 개인적으로는 이기심을 버리고 탐욕을 절제하여 이미 생긴 소비욕은 없애려 애쓰고, 아직 생기지 않은 소비욕은 생기지 않게 하고, 생기지 않은 절제력은 생기게 하고, 이미 생긴 절제력을 잘 기르는 생태적 4정근(四正勤)을 수행하고, 사회적으로는 자연과 내가 둘이 아님을 깨달아 자비희사의 생태적 4무량심(四無量心)을 북돋울 수 있는 사회적 분위기 및 제도가 형성된다면 이해대립으로 치닫고 있는 이산화탄소 배출량 규제문제 등 환경제반에 걸친 법규의 제정과 실시 또한 용이해질 것이다.[119]

인간 사회는 열린계로 동적 구조로 이루어져 있다. 날마다 짓는 인간의 업이 다르고 구성원들이 똑같은 생각을 하는 것이 아니기 때문이다. 사회를 초유기체에 비유한 뒤르켐(Émile Durkheim, 1858~1917)은 『사회학적 방법의 규준』(1895)에서 사회학적 대상으로의 사회적 사실에는 작용양식과 존재양식의 두 종류가 있다고 했다.

작용양식에서 도덕·종교·법률·정치·경제·습속·언어·사고 등의 양식은 개인에 의해 선택되는 것이 아니고 강제적인 힘을 갖고 개인

---

118) 『大正藏』1, 148下.
119) 箕輪伊織, 「佛敎と 環境問題」 『佛敎と環境』(立正大學佛敎學部開設50周年 記 念論文集, 東京:丸善株式會社, 2000), 197쪽.

을 구속하는 객관적인 사물이라 생각하였다. 존재양식이란 인구의 분포, 교통의 수효와 성질, 주거의 양식 등이며 이것이 사회적 기체(基體)라 하였다. 사회학적 대상으로 적용양식과 존재양식의 변화가 동시에 일어나야 생태문제가 해결될 수 있을 것이다.

다시 말하면 어떠한 문제를 해결하기 위해서는 사회현상으로서의 집합의식이나 연대의식의 변화를 가져와야 한다. 생태문제에 대한 해법도 생태위기시대에 맞는 사회제도의 변화가 없다면 연대의식의 변화를 기대하기 어려울 것이다.

소비를 경제의 활력으로 삼는 자본주의 제도가 현 생태위기에 커다란 책임이 있다는 것은 두 말할 필요가 없다. 자본주의 사회는 소비문화가 주도하는 사회이고 소비에서 만족을 찾는 사회는 재화의 축적을 추구하는 사회이다. 이런 자본주의 사회에서는 생태문제까지도 경제적 관점에서 해결하려 한다. 자본주의 체제에 바탕을 둔 소비 지향적, 편리 지향적인 문화가 중생들의 욕망을 자극하는 사회에서 제도의 개선 없이 개인의 생활태도 변화에만 기대를 거는 것은 생태문제의 해법에 도움을 주지 못한다. 종이로 만든 창살에 호랑이를 가둘 수는 없는 것과 마찬가지다. 제도의 변화로 소비문화의 탈피를 지향하는 정책이 수립되지 않으면 안 된다.

경제를 최우선으로 생각하는 정책으로는 생태문제가 해결될 수 없다. 경제의 활성화를 위해서 어떠한 소비도 문제되지 않는다고 생각하는 것은 생태문제의 심각성을 제대로 인식하지 못하기 때문이다. 생태문제를 해결하려고 한다면 생태우선적인 사고를 가져야 한다. 생태문제와 경제문제 두 가지를 한꺼번에 해결고자 하는 것은 반대방향으로 도망치는 두 마리의 토끼를 동시에 잡으려 하는 꼴과 다름이 없다. 우선순위의 변경이 필요한 시대이다.

현재의 생태문제는 관념적인 문제가 아니고 실천적인 문제다. 지구촌의 생명공동체가 공생하기 위한 실천적인 문제이며 사회 구성원 전체가 공동으로 대처해야 할 문제이다. 사회 생태학자들의 주장대로 현대의 환경문제는 종교적 혹은 철학적 접근만으로 해결할 수 없는 복잡한 사회구조의 문제이다. 따라서 환경문제를 해결하기 위해서는 인간 심성의 변화와 더불어 자연관의 변화는 물론이고 개인의 소비생활방식, 과학기술, 정치, 경제, 그리고 전 지구적 차원의 환경정책이 필요하다.[120] 생태문제는 공업의 차원에서 벌어지는 일이므로 다인다과의 차원에서 종합적인 대책이 수립될 때 생물종의 소멸이 없는 공생의 지구촌이 될 것이다.

---

120) 조용훈, 『동서양의 자연관과 기독교 환경윤리』(서울: 대한기독교서회, 2002), 125쪽.

V. 업사상(業思想)의 실천적 성격과 방향

1. 업사상의 실천적 성격

1) 지선(止善)과 행선(行善)

불교에서는 일반적으로 업을 논할 때 악업(惡業)을 먼저 논한다. 그리고 악을 행하지 않는 것을 선(善)이라 표현한다. 그러한 예는 경전에 잘 나타나 있다.

> 가미니여, 만약 마을에서 어떤 남녀가 정진하고 부지런히 닦아서 묘한 법을 행하여 살생, 도둑질, 사음, 거짓말 내지 사견을 버리고 끊어버려 10선업도를 이루었다면 네 뜻에는 어떠냐?[1]

> 비구들이여, 어떻게 말하는 것이 바른 행동[正業]이라 하는가. 비구들이여, 살생을 벗어나고, 도둑질[不與取]을 벗어나고, 음행[非梵行]을 벗어나는 것을 바른 행동이라 한다.[2]

위에서 악을 행하지 않는 것을 바로 선업이라 하고 있다. 선업이라 하는 이유는 좋은 과보[樂果]를 초래하기 때문이다. 선업에는 열

---

1) 『中阿含經』권3, 「가미니경,伽彌尼經」『大正藏』1, 440中: 伽彌尼 於意云何 若村邑中或有男女 精進勤修 而行妙法 成十善業道 離殺 斷殺 不與取 邪婬 妄言 乃至離邪見 斷邪見.

2) SN V. p.9.

가지 착한 행동[十善業]이 있는데 불살생(不殺生, 살생 안 함), 불투도(不偸盜, 도둑질 안 함), 불사음(不邪婬, 음행 안 함), 불망어(不妄語, 거짓말 안 함), 불악구(不惡口, 험담 안 함), 불양설(不兩舌, 이간질 안 함), 불기어(不綺語, 꾸며대는 말 안 함)와 탐·진·사견(貪瞋邪見)이 없는 것이다.

이로 보면 불교에서 말하는 선은 악을 행하지 않는 소극적인 의미를 지니고 있는 것처럼 보인다. 그러나 선은 탐욕·분노·어리석음[탐·진·치]을 의지적으로 제어해야 이루어지는 행위이므로 그 자체에 적극적인 의미를 함축하고 있다고 할 수 있다. 이기적인 마음으로 무심코 생활을 하다 보면 우리는 선업보다는 악업을 짓기가 쉽다. 그러므로 악을 행하지 않는 것은 마음에서 탐·진·치를 멀리하려는 의지적 작용이 있어야 이루어지는 것이다. 따라서 불교경전에서 선업은 악업을 짓지 않는 것으로 표현되고 있다. 이러한 선업에는 공덕이 항상 따르게 된다고 한다. 그 내용을 『잡아함경』 권49, 「십선경(十善經)」과 『십선업도경(十善業道經)』에서 살펴보자.

> 살생을 멀리 여의고 계율을 지녀 스스로를 지켜 즐거워하고 해칠 마음이 일어나지 않으면 이것이 곧 하늘에 태어나는 길이다. … 바른 견해[正見]를 잘 지키는 것이 하늘에 태어나는 길이다. 이러한 모든 선법 열 가지를 정업(淨業)이라 하며 이를 잘 지키는 것이 하늘에 태어나는 길이다.[3]

> 만약 살생을 떠나면 열 가지 번뇌를 떠나는 법을 성취한다. 첫째 모든 중생에게 널리 무외(無畏, 두려움 없음)를 베풀어 주는 것, 둘

---

3) 『大正藏』2, 357中: 遠離於殺生 持戒自防樂 害心不加生 是則生天路 … 受持於正見 是則生天路 如是諸善法 十稱淨業跡 等受堅固持 是則生天路.

째 항상 중생에게 큰 자비심을 일으키는 것, 셋째 일체 분노[瞋恚]의 습기를 영구히 끊는 것, 넷째 항상 몸에 병이 없는 것, 다섯째 수명이 긴 것, 여섯째 항상 비인(非人, 신이나 반신)들의 수호를 받는 것, 일곱째 항상 악한 꿈이 없고 잠을 깨어나면 쾌락한 것, 여덟째 맺힌 원한[怨結]을 없애서 여러 원수들과 저절로 화해하는 것, 아홉째 악도에 떨어지는 두려움이 없는 것, 열째 목숨을 마친 뒤 하늘에 태어나는 것이다.[4]

불교에서는 일반적으로 마음이 행위를 결정하는 것으로 본다. 그러나 위의 경에서 살생을 떠남으로써 열 가지 번뇌를 떠나는 법을 성취한다는 내용을 보면 행위가 또한 마음에 영향을 미친다는 것을 알 수 있다. 원치 않는 행동일지라도 자주 하다 보면 마음까지 그렇게 변하게 되는 것이다. 우리가 일상생활에서 하루의 행동을 되돌아보아야 하는 이유가 거기에 있다.

불살생을 비롯한 10선업(十善業)을 행하면 하늘에 태어나는 과보를 불러들인다고 「십선경」에서 설하고 있다. 또 10선업을 닦으면 열 가지 공덕을 가져온다고 『십선업도경』은 말하고 있다. 탐욕과 이기심을 없애서 살생을 멀리하면 다른 생태계 구성원과 하나 되어 평화를 누리며 살 수 있다. 그것이 무병장수하는 길이고 천상에 태어나는 길이고 모든 중생에게 두루 요익한 길임을 알 수 있다. 그러므로 불살생을 비롯한 10선업을 진실법이라고 한다. 이에 대하여 『잡아함경』 권37, 「악법경(惡法經)」에 다음과 같이 설명하고 있다.

---

4) 『大正藏』15, 158上: 若離殺生 即得成就十離惱法 何等為十 一於諸眾生普施無畏 二常於眾生起大慈心 三永斷一切瞋恚習氣 四身常無病 五壽命長遠 六恒為非人之所守護 七常無惡夢寢覺快樂 八滅除怨結眾怨自解 九無惡道怖 十命終生天.

무엇이 악법인가? 살생 내지 사견(邪見)이다. 이를 악법이라 한다. 무엇이 악악법(惡惡法)인가? 스스로 살생하고, 남으로 하여금 살생하도록 하는 것 내지는 스스로 사견을 일으키고 또 사견을 내어 남으로 하여금 행하게 하는 것을 악악법이라 한다. 무엇이 진실법인가? 불살생 내지 정견(正見)을 진실법이라 한다. 무엇이 진실진실법인가? 스스로 불살생하고 남으로 하여금 불살생하도록 하거나 스스로 정견을 행하는 것이다. 또 정견을 남으로 하여금 행하게 하는 것 이것을 진실진실법이라 한다.[5]

스스로 악을 행하지 않는 것은 진실법이고 스스로는 물론이고 남들도 악업을 범하지 않도록 하며 정견을 갖고 선을 행하도록 도와주는 능동적인 선업을 진실진실법이라고 강조하고 있다. 즉 나 혼자만 실천하는 불공업 차원의 개인적 선업보다는 사회구성원이 함께 참여하는 공업 차원의 사회적 선업을 최상위법으로 정의하고 있다.

이에서 더 나아가『금광명경문구(金光明經文句)』권2에서는 각각의 선업에 소극적인 선[止善]과 적극적인 선[行善]의 두 종류가 있음을 표현하면서 구체적으로 적극적인 선의 실천을 강조하고 있다.

십선 중에는 각각 모두 다 소극적인 선[止善]과 적극적인 선[行善]을 갖추고 있다. 죽이지 않는 것은 소극적인 선이며, 방생은 적극적인 선이다. 도둑질을 하지 않는 것은 소극적인 선이며 음식을 베푸는 것은 적극적인 선이다. 이제 경에서 살생하지 않는 집의 지선과 도둑질하지 않는 집의 행선을 예를 들었다. 서로 한 측면을 예를 들어 함께 지행(지선과 행선)을 밝혔다. 논에 쓰여진 것에 따르면

---

5) 『大正藏』2, 273下: 云何爲惡法 謂殺生 乃至邪見 是名惡法 云何爲惡惡法 謂
自殺生 敎人令殺 乃至自起邪見 復以邪見敎人行 是名惡惡法 云何爲眞實法
謂不殺生 乃至正見 是名眞實法 云何爲眞實眞實法 謂自不殺生 敎人不殺 乃至
自行正見 復以正見敎人令行 是名眞實眞實法.

각각 다 지와 행이 있으므로 지와 행을 꼭 밝혀야 한다. 이제 하나
하나를 보면 각각 인과 연이 있다. 목숨은 중생들이 아끼는 것이
다. 그것을 빼앗거나 해치면 큰 고통이고, 돕거나 놓아주면 쾌락이
된다. 자비로운 마음은 인이고 살생도구를 두지 않는 것은 연이다.
이것은 지선의 인연이고, 음식은 의보(依報)이다. 얻으면 목숨이 존
재할 수 있고, 잃으면 죽게 된다. 베풀려는 마음은 인이고, 베풀어
주는 것은 연이다. 이것은 행선의 인연이다. 불살생의 한 가지 조목
이 이미 그러하고 나머지 불사견(不邪見)에 이르기까지 모두 다 그
러하다.[6]

　　나 스스로 살생을 하지 않는 것[지선]으로 그치지 않고 더 나아가
고통 받는 생명들을 살려주는 방생을 실천할 것[행선]을 권하고 있
다. 이를 생태적인 측면에서 보면 일상생활 중에 살생하지 않으며, 환
경오염물질의 배출을 삼가는 데서 더 나아가 사경을 헤매는 고통 받
는 생명체들을 직접 나서서 구해주고 멸종 위기에 처한 무수한 유정
들을 보호하는 행동에 적극적으로 나서는 것이 바로 행선이라고 할
수 있다. 앞에서 말한 행선은 불교의 업이 지향해야 할 사회실천적인
측면이다. 이에 대하여 『잡아함경』 권33, 「일체사경(一切事經)」에 다
음과 같이 말하고 있다.

　　우바새(남자신도)로서 16가지 법을 성취하면 스스로도 편안하고,
　　남도 편안하게 하는 것이다. 무엇이 16가지인가? 마하남이여, 우

---

6)　『大正藏』39, 55上: 十善中一一善皆具止行 不殺是止善 放生是行善 不盜是止
善 施食是行善 今經擧不殺家之止善 不盜家之行善 互擧一邊共明止行 若備
論者 一一皆有止行 止之與行須明也 今就一一各有因緣 夫命是眾生之所共惜
奪而害之居然大苦 宥而放之則為快樂 慈心是因 不畜殺具是緣 此是止善因緣
也 夫食是依報 得之則命存 失之則壽殞 施心是因 施具是緣 此行善因緣也 不
殺一條既爾 乃至不邪見亦復如是.

바새는 스스로 바른 믿음을 완전히 갖추고, 남도 완전히 갖추도록 하는 것이다. 스스로 도덕적인 삶을 확립하고, 남도 확립되도록 하는 것이다. 스스로 보시를 행하고, 남도 행하도록 하는 것이다. 스스로 절에 나가 여러 스님들을 뵙고, 남도 그렇게 하도록 하는 것이다. 스스로 열심히 법을 듣고, 남도 또한 듣게 하는 것이다. 스스로 법을 받아 지니고, 남도 받아 가지게 하는 것이다. 스스로 이치를 관찰하고, 남도 관찰하게 하는 것이다. 스스로 깊은 이치를 알아 법에 따르고 향하여 닦으면서, 남도 이치를 알게 하며 법을 따르고 향하게 하여 수순한 닦음이 있게 하는 것이다. 마하남이여, 이런 16가지 법을 성취한 자는 스스로도 편안하고 남도 또한 편안하게 하여 우바새라고 이름한다. [7]

자기만의 선행에 그치지 않고 남까지 선행을 실천하도록 적극적인 노력을 기울일 것을 강조하고 있다. 또 『중아함경』 권30, 「우바새경」에서도 악업을 범하지 않는 소극적인 태도에 그치지 않고 적극적으로 선업을 행하도록 권하고 있다.

재가의 성스러운 제자라 함은 살생을 떠나고 끊어서 칼이나 작대기를 버리고, 부끄러움이 있고 자비심이 있어 일체의 동물 내지 곤충까지도 요익하게 한다. 그는 살생으로부터 그 마음을 깨끗이 하였다. … 재가[白衣]의 성스러운 제자라 함은 도둑질[不與取]을 떠나고 끊었기 때문에 주면 나중에 그것을 취한다. 주면 취하는 것을 좋아한다. 항상 보시를 좋아하고 기뻐하여 아낌이 없고 그의 과

7) 『大正藏』2, 237上: 若優婆塞成就十六法者 是名優婆塞自安安他 何等爲十六 摩訶男 若優婆塞具足正信 建立他人 自持淨戒 亦以淨戒建立他人 自行布施 教人行施 自 詣塔寺見諸沙門 亦教人往見諸沙門 自專聽法 亦教人聽 自受持 法 教人受持 自觀察義 教人觀察 自知深義 隨順修行法次法向 亦復教人解了 深義 隨順修行法次法向 摩訶男 如是十六法成就者 是名優婆塞能自安慰 亦 安慰他人.

보를 바라지 않으며 훔칠 마음에 가리지 않아 항상 스스로 자기를 보호하여 도둑질에 대하여 그 마음을 깨끗이 하였다.[8]

즉 살생을 하지 않는 것에 그치지 않고 자비로운 마음으로 위험에 처한 생명체들을 구해주고, 도둑질을 하지 않는 것뿐만 아니라 적극적으로 보시를 행하라는 내용이다. 악화 일로에 있는 환경문제의 해결을 위하여 더욱 더 적극적인 실천을 행하는 것은 불자의 시대적 소명이라 할 수 있다.

2) 생천(生天)과 열반(涅槃)

『증일아함경』에서 큰 복을 얻게 하는 5가지 보시를 다음과 같이 말하고 있다.

> 큰 복을 받게 하는 5가지의 보시가 있다. … 첫째, 훌륭한 동산을 만드는 것, 둘째, 수림을 울창하게 조성하는 것, 셋째, 교량을 건설하는 것, 넷째, 선박을 만드는 것, 다섯째, 미래나 과거에 방사를 지어 머물게 하는 것이다.[9]

큰 복을 받게 하는 다섯 가지의 보시 중 가장 먼저 자연환경 조성에 대해 두 가지나 앞세우고 있다. 동산을 조성해서 수림을 울창하게 잘 가꾸는 일은 인간과 자연의 평화로운 공존을 위한 일이다. 나무와 숲은 인간에게 휴식처를 제공하고 짐승과 곤충이 살 수 있는 터

---

8) 『大正藏』1, 616中: 白衣聖弟子者 離殺 斷殺 棄捨刀杖 有慚有愧 有慈悲心 饒益一切乃至蜫蟲 彼於殺生淨除其心 … 白衣聖弟子離不與取 斷不與取 與而後取 樂於與取 常好布施 歡喜無悋 不望其報 不以偸所覆 常自護已 彼於不與取淨除其心.

9) 『大正藏』2, 699上: 復有五施令得大福 … 一者造作園觀 二者造作林樹 三者造作橋梁 四者造作大船 五者與當來過去造作房舍住處.

전을 마련해 준다. 생태환경의 조성이 어떠한 보시보다 우선한다는 것이다. 그 다음으로 남들을 위하여 다리를 만들어서 시내를 건널 수 있게 해 주고 배를 만들어서 강이나 바다를 지나가게 해 주거나 나그네들에게 편히 쉴 곳을 마련해 주는 것 등등처럼 중생에게 편안함을 제공해 주는 것이 큰 복을 받는 일이라는 것이다. 이로 미루어 현 생태위기시대에 지구촌의 뭇 생명체들이 멸종되지 않도록 하는 것이 얼마나 바람직스러운 일인지 알 수 있다. 나의 선업이 다른 중생에게 즐거움을 가져다주는 것[廻向]은 불공업에서 말하는 자업자득의 의미를 이미 초월하고 있는 것이다. 다음의 경전에서도 적극적인 실천을 강조하고 있다.

> 옛날 어떤 유명하지 않은 신이 붓다한테 와서 여쭈었다.
> "세존이시여, 누가 밤낮으로 늘어가는 좋은 공덕을 가지고 있습니까? 누가 항상 법을 따르고 실천하는 사람입니까? 누가 항상 계를 지키는 사람입니까?"
> 세존께서 대답하였다.
> "과일나무, 그늘나무, 꽃 피는 나무와 식물을 심는 사람, 정원과 공원을 만들고 다리를 만들며 우물을 파고 식수단지를 놓는 대를 만드는 사람, 휴게소와 사원을 짓는 사람이다. 그들은 밤낮으로 늘어나는 공덕을 가진 사람들이다. 그들이 항상 법을 따르고 실천하는 사람들이며, 그들이 계를 지키는 사람들이며, 신들의 왕국에 가는 사람들이다."[10]

초목은 생태계 구성의 기본적인 요소다. 초목은 산소와 맑은 물을 제공하고 그에 의지하여 곤충이나 벌레, 새, 짐승이 서식하게 된다.

---

10) SN I. p.33.

그러므로 초목을 가꾸는 것은 미물과 짐승들을 배려하는 복덕을 닦는 일이다. 또한 이에 어우러져 인간을 위한 편의시설을 설치해 주는 것도 불법(佛法)을 따르고 실천하는 사람이라고 실천적인 측면을 강조하고 있다.

소극적인 선[止善]의 실천은 천상에 태어나는 길이고 적극적인 선[行善]의 실천은 열반의 길이라고 『수십선계경(受十善戒經)』에서 다음과 같이 말하고 있다.

> 훔치지 말라고 하는 계는 널리 일체중생에게 재물을 보시하라는 것이다. 그러므로 모든 붓다는 훔치지 말라는 계를 설하시어 감로·청량·안온을 삼는다. 이 계를 잘 보호하여 지니는 것을 하늘에 나는 길이라 하고, 진리를 얻는 곳이라 하며, 열반의 옷이라 하고, 해탈의 생명이라 한다. 그러므로 모든 붓다는 훔치지 않는 것을 찬탄하시되, 그것이 아귀가 될 수 있는 원인을 끊는 것이라 한다.[11]

훔치지 않는 것에 그치지 않고 재물을 보시하면서 남의 생명을 보호해 주는 등등의 적극적인 선업은 하늘에 태어나는 길이고, 도를 얻는 도리이고, 열반의 옷을 얻는 것이고 해탈하는 것이라 하였다. 선업에 의해서는 6도윤회를 벗어날 수 없다는 것이 불교의 전통적 수행관이지만 본경에서는 관점을 달리 하여 적극적인 선업으로도 천상에 태어나는 것[生天]은 물론이고 윤회를 벗어나 열반에도 이를 수 있음을 주장하고 있다.

이기적 욕망에서 벗어나 번뇌가 없는 무루법(無漏法)으로 행하는

---

11) 『大正藏』24, 1025下: 不盜戒者 普施一切衆生財物外命 是故諸佛說不盜戒 名為甘露清涼安隱 護持是戒名生天路 名得道處 名涅槃衣名解脱命 是故諸佛讚歎不盜斷餓鬼因.

적극적인 선업은 열반으로 인도하는 수행 그 자체라는 것이다. 그것이 바로 불법의 실천이라는 말이다. 이는 사회 실천적 측면의 중요성을 강조하기 위한 교설이라 할 수 있다. 『사분율』 권51에서도 고귀한 선행으로 열반에 이를 수 있다고 다음과 같이 말하고 있다.

> 그 지은 업에 따라서 죄와 복의 과보가 있어 악업은 지옥에 떨어지고, 선업은 천상에 태어나며, 고귀한 행위는 선도에 태어나고 무루 열반을 얻을 수 있다.”[12]

선업에 의해서 하늘에 태어날 수 있고 고귀한 행동을 하면 열반에 이를 수 있다고 말하고 있다. 생태위기시대의 가장 큰 문제는 생물의 멸종이다. 종의 소멸이 앞다투어 일어나는 현실에서 생명체를 소중히 여겨 종의 소멸을 막으려는 생태친화적인 행위는 고귀한 행위로 평가되어 마땅하고 또한 생천이나 열반을 얻을 수 있는 선업이라고 할 수 있을 것이다. 선업을 8정도 수행과 같은 반열로 생각하여 선업에 의해서도 열반에 이를 수 있음을 나타내고 있는 것이 『사분율』에 나타나는 업사상의 특징이라 할 수 있다.

3) 적극적 불살생 실천 : 방생(放生)

방생이란 생명을 죽이지 않는 것[不殺生]에서 더 나아가 목숨을 잃을 위험에 처한 생명을 구하는 것이다. 『범망경』 권2에서는 다음과 같이 적극적인 불살생업으로 방생을 실천해야 할 당위성을 설하고 있다.

---

12) 『大正藏』22, 950下: 隨其所造業 罪福有果報 惡業墮地獄 善業生天上 高行生善道 得無漏涅槃.

불자야! 자비로운 마음으로 방생업을 행하라. 모든 남자는 나의 아버지요, 모든 여인은 나의 어머니이니라. 나의 세세생생은 그들로부터 생을 받지 않음이 없다. 그러므로 6도중생이 모두 나의 아버지며 어머니이거늘, 그들을 잡아먹는 것은 곧 나의 부모를 죽이는 것이며, 나의 옛 몸을 먹는 것이다. 온갖 지수(地水)는 나의 먼저 몸이고, 온갖 화풍(火風)은 나의 본체이다. 그러므로 항상 방생을 행하여라. 태어나고 태어나서 생을 받는 것은 영원 불변한 법이니 다른 이로 하여금 방생하게 하라. 사람들이 중생을 죽이려는 것을 보면 방편을 다해서 구호하여 그 고난을 풀어줘야 한다.[13]

불교의 윤회사상에 의하면 짐승을 살생하는 것은 전생의 내 부모를 죽이는 행위이고, 그들을 잡아먹는 것은 나의 옛 몸을 먹는 행위이다. 그러므로 살생 현장을 목격하면 그냥 지나치지 말고 모든 수단을 동원해서 구해줄 것을 당부하고 있다. 적극적인 생명살림[放生]을 권하고 있다.

4가지 원소 중 지수(地水)는 나의 전생의 몸이었고, 화풍(火風)은 나의 본체라 했다. 세상의 모든 것이 나의 몸 아닌 것이 없다는 것이다. 이를 통해 생각해 보면 환경오염을 일으켜서는 안 될 당위성이 분명해진다. 나와 다를 것이 없는 생명체들을 죽게 해서는 안 되기 때문이다.

살생을 행하지 않는 소극적인 선업에서 적극적인 생명살림으로 나설 것을 주장한 사람은 방생법회를 처음 시작한 천태(天台) 대사이다. 그는 그에 대한 이론적 근거를 『금광명경』 권4, 「유수장자품(流水

---

13) 『大正藏』24, 1006中: 若佛子 以慈心故行放生業 一切男子是我父 一切女人是我母 我生生無不從之受生 故六道衆生皆是我父母 而殺而食者 即殺我父母 亦殺我故身 一切地水是我先身 一切火風是我本體 故常行放生 生生受生常住之法 教人放生 若見世人殺畜生時 應方便救護解其苦難.

長者子品)」제16에 두고 있다.[14]

위 경전의 내용은 유수 장자가 물이 마른 늪에서 죽어가던 물고기를 살리기 위해서 물을 공급해 주고 먹이를 가져다주어 물고기를 살려내었다는 내용이다. 유수 장자는 살생하지 않는 것에만 머무르지 않고, 온갖 수단을 동원하여 물고기들의 생명을 구해주는 실천행을 보여주었다. 그것이 바로 방생이다. 유수 장자는 여기에서 그치지 않고 그 물고기들에게 고통의 세계[惡趣]인 축생에서 벗어나게 하기 위하여 12인연법을 설해주고 보승여래(寶勝如來)라는 이름을 들려주어 그 축생들이 사후에 살기 좋은 세계[善趣]인 천상계에 태어나게 하였다. 그는 죽어가는 생명을 구해주는 행위는 물론이고 그들을 천상계로 인도하여 육체적·정신적 고통에서 구해주는 대비행을 몸으로 실천하였다.

이러한 방생의 대자비행도 현재와 같은 생태위기의 극복을 위해서는 눈앞에서 벌어지는 살생뿐만 아니라 종의 소멸을 막을 수 있는 실천행에 그 초점이 맞춰져야 하리라고 본다. 수없는 생물들이 멸종해가는 생태위기시대에 인간들이 어떻게 행동해야 할 것인지를 알려주고 있다.

천태 대사의 방생정신에 뜻을 같이하여 우리나라의 각 사찰에서도 방생법회를 자주 시행한다. 그런데 현재 시행되고 있는 방생법회의 실태를 보면 본래의 취지에 맞지 않게 시행되는 경우가 종종 있다. 방생용 어류를 팔기 위해 일부러 물고기를 잡는 일이 벌어지기도 하고, 방생한 물고기를 바로 되잡는 일도 벌어진다고 한다. 때로

---

14) 『大正藏』16, 352中.

는 외래어종의 방생으로 생태계 교란을 일으키는 경우도 있고, 방생행위가 거주지 인근에서 이루어지지 않고 시간이 많이 걸리는 먼 곳에서 행해지는 경우가 종종 있다. 그런 경우에는 목적지에 도착하기도 전에 물고기가 죽는 일도 벌어진다. 또한 행사가 전시성이거나 관광을 목적으로 열리는 경우도 있어 자동차 배기가스로 인한 환경오염을 유발하는 것으로 그치고 말기도 한다. 앞으로는 좀 더 여법하고도 생태지향적인 방생법회가 이루어져야 할 것이다.

2. 업보윤회(業報輪廻)의 생태철학적 의의

1) 과보(果報)와 윤회

전생의 과보에 따라 현생의 몸을 받고 현생의 업에 의해 내생의 몸을 받아 생명체로 태어나는 것, 그것이 윤회적인 삶이다. 과보가 있기 위해서는 윤회가 있어야 한다. 그러므로 업·과보·윤회는 불가분의 관계에 있다. 윤회란 범어 삼사라(saṃsāra)의 번역어로 '변한다, 흐른다'라는 의미를 가진 용어다. 다시 말하면 윤회란 자신이 지은 업보에 따라 그에 상응하는 몸을 받으며 생사가 반복되는 현상을 말한다.

윤회사상의 뿌리는 불교가 성립되기 오래 전부터 전해 내려오던 인도의 신화에서 출발한다. 태초에 불멸의 창조주인 브라흐마(Brahma)가 생명체를 창조하였다. 너무 완벽한 창조였기 때문에 모든 생명체들은 일단 태어나면 소멸하는 일이 없었다. "이것도 완전하고 저것도 완전하였다. 완전함 속에서 완전함이 생겨났다. 완전한 것에서 완전한 것을 빼도 완전한 것만이 남는다."라는 이샤 우파니샤드(Iśa Upaniṣad)의 구절처럼 완전하기 때문에 일단 태어난 것은 멸하는 일이 없었다.

점차 대지 위에 늘어만 가는 생명체들의 무게를 견디지 못한 대지의 여신 쁘리뜨비(Pṛthivī)는 브라흐마에게 고통을 호소하며 대책마련을 부탁하였다. 이에 대한 뚜렷한 해결책이 떠오르지 않던 브라흐마에게 루드라(Rudra)가 획기적인 방법을 제안을 하였다. 창조물들 가운데 일부의 존재형태를 변화시켜 천상의 세계에 올려놓자는 것이었다. 그리고 나머지를 지상에 둔 다음, 그들을 주기적으로 순환시켜서 모든 생명체들이 온전히 존재할 수 있도록 하면서 여신 쁘리뜨비의 고통도 덜어주자고 하였다. 이 제안을 흔쾌히 받아들인 브라흐마는 생명체의 순환을 위해 존재형태의 변화를 주기 위한 방법으로 죽음을 창조하게 된다.[15]

이와 같이 죽음은 인도신화에서 존재의 소멸이 아니라 존재형태의 변화일 뿐이다. 여기서 알 수 있는 것처럼 인도신화 속에 나타나는 윤회의 관념은 생명의 영원성이나 영혼의 불멸성을 나타내고 있다.

이것은 인도사상 전반에서 인간이라는 존재가 불완전한 근본원인이 죽음이라는 존재적 측면보다는 무지 혹은 무명 때문이라는 인식론적 측면과 욕망의 집착이라는 가치적인 측면에 있다는 것을 더욱 강조하는 것으로 볼 수 있다.[16] 결국 인도의 전통사상에서는 죽음에 대한 두려움과 그를 극복하기 위한 노력이 윤회라는 독특한 개념을

---

15) 김형준, 「고대 문명사회와 인도에서의 윤회」 『불교평론』 제20호 (서울: 불교시대사, 2004), 202쪽.
16) 위의 책, 203쪽.

형성하게 되었다고 볼 수 있다.[17] 우리는 앞의 신화를 통하여 윤회를 고통스런 세계의 반복으로 이해하는 불교의 경우와는 달리 인도의 전통사상에서는 생명의 영원성을 나타내기 위한 차원 즉 죽음의 공포를 제거하기 위한 수단으로 윤회를 도입하고 있음을 알 수 있다.

윤회는 업을 전제로 한다. 업은 윤회의 씨앗을 잉태한다. 업이란 인간의 행위로 그 자체는 행하고 나면 즉시 사라진다. 사람을 죽였다 할지라도 그 행위는 시행되는 순간 그 자리에서 사라지지만 그 뒤에 보이지 않는 힘을 남긴다. 일단 행한 선악 행위는 그 세력이 남아 있어 결과로 나타날 때까지 그대로 보존된다. 그 세력을 업력이라 하며 그 업력이 작용하여 결과로 나타난 것을 과보라 한다. 업의 의미는 다양하지만 불교에서 업이라 하면 일반적으로 어떤 행위 뒤에 남아 있는 영향력 즉, 업력을 말한다.

또 업은 일상적 행위의 개념을 넘어 그 이면에 있는 동기와 그에 따르는 일련의 결과를 의미하기도 한다. 업이란 인간의 삶에서 이루어지는 모든 행위이다. 행위는 의지와 동기를 동반하게 된다. 현생의 업은 그 여세를 결코 상실하지 않는다. 단지 일정 기간 동안 물러섰다가 다시 그 세력을 드러내게 된다.[18] 그것이 바로 과보다. 그 과보가 생을 달리하여 나타나는 것을 윤회라 하는 것이다.

윤회의 측면에서 보면 업은 행위 자체라기보다 '행위의 동기' 즉 의향(意向)이라는 의미를 지닌다. 이러한 인식은 일찍이 브라흐마나 문헌에서 "실유인 브라흐만에 귀의하라. 사람은 의향(kratu)에 따라 형성된다. 이 세계를 떠날 때의 의향에 의하여 미래의 삶을 받는다."라

---

17) 앞의 책, 203쪽.
18) 정승석, 『번뇌 업 고통』(서울: 민족사, 2004), 172쪽.

V. 업사상(業思想)의 실천적 성격과 방향 241

고 표현되어 있다. 이런 입장에서 보면 "윤회를 이끄는 것은 업이 아니라, 오히려 욕망이나 특별한 대가를 낳는 업의 배후에 있는 동기"라고 말할 수 있다.[19] 『상응부경전』에서 업에 대하여 다음과 같이 말하고 있다.

> 무엇이 윤회를 합니까? 유정이 윤회를 합니다. … 무엇이 윤회를 합니까? 무엇이 자신의 존재 상태를 결정합니까? … 유정이 윤회를 하고 업이 자신의 존재 상태를 결정합니다.[20]

위에서 말하는 바와 같이 무지에 뿌리를 두고 있는 업인(業因)은 출생과 죽음의 원인이다. 윤회를 설명할 때의 업은 그 행위 자체로 그치지 않고, 그 후에 남아 있는 힘[餘力]을 뜻한다.[21] 그 힘으로 말미암아 윤회는 계속된다. 12연기가 생사의 전개과정을 밝혀주는 교설이라면 윤회는 업에 의한 과보의 전개과정을 밝혀 주는 인과법의 교설이라 할 수 있다. 윤회의 세계는 생사의 무한한 반복성을 보여준다.[22] 사람들 중에는 윤회를 현실적인 것으로 인정하지 않고 유심적 차원으로만 이해하려는 경우가 많다. 경전에 의하면, 윤회를 현상적 차원이건 유심적 차원이건 어느 한쪽으로만 치우쳐서 이해하는 것은 중도에서 벗어난 변견이라고 한다. 『잡아함경』 권12, 「불박경(佛縛經)」과 『증일아함경』 권23, 31경에서 윤회에 대하여 다음과 같이 말하고 있다.

---

19) 정승석, 「업설의 양면성과 불교 업설의 의의」『가산학보』 제3호 (서울: 가산불교문화연구원, 1994), 191쪽.
20) SN I. p.37.
21) 정승석, 『윤회의 자아와 무아』(합천: 장경각, 1999), 272쪽.
22) 사사키 겐준/김효경·김길상, 『업이란 무엇인가』(서울: 도서출판 홍법원, 1994), 73쪽.

나는 아직 정각을 성취하지 못한 과거를 기억하건대, 혼자 고요한 곳에서 오로지 선(禪)을 하다가 이렇게 생각했다. '세간은 들어가면 어렵다. 소위 태어나거나 늙거나, 병들거나, 죽거나 한다. 옮겨가거나 다시 태어나거나 한다.'[23]

나는 이 삼매에 든 마음으로 말미암아 청정하여 더러움이 없어졌고 또 번뇌가 없어졌으며 또 두려움이 없어져서, 과거 무수한 겁의 전생 일을 알게 되었다. 그 때에 나는 1생, 2생, … 100생, 1000생, 무한한 겁의 생[成敗之劫]을 모두 알게 되었다. 내가 그곳에 태어났을 때 이름은 무엇이었고, 어떤 음식을 먹었고, 어떤 괴로움과 즐거움을 받았던가? 저기서 죽어 여기서 나고, 여기서 죽어 저기서 난 인연의 본말을 모두 밝게 알게 되었다.[24]

인도의 전통사상 속에서 자란 붓다는 성도 이전부터 선악의 과보에 의해 전개되는 윤회사상을 자연스럽게 받아들였다. 따라서 그는 윤회를 의심 없는 사실로 믿고 있었으며 이를 단순히 유심적인 차원으로만 여기지 않았다. 그는 인과법을 부정하는 것에 대하여 『중아함경』 권3, 「사경(思經)」에서 다음과 같이 말하고 있다.

셋째는 사견(邪見)인데 소견이 전도되어서 이와 같이 보고, 이와 같이 말한다. 보시도 없고 재(齋)도 없고 주술[呪說]도 없다. 선악업도 없고, 선악업의 과보도 없다. 이 세상도 없고 저 세상도 없다. 부모도 없다. 세상에는 진인(眞人)이 지극히 좋은 곳에 가고, 이 세

---

23) 『大正藏』2, 79下: 我憶宿命未成正覺時 獨一靜處 專精禪思 生如是念 世間難入 所謂若生 若老 若病 若死 若遷 若受生.
24) 『大正藏』2, 666中: 我以此三昧之心 淸淨無瑕穢 亦無結使 得無所畏 自識宿命無數劫事 爾時 我憶宿命之事 一生 二生 … 百生 千生 成敗之劫 皆悉分別 我曾生彼 字某 名某 食如是之食 受如是苦樂 從彼終而此間生 死此生彼 因緣本末 皆悉明了.

상에서 저 세상으로 잘 가고, 잘 향하며, 스스로 알고, 스스로 깨달으며, 스스로 증득하고 성취하고 유행하는 것도 없다고 한다.[25]

다른 여러 경전에서도 선악의 과보를 부정하는 것은 사견이라 하고 있다. 이로 보아 업사상과 윤회사상은 불교교리의 근본 바탕이 됨을 알 수 있다. 이에 대한 또 다른 증거가 있다. 붓다는 초저녁[初夜]에 숙명통(宿命通)을 얻었고, 한밤중[中夜]에 천안통(天眼通)을 얻었으며, 새벽녘에 누진통(漏盡通)을 얻어 정각을 이루었다고 성도의 순간을 술회하고 있다. 즉 붓다는 숙명통과 천안통을 통하여 업보와 윤회에 대한 사실을 확인하였고, 누진통을 통하여 열반을 체득하였다. 이에 대하여 『잡아함경』 권31, 「무학삼명경(無學三明經)」에서 자세히 설하고 있다.

> 어떤 것이 더 이상 배울 것 없는 이[無學, arahat]의 전생을 아는 신통력[숙명통]인가? 이른바 거룩한 제자는 전생에 있었던 갖가지 일들을 다 안다. 즉 1생(生)에서부터 백 천 만 억 생에 이르기까지는 물론, 나아가 이룩되고 무너진 겁의 수효와, 자기 자신과 중생들이 지녔던 과거의 일, 즉 과거엔 어떤 이름이었으며, 어떤 생을 살았으며, 어떤 성품[性]이었으며, 어떤 음식을 먹었으며, 어떤 괴로움과 즐거움을 받았는지, 얼마만한 수명을 살았는지 등의 일 등등 갖가지 전생에 겪었던 일들을 다 밝게 안다. 이런 것을 전생을 아는 신통력이라고 말한다.
> 어떤 것이 내생을 아는 신통력[天眼通]인가? 이른바 거룩한 제자는 사람의 눈보다 뛰어난 천안(天眼)으로, 모든 중생들이 죽는 때

---

25) 『大正藏』1, 437下: 三曰邪見 所見顚倒 如是見 如是說 無施 無齋 無有呪說 無善惡業 無善惡業報 無此世彼世 無父無母 世無眞人往至善處 善去 善向 此世彼世 自知 自覺 自作證成就遊 是謂意故作三業.

와 태어나는 때를 사실 그대로 안다. … 또 이 중생은 몸으로 착한 행동을 하였고, 입으로 착한 행동을 하였으며, 뜻으로 착한 행동을 하였고, 성인을 비방하지 않았고, 바른 소견을 성취했기 때문에 이 사람은 몸이 무너지고 목숨을 마친 뒤에는 천상(天上)이나 인간 세계와 같은 좋은 곳에 태어난다는 사실을 사실 그대로 안다. 이런 것을 생사를 아는, 내생을 아는 신통력이라고 말한다.[26]

여래가 가진 열 가지 뛰어난 능력[十力] 가운데 하나로 3세에 걸쳐서 업에 의해 과보를 받는 것을 아는 능력으로 업이숙지력(業異熟智力)이 있으며, 붓다가 증득한 6신통 중에 유정의 과거 생을 알 수 있는 능력인 숙명통(宿命通)과 앞으로 전개될 유정의 생사와 업과를 간파할 수 있는 능력인 천안통(天眼通)이 있다. 이러한 능력과 신통력은 전생과 현생 그리고 내생의 윤회 과정을 들여다 볼 수 있는 능력이다. 이러한 여러 가지 사실로 미루어볼 때 불교는 윤회사상을 기정사실로 받아들이고 있다는 것을 알 수 있다.

불교의 업은 범부가 인생을 살아가면서 자기의 고정화를 통하여 형성된 아집을 마음과 행동으로 나타내는 것이며 이는 고통의 고착과 윤회를 가져온다. 그러므로 윤회는 극복의 대상이다. 불교의 윤회사상은 현실적인 차원과 정신적인 차원의 현상으로 생각할 수 있다. 이 중에서도 윤회의 작용을 쉴 새 없이 변하는 마음의 상태인 내적 차원으로 파악한 것은 『밀린다왕문경』의 경우이다.

---

26) 『大正藏』2, 223中: 云何無學宿命智證通 謂聖弟子知種種宿命事 從一生至百千萬億生乃至劫數 成壞我及眾生宿命所更 如是名 如是生 如是性 如是食如是受苦樂 如是長壽 … 云何生死智證明. 謂聖弟子天眼淨過於人眼 見諸眾生死時 生時 … 此眾生身善行 口善行意善行 不謗毀聖人 正見成就 身壞命終 生於善趣天人中 是名生死智證明.

메난드로스 왕이 나가세나 비구에게 "현재의 명칭과 형태가 내생(來生)에도 바뀌어 태어납니까?"라는 질문에 "그렇지 않습니다. 현재의 명칭과 형태에 의해 선이나 악의 행위가 이루어지고 그 선악의 행위에 의해 새로운 명칭과 형태가 내생에서 바뀌어 태어납니다."[27]라고 하여 윤회에서 현재의 주체가 그대로 재생되는 것은 아니며 이전의 업이 그대로 상속되어 새로운 주체로 재생된다고 말한다.

불교에서는 윤회하는 생명체를 유정이라고 부른다. 경전에 나타난 바와 같이 불교에서는 식물을 생명체로는 간주하고 있지만[28] 정신작용에 의한 의지적인 행위가 없다는 관점에서 윤회하는 존재로 보지는 않는다. 6도를 윤회하는 유정 중에는 인간의 눈으로 볼 수 없고, 귀로 들을 수 없고, 느낄 수 없는 천상·지옥·수라·아귀와 같은 존재들이 하늘이나 땅위에 또 물속이나 땅속에도 있다는 것이다.[29]

그렇지만 우리는 이들을 직접 지각할 수 없고 과학적으로 증명할 수 없고 또 사후의 세계도 알 수 없어 윤회를 인정하지 않으려 한다. 그래서 윤회를 상징적인 차원에서 이해를 해야 한다고 주장하는 사람이 많다. 그러나 우리가 지구의 자전 및 공전을 지각하지 못하고, 볼 수 있는 가시광선이 정해져 있고, 청각기관에 의해 탐지될 수 있는 소리도 한정되어 있듯이 우리의 지각에는 분명한 한계가 있으며, 과학에도 한계성이 있다는 것은 누구나 다 아는 사실이다. 그렇다면 윤회를 믿고 안 믿고는 개인의 몫이다.

경전에서는 다음과 같이 말하고 있다.

---

27) Milindapanha, p.47.
28) 『增壹阿含經』卷30 『大正藏』2, 716中: 如此樧柱草木 斯皆無情.
29) 이철헌, 「초기불교의 생태관」 『불교문화 연구』제4집 (동국대학교 불교사회문화 연구원, 2003), 113쪽.

비구들이여, 시작을 알 수 없는 윤회가 있다. 무명에 덮이고 갈애에 묶여 윤회하는 유정들의 시작점은 알려지지 않는다. 비구들이여, 이를 어떻게 생각하느냐? 즉 이러한 기나긴 윤회의 시간 동안에 네가 머리를 잘려 흘린 피가 시내를 이룬 양과 사해의 물의 양 가운데 어느 것이 더 많다고 생각하느냐? … 비구들이여, 너희들은 오랫동안 암소들이었고 그때 머리가 잘려져 흘린 피가 시내를 이룬 양이 사해의 물보다 더 많았다. … 너희들은 오랫동안 버팔로, 양, 염소, 사슴, 닭, 돼지였으며…[30]

위에서 말한 바와 같이 경전에 따라서는 윤회를 유심적인 차원이나 은유적인 표현이 아닌 현실적인 차원에서 논하고 있다. 무명에 덮여 있고 갈애에 속박되어 있는 한 윤회는 계속된다는 것이다. 6도[六趣]란 3선취(三善趣)인 천상, 인간, 수라의 세계와 3악취(三惡趣) 혹은 3악도라 하는 축생, 아귀, 지옥의 세계를 말한다. 때로는 이 가운데서 수라세계를 빼고 5도 혹은 5취라고도 부른다.

윤회의 세계를 다양하게 나눌 수 있는데, 중생들이 갖는 마음의 상태에 따라서는 욕계(欲界), 색계(色界), 무색계(無色界)의 3계(三界)로, 태어나는 방법에 따라서는 태생(胎生), 난생(卵生), 습생(濕生), 화생(化生)의 4생으로, 생명체의 존재형태에 따라서는 생유(生有), 본유(本有), 사유(死有), 중유(中有)의 4유로 분류한다. 생사의 세계는 6도·3계·4유·4생의 형태로 끊임없이 반복한다. 윤회는 업을 짓고 사는 유정들의 과보에 대한 무한히 전개되는 순환의 개념이다.

천상세계는 착한 업을 지은 과보로 태어나는 고통이 없는 세계다. 천상에 태어났다 하더라도 영원히 이곳에서 살 수 있는 것이 아니다.

---

30) SN Ⅱ. pp.187~188.

천상세계도 무상의 원리가 적용되는 세계라 지은 복에 대한 시효가 지나면 물러나야 하는 윤회 세계 가운데 하나이다. 수라는 아수라의 준말로 싸움을 일삼는 신(神)들이 사는 곳을 말하며, 아귀세계는 항상 배고픔과 목마름으로 고통 받는 존재들이 사는 곳이다. 축생은 짐승뿐만 아니라 물고기, 곤충, 땅 속에 사는 벌레나 미생물 등을 모두 포함하여 말한다. 지옥은 악한 업을 지은 존재들이 업의 과보가 다할 때까지 극심한 고통을 받아야 하는 세계다. 지옥, 아귀, 축생은 악행을 많이 저지른 존재들이 태어나는 고통의 세계라 3악도라 부른다.

3계 중 욕계(欲界)는 욕망을 가진 존재들이 사는 곳으로 지옥, 아귀, 축생, 수라, 인간과 욕계 6천에 거주하는 신들의 세계다. 색계(色界)는 욕망을 떠났으나 아직 육체를 가진 존재들이 거주하는 신들의 세계를 말한다. 그러나 다른 종교에서 말하는 절대적 존재로서의 신을 의미하는 것은 아니다. 이들 천상 세계의 유정은 미묘한 물질로 육체가 이루어져 있기 때문에 인간의 육안으로는 볼 수 없다고 한다. 무색계(無色界)는 욕망은 말할 것도 없고 육체조차도 없는 순전히 정신적 존재들이 사는 세계다.[31] 인간세상은 업에 따른 과보로 태어난 세상이지만 어떻게 살아가느냐(업을 짓느냐)에 따라 내세에는 지옥이나 천상에 태어날 수도 있고 깨달음을 얻어 윤회의 세계를 벗어날 수 있는 가능성이 무궁한 세계이다. 4생에 대하여 『증일아함경』 권17에 다음과 같이 말한다.

닭, 새, 까마귀, 공작, 뱀, 물고기, 개미 종류는 다 난생(卵生)이다. … 소위 사람과 축생에서 두 발 달린 짐승 이런 것들을 태생(胎生)

---

31) 『불교사상의 이해』(경주: 동국대학교 불교문화대학, 1999), 112~113쪽.

248   불교로 바라본 생태철학

이라 한다. … 소위 썩은 고기 속의 벌레, 뒷간 속의 벌레, 시체 속의 벌레 이와 같은 것을 다 인연생[濕生]이라 한다. … 소위 모든 천계, 대지옥, 귀신, 이러한 곳에 태어난 사람이나 축생[若人 若畜生] 이런 것들은 화생(化生)이다.[32]

4생에 대하여 다시 설명하면, 태생(胎生)이란 사람이나 네 발 달린 짐승처럼 태에서 태어나는 것을 말하며, 난생(卵生)이란 새나 뱀처럼 알에서 태어나는 것을 말한다. 습생(濕生)이란 모기나 파리와 같이 습기에서 태어나는 것을 의미하고, 화생(化生)이란 귀신이나 도깨비같이 홀연히 변화되어서 태어나는 것을 말한다.

4유에서 생유(生有)는 난자와 정자가 수정되면서 식(識)이 들어가는 순간을 말하고, 본유(本有)는 그 후 죽기 전까지의 기간을 말한다. 죽는 순간은 사유(死有)다. 죽고 나서 업의 축적체인 식이 새로운 몸을 받기 전까지를 중유(中有)라 하며 이 중유가 수정란에 들어가면 생유라 부르게 된다.

이를 통해서 알 수 있는 바와 같이 불교에서는 생유와 본유를 생명체로 본다. 그러므로 불교교리 상으로는 수정되지 않은 난자나 정자를 생명체로 생각하지 않는다. 따라서 난자를 채취하여 줄기세포를 배양하여 치료수단으로 사용하는 것은 생명윤리의 대상이 되지 않으며 생명의 신비성에 도전하는 행위도 아니다. 줄기세포 배양으로 난치병 환자를 치료할 수 있다면 이는 중생을 질병의 고통에서 해결해 주는 대자비행이라 할 수 있다.

---

32) 『大正藏』2, 632上: 鷄雀烏鵲孔雀蛇魚蟻子之屬 皆是卵生 … 所謂人及畜生至二足蟲 是謂名爲胎生 … 所謂腐肉中虫 厠中虫 如尸中虫 如是之屬 皆名爲因緣生 … 所謂諸天 大地獄 鬼 若人 若畜生 是謂名爲化生.

붓다는 "여러 중생이 4성제의 실천 여부에 따라 나쁜 존재 상태로 태어날 수도 있고 좋은 존재 상태로 태어날 수도 있다. 그렇지만, 나쁜 상태로 태어날 가능성이 대지의 크기라면 좋은 상태로 태어날 가능성은 손가락 끝의 먼지 크기만 하다."라고 말했다.[33] 번뇌 속을 헤매는 범부가 선업을 지으며 살아가는 것이 그만큼 어렵다는 것이다.

이러한 윤회사상에 대하여 데미언 키온(Damien Keown)은 "우리는 불교가 서양에서 일반적으로 채택하는 것보다 더 넓은 도덕적 지평을 채택한다는 사실에 관심을 기울여야 한다. 종을 번갈아 가며 윤회한다는 믿음이 주는 생명에 대한 존경은 불교 윤리학의 두드러진 특징이다.[34]"라고 하였다. 이러한 윤회사상을 바탕으로 하는 불교에서 인간 이외의 다른 생물종에 대해서도 생명의 존엄성을 부여하는 것은 아주 자연스런 일이다. 더욱이 개체 생명도 소중히 하는 불교에서 생물종이 통째로 사라지는 것을 그냥 바라만 보는 것은 용납될 수 없는 일이다.

업과 과보와 윤회는 서로 분리될 수 없는 사상이다. 업에 따른 과보의 다양한 형태가 윤회의 세계로 나타나기 때문이다. 윤회는 업사상을 지탱시켜 주는 근거이기도 하다. 윤회를 통한 내세가 없다면 업의 과보가 반영될 대상이 사라지기 때문이다.

깨달음의 세계가 생사를 초월한 세계인 영원[常]하고, 안락이 충만[樂]하고, 절대적[我]이며, 청정[淨]한 상락아정(常樂我淨)이라는 열반 4덕의 세계를 의미한다면, 윤회는 미혹의 세계를 집착하는 범부들이 겪는 바와 같은 생로병사가 계속 이어지는 끝없는 순환의 세계

---

33) SN V. pp.474~478.
34) 데미언 키온/허남결, 『불교와 생명윤리학』(서울: 불교시대사, 2000), 57쪽.

를 의미한다.[35] 즉 생사세계의 무한성은 우리의 행위와 그 영향력이 저절로 소멸되지 않고 남아 있다는 것을 말하는 것이다.

불교에서의 업은 초월적인 능력을 가진 자재천(自在天) 등의 절대신(神)에 의해서 만들어진 불가항력적인 것이 아니라, 자기 스스로 지은 행위에 대하여 책임을 지는 과정인 것이다. 즉 윤회는 자유의지에 의해 이루어진 행위인 업이 과보로 전개되어 가는 과정을 나타내는 현상이다.

윤회사상은 시공적으로 전개되는 과보의 개념이다. 생명체의 세계[有情世間]와 자연의 세계[器世間]가 단멸(斷滅)되지 않고 영원히 지속되는 까닭은 유정이 항상 새로운 업을 지으면서 새로운 인과관계를 형성하여 그 과보가 이어져 내려오기[流轉相續] 때문이다. 윤회설에 의하면, 인간은 자기가 지은 업에 따라, 천상에 태어나기도 하고, 짐승[畜生]으로 혹은 지옥에 태어나기도 한다. 또한 과보의 기간이 지나면 짐승이 다시 인간으로 태어날 수도 있다. 따라서 이 시대에 우리와 지구라는 공간에서 함께 살아가는 짐승은 우리와 뿌리가 같은 공업중생이므로 착취의 대상이 아니며 오히려 우리가 보호해야 할 또 다른 나이다. 그러므로 그들에게 고통을 줘서도 안 되고 생명을 가벼이 여겨 살생을 함부로 해서도 안 된다는 것이다.

> 살아 있는 다른 것을 자기 자신과 동일하게 생각해서 살아 있는 것을 죽여서는 절대로 안 된다. 또한 남을 시켜서 죽이게 해서도 안 된다.[36]

---

35) 사사키 겐준/김효경·김길상, 『업이란 무엇인가』(서울: 도서출판 홍법원, 1994), 73쪽.
36) Suttanipāta, v.705.

즉 윤회사상은 다른 존재들에 대하여 동정심을 갖게 하고 다른 존재들을 존중하도록 고무시키는 생명관을 제시한다고 할 수 있다.[37] 인간을 제외한 타생물종에 도구적인 가치관을 부여하는 것은 불교적 사유에서 용납될 수 없는 생명관이다. 불교에서는 이들에 대하여 오히려 은혜를 갚아야 한다고 『대승본생심지관경(大乘本生心地觀經)』 권2에서 다음과 같이 강조하고 있다.

> 중생의 은혜란, 곧 시작도 모르는 먼 옛날부터 모든 중생은 5도를 계속 윤회[輪轉]하며 백 천 겁을 지내는 동안 여러 생 가운데 서로 부모였다. 서로 부모였기 때문에 모든 남자는 곧 인자한 아버지였고 모든 여자는 곧 인자한 어머니였다. 옛적에 태어났을 때마다 큰 은혜가 있었기 때문에 현재의 부모의 은혜와 차별이 없는 것이다. 이와 같이 옛날의 은혜를 오히려 아직 갚지 못했음에도 불구하고 때로는 망령된 업으로 인하여 모든 것에 대하여 마음에 들고 안 드는 마음을 일으킨다. 집착 때문에 반대로 그들을 원수로 여긴다. 무슨 까닭인가? 무명이 과거의 생사의 모습을 가려서 전생에 일찍이 부모에게 은혜를 보답 받았고 서로 이익을 주었음을 알지 못한다. (짐승을) 이롭게 하지 못하는 것은 불효라 한다. 이런 인연으로 모든 중생은 어느 때엔가 역시 큰 은혜가 있는 것이어서 실로 (우리가) 은혜를 갚기 어렵다. 이러한 것들을 중생의 은혜라 한다.[38]

---

37) Harvey, Peter, An Introduction to Buddhist Ethics, (Cambridge University Press, 2000), p.29.

38) 『大正藏』3, 297中: 衆生恩者 即無始來 一切衆生輪轉五道經百千劫 於多生中 互爲父母 以互爲父母故 一切男子即是慈父 一切女人即是悲母 昔生生中有大恩故 猶如現在父母之恩等無差別 如是昔恩猶未能報 或因妄業生諸違順 以執著故反爲其怨 何以故 無明覆障宿住智明 不了前生曾爲父母所可報恩 互爲饒益 無饒益者名爲不孝 以是因緣諸衆生類 於一切時亦有大恩 實爲難報 如是之事名衆生恩.

과거와 현재·미래의 중생이 종을 번갈아 가면서 태어난다는 윤회 사상은 모든 생명체들의 가치 동일성을 말해 준다. 따라서 생명 자체의 존엄성에는 우열이 있을 수 없게 된다. 현상적으로 다양하게 나타나는 생명체들은 동일체적인 연장선상에 있는 자비의 대상인 것이다.

『잡아함경』 권14, 「오절륜경(五節輪經)」은 윤회를 수레바퀴에 비유하여 다음과 같이 말한다.

> 장정이 다섯 마디 바퀴를 쉬지 않고 항상 굴리는 것처럼, 중생도 다섯 세계의 바퀴를 항상 돌려서 지옥이나 축생·아귀·인간 및 천상의 세계를 쉬지 않고 계속 굴러다닌다.[39]

지은 업에 따라서 각각 다섯 세계의 몸을 받지만 일정한 순서에 따라서 윤회가 전개되는 것은 아니다. 업을 지으면 선악의 정도에 따른 과보로 그에 해당하는 몸을 받게 된다. 각각의 인에 따라 어떠한 과보가 있는지 『구사론』 권17에서 불선(不善)과 선(善)의 업도에 따라 획득되는 과보에 세 가지가 있다고 다음과 같이 말하고 있다.

> 모두다 이숙(異熟)·등류(等流)·증상과(增上果)를 불러올 수 있다. 이것(불선업도)은 그로 하여금 고통을 받게 하고, 명이 짧아 일찍 죽게 하고, 위엄을 파괴하게 하기 때문이다.[40]

인간이 업을 지으면 세 가지의 과보를 불러오는데 그에는 이숙과·등류과·증상과가 있다. 이숙과란 선행을 하거나 악행을 저질러서 업을 짓게 된다면 그에 대한 과보로 천상이나 지옥 등에 태어나게 되는

---

39) 『大正藏』2, 243中: 若有士夫轉五節輪常轉不息如是衆生轉五趣輪或墮地獄畜生餓鬼及人天趣常轉不息.
40) 『大正藏』29, 90中: 皆能招異熟 等流 增上果 此令他受苦 斷命壞威故.

데 이러한 과보를 이숙과(異熟果)라 한다. 즉 이숙과란 천상 내지 지옥 등 6도 중의 몸을 받게 하는 과(果)를 말한다.

등류과란 이숙과에 의해 인간으로 태어나더라도 각기 지은 업에 따라 다른 사람과 차이가 나는 과보를 받는 것을 말한다. 이를테면 살생을 한 이는 다음 생에 수명이 짧아지며, 주지 않는 것을 취한 이는 재물에 곤란을 당하며, 사음을 한 이는 아내가 정숙하지 못하며, 거짓말을 한 이는 비방을 많이 당하며, 이간질을 많이 한 사람은 친한 벗이 배반하며, 추악한 말을 한 이는 항상 나쁜 소리를 듣게 되며, 꾸며대는 말[雜穢語]을 많이 한 이는 말이 위엄을 지니지 못하며, 탐내는 이는 탐욕이 치성해지며, 화를 내는 자는 성냄이 증가하고, 삿된 소견을 지닌 이는 어리석게 태어난다는 것이다.[41]

증상과(增上果)는 선악의 업에 따라 주어지는 주위환경의 좋고 나쁨을 결정해 주는 과보이다. 『구사론』권17에 증상과에 대하여 다음과 같이 자세히 설명하고 있다.

> 이 열 가지 악업으로 얻어지는 증상과란, 살생 업을 지으면 밖에 있는 온갖 생활도구가 광채가 적어지며, 주지 않는 것을 취하면 서리와 우박을 많이 맞게 되고, 삿된 행을 많이 하면 온갖 더러운 먼지가 많이 끼고, 거짓말을 많이 하면 온갖 지독한 냄새와 더러움이 많아지며, 이간질하는 말을 많이 하면 험준한 곳에 살게 되고, 추악한 말을 많이 하면 밭에 가시나무가 많이 나고 땅이 메마르고 자갈이 많고 땅에 소금기가 많아서 농작물의 수확이 마땅하지 않게 된다. 꾸며대는 말을 하기 때문에 시절과 기후가 변화무쌍하며, 탐내는 마음 때문에 소득이 적어지고, 성을 내기 때문에 결과가 매

---

41) 『大正藏』29, 90中~下.

서우며, 삿된 소견 때문에 결과가 적거나 없다. 이것을 업도의 증상과(增上果)의 차별이라 한다.[42]

  이상과 같은 3과를 초래하는 원인을 살생의 예로써 말해보자. 살생을 하기 위해 칼로 찌르거나 몽둥이로 때려서 남을 고통스럽게 하였으므로 지옥의 몸을 받아 고통을 당하는 이숙과를 받는다. 또한 근본업도에서 남의 생명을 단절하였으므로 사람으로 태어나서는 명이 짧은 등류과를 초래한다. 그리고 남의 위엄과 엄숙함[威肅]을 손상하고 파괴[損壞]하였기 때문에 온갖 사물[外物]을 갖게 되어도 광택이 없고 소득이 적거나 아주 없는 증상과를 초래하게 된다는 것이다.[43]

  일반적으로 과보를 받는 것은 인간세계에서 지은 업 때문이지만 때로는 과보로 태어난 곳[果報處]에서 지은 새로운 업으로 다른 과보를 받기도 한다. 그에 대하여『잡아함경』권31,「도솔천경(兜率天經)」[44]에 "어리석은 범부는 (전생의 선업으로) 도솔천에서 태어났어도 그 곳에서 악업을 지어서 목숨을 마치고 나면 지옥·축생·아귀의 세계에 태어나게 된다고 한다. 또 지옥에서 인간으로 태어나기도 하고 지옥에서 지옥으로 태어나기도 한다."고 하였다.

  업력의 성능을 표현하는 것으로는 인업(引業)과 만업(滿業)이 있다. 인업이라 함은 과보를 끌어내는 업이라는 뜻으로 과보의 중요한 부분을 이끌어 내는 업이다. 예를 들면 인업은 인간이라는 공통적인

---

42)『大正藏』29, 90下: 此十所得增上果者 謂外所有諸資生具 由殺生故 光澤鮮少 不與取故多遭霜雹 欲邪行故多諸塵埃 虛誑語故多諸臭穢 離間語故所居險曲 麤惡語故田多荊棘礒确鹹鹵稼穡匪宜 雜穢語故時候變改 貪故果少 瞋故果辣 由邪見故果少或無 是名業道增上果別.
43) 김동화,『구사학』(서울: 불교시대사, 2001), 234쪽.
44)『大正藏』2, 219中.

특성으로 태어나게 하는 업, 즉 유정으로 태어날 몸을 결정[果體]하게 하는 강성한 업으로 다른 말로는 견인업(牽引業) 또는 총보업(總報業)이라고도 한다.

만업(滿業)은 원만장엄업(圓滿莊嚴業)의 준말로 인업에 의해 형성된 몸[果體]의 각 부분을 원만하게 잘 갖추도록 결정해 주는 업이다. 구역(舊譯)에서는 인업을 총보업이라 하고 후자는 별보업(別報業)이라 하였다. 예를 들면 총보업은 인간으로 태어나게 하는 업이고, 별보업은 인간 가운데서도 성별, 생김새, 귀천 등등이 차이가 나게 하는 업을 말한다. 이에 대한 내용이 『구사론』 권17에 다음과 같이 말하고 있다.

> 그러나 비록 단 하나의 업이 한 가지의 몸[同分, 인간이나 축생 등등의 몸]을 이끌어 낸다 할지라도 그 원만함은 여러 가지 업에 의해 이루어지는 것을 인정하는데, 비유하자면 화가가 먼저 한 가지 색으로 그 형상을 그리고 나서 여러 가지 색으로 채우는 것과 같다. 이런 까닭에 비록 사람의 몸을 같이 받는다 할지라도 그 가운데는 사지와 몸의 형상과 힘을 갖추거나 혹은 모자람이 많은 자가 있는 것이다.[45]

즉 하나의 업에 의하여 일생을 견인하는 것을 인업이라 하고, 여러 가지 업에 의하여 몸을 원만하게 갖추게 하는 것을 만업이라 한다. 이는 설일체유부의 학설이다. 그러나 경량부에서는 하나의 업이 여러 생을 결정한다 하고, 대승에서는 하나의 업이 여러 생을 결정하

---

45) 『大正藏』29, 92中: 雖但一業引一同分 而彼圓滿許由多業 譬如畫師先以一色 圖其形狀後塡衆彩 是故雖有同稟人身 而於其中 有具支體諸根形量色力莊嚴 或有於前多缺減者.

기도 하고 여러 업이 일신(一身)을 이끌어 낸다고 하였다. 이에 하여 『수십선계경(受十善戒經)』에 다음과 같이 이르고 있다.

> 훔치는 죄의 과보는 사람으로 태어나더라도 벌거벗은 몸에 검고 파리하며, 눈은 사팔뜨기이고 입에서는 심한 냄새가 나며, 항상 감옥에 갇히고, 귀한 집의 똥오줌 등의 더러운 것을 치우는 일만 하여 비록 사람의 몸으로 태어나도 모습이 소나 말과 같다. 부모는 자식을 사랑하지 않고 자식은 부모에게 효도하지 않으며, 백 천만 년 동안 고통이 한량없다.[46]

윤회를 유심 차원으로 생각하거나 현상적 차원으로 생각하더라도 윤회설에서 말하는 과보의 개념은 행위에 대한 책임을 의미한다. 이런 현상을 생태현상에 적용해 보면 생태계에 가한 압박이 과보로 나타나는 것은 한 치의 오차가 없다는 것을 오늘날의 자연현상은 우리에게 증명하여 주고 있다.

2) 과보의 시기

우리는 삶을 영위하면서 때로는 업사상을 부정하기도 하고 긍정하기도 한다. 어느 때 보면 죄를 지은 사람이 천벌을 받는 것 같기도 하고 또 전혀 그렇지 않은 경우도 있기 때문이다. 그 이유는 복잡계 과학에서 잠깐 언급한 것처럼 인간의 업이 복잡계이기 때문이다. 인간의 마음과 행동은 너무나 많은 요소들로 구성되어 있고 열린계로 외부와 영향을 항상 주고받는다.

---

46) 『大正藏』24, 1026上: 盜報生在人中 裸形黑瘦眼目角睞 口氣臭穢常處牢獄 執除糞穢為王家使 雖生人中狀如牛馬 父不愛子子不孝父 母不愛子子不孝母 百千萬歲苦痛無量.

그래서 그 결과가 비선형적으로 나타날 수밖에 없다. 과보의 내용도 그렇지만 특히 과보의 시기는 우리가 인식하기 힘들 정도로 일정하지 않다. 그 시기에 대하여 불교는 자세한 분류를 해 놓았다. 업의 비선형성을 염두에 두고 그 과보에 대하여 생각해 보기로 하자. 지은 업은 절대로 없어지지 않고 언젠가는 그 과보를 받게 된다고 경전에서 다음과 같이 서술하고 있다.

> 허공도, 바다 가운데도, 산의 돌 속에 들어가도, 하늘 위나 땅 속에 들어가도 과거생의 죄악에 대한 재앙을 면할 수 없다.[47]

> 제자들아, 만일 의도적으로 업을 짓고 (또) 그 업을 쌓아 두었다면, 그 업의 (결과를) 받지도 않은 채 그 업이 끝나버린다고 나는 결코 말하지 않는다. 그 업(의 결과는)은 반드시 현재에 나타나든지 아니면 미래의 세상에 나타나고야 만다. 그런데 제자들아, 의도적으로 행하였고 또 쌓아 두었던 그 일은 (결과를) 받지도 않은 채 괴로움이 끝날 수 있다고 나는 결코 말하지 않는다.[48]

업사상의 핵심은 반드시 과보를 받는다는 데 있다. 단지 업의 종류와 강도에 따라 그 과보의 정도와 나타나는 시기를 달리할 뿐이다. 과보를 받는 시기에 따라 업을 정업(定業)과 부정업(不定業)으로 나눌 수 있다. 과보를 받는 시기가 확실하게 정해진 업을 정업이라 하고, 확실하게 정해지지 않은 업을 부정업이라 한다. 정업은 업력이 강성한 업으로 순현업(順現業), 순생업(順生業), 순후업(順後業) 등 3종이 있다.

순현업은 현생에 업을 짓고 바로 당대에 그 과보를 받는 업이다. 우리가 현세에서 직접 경험할 수 있는 업은 순현업뿐이다. 흔히 우리

---

47) 『大正藏』23, 260上: 非空非海中 非入山石間 非天上地中 得免宿惡殃.
48) AN V. p.292.

는 순현업이 아닌 경우에 업의 과보를 선뜻 인정하려 하지 않는다. 순생업은 현생에 업을 짓고, 그 과보는 다음 생에 받는 업을 말한다. 순후업은 현생에 지은 업의 과보를 차후생에 받는 업을 말한다. 이는 대개 업력의 강약에 의하여 결정된다고 한다.

부정업(不定業)은 업을 지었으나 과보를 받는 시기가 정해지지 않은 업을 말하며 업력이 강성하지 않은 경우로, 구체적으로 순부정수업(順不定受業)이라고 표현한다.[49] 부정업에는 과보의 내용은 정해져 있으나 받을 시기가 정해져 있지 않은 업으로 보정시부정업(報定時不定業), 과보의 내용과 시기가 결정되지 않은 보시구부정업(報時俱不定業)이 있다. 언뜻 생각하기에 부정업은 인과의 법칙이 적용되지 않는 범주를 설정해 둔 것처럼 보이지만 실은 업을 지으면 언젠가는 그 과보를 반드시 받는다는 것을 명확히 하는 데 본뜻이 있는 것이다.[50] 단지 과보의 시기가 비선형적이기 때문에 정해지지 않은 것처럼 보이는 경우도 있을 뿐이다.

업을 지으면 그에 상당하는 과보를 절대 피할 수 없다는 것이다. 이는 자연 현상에서도 마찬가지다. 자연계 역시 업인과보의 원리를 피할 수 없기 때문에 우연히 나타나는 현상이라는 것도 실은 우리의 눈에만 그렇게 비치는 것일 뿐이다. 비록 어떤 현상이 우연히 일어난 것처럼 보이더라도, 사실은 우리가 그 과정을 모를 뿐이지 도사리고 있던 수많은 원인들이 상호작용하여 결과로 나타난 것이다. 즉 수많은 요소들이 복합적으로 인이 되고 연이 되어 결과로 나타나게 되는 것이다.

---

49) 김동화, 『俱舍學』(서울: 불교시대사, 2001), 234쪽.
50) 정승석, 『윤회의 자아와 무아』(합천: 장경각, 1999), 275쪽

다시 말하면 현세의 인간이 저지른 환경파괴의 대가가 현생에서 나타나게[順現業的] 되거나 차세대에 나타날[順生業的] 수 있는 것이다. 불과 몇 십 년의 인간의 행위로 당대에 받는 생태적인 과보가 엄청나다는 것을 우리는 인정하고 있다. 그러나 더 큰 문제는 후세에 벌어질 환경의 재앙이다. 그런 예로 과학기술의 진전으로 합성된 화학물질이 당대는 물론 차세대에 미칠 영향에 대해 환경호르몬의 경우를 통해 알아보기로 하자.

　　하천이나 토양에 방출된 화학물질이 사람이나 동물의 체내에 유입되어 마치 호르몬처럼 작용하여 정상적인 호르몬의 기능을 저해하는 외인성 내분비계 교란물질(endocrine disrupting chemicals)이 있다. 이를 환경호르몬이라고 부르는데 그런 물질에는 산업용 PCB(폴리염화비페닐, polychlorinated biphenyl)·비스페놀(bisphenol) A·스티렌 다이머(Styrene dimer) 등과, 농약으로는 DDT·2,4-D 등과, 중금속류로는 카드뮴·납 등이 있고, 의약품으로는 식물성 에스트로겐 및 DES(유산방지약) 등이 있다.

　　이들 환경호르몬은 첫째, 비록 토양이나 물속에 매우 적은 양이 들어 있다 할지라도 일단 몸에 흡수되면 엄청난 축적효과가 있어 표적이 되는 장기에 커다란 영향을 미치게 된다. 둘째, 자연생태계에 방출된 상태에서도 안정성이 뛰어나 오래도록 그 성질을 잃지 않는다. 셋째, 종류에 따라서는 내분비계 교란 작용의 차이가 100만 배가 넘는다. 넷째, 독성이 대를 물려 전달되므로 차세대에 미치는 영향이 크다고 한다.[51] 환경호르몬의 폐해를 뒷받침하는 보고서는 그

---

51)　연세의대 비뇨의과학 연구소(이무상 외 13명), 「한국 남성의 정자수와 비뇨기계질환관련 연구(V)」 『내분비계장애물질연구보고서 Vol 5, 2003』, 254쪽.

외에도 많이 있다.

덴마크의 경우 1940년에 시행한 검사에서 건강한 남성의 정자수
가 정액 1㎖에 약 1억 1천 3백만 마리였으나 1990년에는 6천 6백
만 마리로 50년 사이에 45%가 감소하였고, 정액의 양도 25%가 감
소하였다고 한다. 스코틀랜드에서는 늦게 태어난 남성일수록 정자수
가 적었으며, 기형의 정자수도 늘어나고 있다는 보고가 있다. 프랑스
의 연구를 보면 1945년에 태어난 남성의 나이가 30세일 때의 정자
의 수가 1억 2천만 마리였는데, 이에 비해 1962년에 태어난 남성의
나이가 30세일 때의 정자의 수는 5천 1백만 마리로 20년도 지나지
않아 무려 반이나 감소되었다.

이러한 현상은 산업화의 진행과 화학물질의 범람에 비례한다는
증명이기도 한 것이다. 정자수가 정액 1㎖ 당 2천만 마리 이하면 생
식기능이 없어지게 된다고 한다.[52] 그러므로 이러한 추세로 정자수
가 계속 감소한다면 암이나 전염병 혹은 다른 고통스런 질병을 앓지
않고도 인류의 종말이 다가올 수 있음을 예고해 주는 것이라 할 수
있다.

환경호르몬의 영향은 정자수의 감소 문제뿐만 아니라 정소암의 발
생율도 50년 전에 비해 1980년대에는 4배나 증가하게 하였고, 정류
고환도 20년 사이에 2배 정도의 증가를 가져왔다. 여성의 경우에는
유방암 및 생식기관의 암, 골반의 염증성 질환, 동성애 또는 양성애
적 성향, 유산, 불임, 자궁외임신 등이 증가하였다. 대를 이어 후세에
나타나는 후유증으로는, 이러한 약물에 노출된 여성에게서 태어난

---

52) 최영길 외 공저, 『환경과 인간』(서울: 교학사, 1999), 231쪽.

아들의 경우 생식능력의 감소, 딸의 경우에는 자궁기형, 불임, 면역기능 저하 등의 이상 현상이 현저하게 증가한 것으로 나타났다.[53]

이러한 현상은 무분별한 과학기술의 남용에 대한 과보다. 다시 말해 이상 기온으로 인한 기상이변 또한 온실가스 배출로 인한 과보라 할 수 있다. 이러한 결과를 가져오지 않기 위해서는 그 원인을 제거해야 한다. 그러나 그 원인이 되는 화석연료의 사용은 오히려 계속 증가하고 있다. 그렇다고 희망이 없는 것은 아니다. 이에 대한 대책을 세우면 새로운 길이 열릴 수 있다. 그래서 경전은 다음과 같이 말한다.

『중아함경』의 「염유경(鹽喩經)」에서는 어리석음으로 악업을 지었더라도 그 후의 선행에 의해 괴로운 과보를 받지 않을 수 있다고 한다.

> 사람은 그 지은 업에 따라 그 과보를 받는다. 이와 같이 깨끗한 행을 닦지 않으면 괴로움을 끝낼 수 없다. 또 이런 말을 한다. "사람은 지은 업에 따라 과보를 받게 되므로 깨끗한 행을 닦으면 곧 괴로움을 끝낼 수 있다."라고 하는데, 무슨 까닭인가? 만일 어떤 사람이 악업을 지으면 반드시 괴로운 과보를 지옥에서 받는다. 어떤 사람이 악업을 지으면 반드시 괴로운 과보를 지옥에서 받게 되는가? 이른바 악업을 지은 사람이 몸을 닦지 않고 계를 닦지 않으며, 마음을 닦지 않고 지혜를 닦지 않으면 수명이 아주 짧아져 일찍 죽게 된다. 이것이 어떤 사람이 악업을 짓고도 깨끗한 행을 닦지 않으면 결국 죽은 후 지옥에 가서 괴로운 과보를 받는다는 것이다. 마치 어떤 사람이 한 냥의 소금을 적은 물에 넣어 물이 짜서 마실 수 없게 된 것과 같다.[54]

---

53) 앞의 책, 232쪽
54) 『大正藏』1, 433上: 隨人所作業則受其報 如是 不行梵行不得盡苦 若作是說 隨人所作業則受其報 如是 修行梵行便得盡苦 所以者何 若使有人作不善業 必受苦果地獄之報 云何有人作不善業 必受苦果地獄之報 謂有一人不修身 不

262   불교로 바라본 생태철학

그러나 과거에 지은 악업도 그 후의 노력에 의해 과보가 가벼워질 수 있다는 것이 「염유경」에서 강조하고 있는 업사상의 주안점이다.

이를 생태문제에 대입해 보면 자연에 압박을 가한 우리의 행위는 강약의 정도에 따라서 시기의 늦고 빠름은 있을지라도 언젠가는 결과로 나타나게 된다는 것은 명약관화(明若觀火)하다 할 것이다. 그러나 인간의 행동이 반드시 과보를 불러 오는 것은 아니다. 그에 대한 내용이 『성실론』 권7에 다음과 같이 나타나 있다.

> 만약 업이 선(善)도 아니고 불선(不善)도 아니라면 무기라고 한다. 또 선업이나 불선업은 다 과보를 얻을 수 있으나 이 업은 과보를 일으킬 수 없기 때문에 무기라고 한다. 왜냐하면 선이나 불선업은 세력이 강하지만 이 업의 힘은 열등하고 미약하기 때문에 비유하자면 썩은 씨앗에서 싹이 트지 못하는 것과 같다.[55]

인간이 자연과 조화를 이루면서 자연의 자정능력과 재생능력을 거스르지 않는 범위 내에서 우리에게 필수적인 요소만을 취하면서 순리대로 살아간다면 이러한 행위는 자연에 어떤 부담도 주지 않는 업[無記業]으로 작용하여 어떤 환경재앙도 불러오지 않을 것이다.

또 『중아함경』 권3, 「사경(思經)」에 업의 고의성에 대하여 말하고 있다.

> 만약 고의로 업을 지었다면 나는 그가 그 과보를 현세에 받거나 아니면 후세라도 꼭 받는다고 말한다.[56]

修戒 不修心 不修慧 壽命甚短 是謂有人作不善業 必受苦果地獄之報 猶如有人以一兩鹽投少水中 欲令水鹹不可得飲.

55) 『大正藏』32, 295中: 若業非善非不善者 名曰無記 又善不善業皆能得報 此業不能 生報故名無記 所以者何 善不善業堅強 是業力劣弱 譬如敗種不能生牙.

56) 『大正藏』1, 437中: 若有故作業 我說彼必受其報 或現世受 或後世受.

즉 고의로 지은 업은 언젠가는 그에 대한 과보를 받게 된다 하였다. 이러한 예는 붓다가 밖에서 죽을 지경이 될 정도로 얻어맞고 돌아온 앙굴리말라에게 다음과 같이 말한 데서 잘 드러난다.

> 바라문이여, 너는 참고 견디어라. 바라문이여, 너는 참고 견디어라. 실로 네가 업의 과보[業異熟, kamma-vipāka]에 의해서 몇 년, 몇 백 년, 몇 천 년 동안 지옥에서 고통을 받을 것이다. 그 업이숙을 바라문이여, 너는 현실에서 받고 있는 것이다.[57]

이는 현세에 지은 죄의 과보를 당대에 바로 받는 내용이다. 앙굴리말라의 살인 행위가 순현업으로 나타난 것이다. 위의 경우와는 다르지만 똑같은 행위라 하더라도 시절인연이나 상황에 따라서 나쁜 업이 될 수도 있고, 선업이 될 수도 있다. 옛날에 선악이 아니었던 무기업(無記業)이 오늘날에는 선악업이 될 수 있다.

예를 들면 인구가 적을 당시에 아이를 많이 낳는 것은 생태적으로 보면 아무런 문제가 없었고 오히려 선업으로 생각될 수 있었다. 그러나 인구의 증가가 모든 생태문제의 근원이라고 생각되는 오늘날 자녀를 많이 두는 것은 생태적인 악업이 될 수 있다. 『중아함경』「앵무경(鸚鵡經)」에 인간의 수명이 길고 짧은 이유에 대하여 다음과 같이 말하였다.

> 마납아, 무슨 인연으로 어떤 남자나 여자는 수명이 지극히 짧은가? 어떤 남자나 여자는 생물을 죽이고 흉악함이 극에 달하여 피를 마시고 해칠 뜻을 가지며, 언제나 모질어 모든 중생과 나아가 곤충에 이르기까지도 사랑하는 마음이 없다. 그들은 이 업을 빠짐

---

57) MN Ⅱ. p.104.

없이 받아 몸이 무너지고 목숨이 끊어진 뒤에는 반드시 나쁜 곳으로 가서 지옥에 날 것이요, 사람으로 태어나더라도 지극히 수명이 짧을 것이다. … 마납아, 무슨 인연으로 어떤 남자나 여자는 수명이 지극히 긴가? 혹 어떤 남자나 여자는 살생을 여의고 살생을 끊는다. 그들은 칼이나 막대기를 버리고, 제 자신이나 남에 대해 부끄러움을 가지며, 사랑하고 가엾이 여기는 마음이 있어 모든 중생들은 물론 나아가 곤충에 이르기까지도 이익을 준다. … 이 길은 긴 수명을 받나니, 그 남자나 여자는 살생을 여의고 살생을 끊었기 때문이다.

마납아, 마땅히 알라. 이런 업에는 이런 갚음이 있다. 마납아, 무슨 인연으로 어떤 남자나 여자는 질병이 많은가? 혹 어떤 남자나 여자는 중생을 못살게 군다. 그들은 혹은 주먹으로, 혹은 막대기나 돌로, 혹은 칼이나 몽둥이로 중생을 못살게 군다. 그들은 이 업을 남김없이 받아 몸이 무너지고 목숨이 끝난 뒤에는 반드시 나쁜 곳으로 가서 지옥에 날 것이요, 혹 사람으로 태어나더라도 질병이 많을 것이다.[58]

위의 내용은 생명을 소중히 여겨 동물들을 이롭게 한 사람은 명이 길고 수명이 다하여 죽더라도 좋은 곳에 태어나고, 짐승을 괴롭히거나 살생을 즐긴 사람은 그에 해당하는 괴로움과 단명의 과보를 받게 된다는 것을 말하고 있다. 그렇듯이 인간에 의해 자행된 환경파

---

58) 『大正藏』1, 705上: 摩納 何因 何緣男子女人壽命極短 若有男子女人殺生凶弊極惡飲血 害意著惡 無有慈心於諸衆生乃至昆蟲 彼受此業 作具足已 身壞命終 必至惡處 生地獄中 來生人間 壽命極短 … 摩納 何因 何緣男子女人壽命極長 若有男子女人離殺斷殺 棄捨刀杖 有慚有愧 有慈悲心 饒益一切乃至昆蟲 … 此道受長壽 謂男子女人離殺斷殺 摩納 當知此業有如是報也 摩納 何因 何緣男子女人 多有疾病 若有男子女人觸嬈衆生 彼或以手拳 或以木石 或以刀杖觸嬈衆生 彼受此業 作具足已 身壞命終 必至惡處 生地獄中 來生人間 多有疾病.

괴의 과보는 빈번한 기상이변, 태아의 기형, 불임, 중금속 중독증, 대기 및 수질의 오염 등 수많은 현상으로 나타나고 있으며 이는 생물종의 소멸을 가져오고 있다.

생물종의 소멸은 직간접적으로 저지른 인간의 살생행위에 기인한다. 그 과보가 인간에게도 피할 수 없는 부메랑으로 다가오고 있다. 인간이 배출한 환경오염물질은 다른 생물종을 해치는 것으로만 끝나지 않고 인간의 신체에도 독성을 일으켜 기능을 마비시키기도 하고 발암물질로 작용하여 질병을 일으키고 자연재해로 인간이 피해를 입는 것이 바로 그것이다.

타고난 신체적인 조건이나 성별 등은 우리의 의지적인 행위와 관계가 없다. 그리고 그 밖의 태어날 당시의 외적인 요소에 대한 것도 인과의 숙명적인 요인을 부정할 수는 없다. 그렇지만 현재의 의지적인 행위에 따라 미래의 운명이 좌우된다는 사실을 강조하는 것이 업사상의 지향점임을 분명히 인식해야 한다.

업사상은 불확정성의 논리에서 인생을 출발하여 자유의지에 의해 스스로 자기의 운명을 엮어가는 과정을 보여준다. 업사상에서 인과관계의 필연성은 생리적·물리적 상황에 한하여 나타나는 것이며, 내적인 문제 즉 정신적인 문제에서도 똑같이 적용되는 것은 아니다.

그러나 생리적인 것이라고 해서 모두다 전생의 업으로 인한 인과관계의 필연성에 의해서 나타나는 것은 아니다. 예를 들면 오염된 환경에서 살거나, 오염된 음식을 섭취하였기 때문에 기형아를 낳았다고 한다면 이는 사려가 깊지 않은 그 사람의 행위에 의해서 후천적으로 저질러진 일이지 전생의 누적된 업인에 의해서 초래된 것은 아니다.

3. 업사상(業思想)의 결과론적 측면과 생태윤리

1) 불교의 동기론과 결과론

붓다 당시의 인도사회에서 대부분의 신흥종교는 업과 인과를 부정하였지만 불교와 자이나교는 업사상을 인정하였다. 그렇다고 해서 두 종교가 업에 대하여 똑같은 관점을 가진 것은 아니었다. 자이나교에서는 과보에 중점을 두어 신·구·의(身口意) 3벌(三罰)을 세우고 그 중 신벌(身罰)을 중시한 데 비해, 불교는 신·구·의 3업(三業)을 세우고 그 중에서도 업의 동기가 되는 의업(意業)을 중시하였다.[59]

불교 업사상의 특징은 몸·말·마음[身口意]으로 짓는 3업 중에서 마음으로 짓는 의업(意業)이 가장 중요하다고 하는 것이다. 따라서 고의로 지은 업이 아니면 과보를 받지 않는다고 대부분의 경전에서 말하고 있다. 이에 대하여 『정법념처경』 권1 「십선업도품(十善業道品)」에서는 구체적으로 죄가 되지 않는 살생업의 예를 들고 있다.

> 5가지 인연이 있으면 비록 살생을 해도 살생죄의 업이 되지 않는다. 첫째는 이른바 길을 가다가 무심코 개미 등의 목숨을 죽이는 경우, 둘째는 만약 쇠 등을 무심코 던져서 살생을 하여 중생의 목숨을 끊은 경우, 셋째는 병을 다스려 이익이 되게 하려고 병자에게 약을 주었는데 그로 인하여 목숨이 끊어졌으나 의사에게는 악심이 없는 경우, 넷째는 부모가 자비로운 마음으로 가르치기 위해서 고의로 자식을 때렸는데 그로 인하여 목숨이 끊어진 경우, 다섯째는 불을 지폈는데 벌레가 들어가서 무심히 죽은 경우, 이런 5가지의 경우에는 비록 생명을 끊어도 살생죄가 성립되지 않는다.[60]

---

59) 히라카와 아키라/이호근, 『인도불교의 역사』 상(서울: 민족사, 1989), 211쪽.
60) 『大正藏』17, 2中: 有五因緣 雖是殺生 無殺罪業 所謂道行無心傷殺蠕蟻等命

이와 같이 불교의 업사상에서는 업을 행한 사람의 의도와 관계없이 어쩔 수 없이 벌어진 일에 대해서는 그 과보를 받지 않는다고 말하고 있다. 그러므로 인간의 자유의지에 따른 의도적인 행위만이 과보를 받게 되며 그에 따라 자기의 운명이 좌우된다고 본다. 그런데 실은 인간의 의지란 개인의 독자적인 판단에 의해서만 결정되는 것이 아니다. 의지를 결정하기까지는 개인의 숙업과 경험, 사회제도, 문화와 환경에 따른 영향을 받지 않을 수 없다. 이러한 여러 가지 요인이 우리의 업행을 일으키는 동기가 되므로 업에는 이미 사회성이 내포되어 있는 것이다.

예를 들면 수렵을 생활수단으로 하는 사회에서는 살생의 동기가 악의에 찬 행위가 아닐 수 있다. 생존을 위한 자연스러운 행위일 수 있는 것이다. 선악에 근거한 동기의 중요성은 수행 차원에서는 물론이고 인간들 간의 관계에서도 마찬가지다. "마음과 붓다와 중생 이 셋은 차별이 없다.[61]"는 것을 주장하는 불교에서 동기의 순수성을 강조하는 것은 당연한 일이다.

그렇다고 하여 불교에서 오로지 동기의 순수성만 강조하고 결과론을 완전히 무시하지는 않는다. 고의성이 없이 이루어진 행동이라 해서 항상 면죄부가 주어지는 것은 아니다. 이러한 의미를 엿볼 수 있는 내용이 『중아함경』 권3, 「사경」에 다음과 같이 나타나 있다.

만약 어떤 사람이 고의로 업을 지었다면 나는 그 사람이 그 과보를

若擲鐵等 無心殺生而斷物命 醫師治病 爲利益故 與病者藥因藥命斷 醫無惡心 父母慈心 爲治故打 因打命終 燃火虫入 無心殺虫 虫入火死 如是五種 雖斷生命 不得殺罪.
61) 『大方廣佛華嚴經』卷10『大正藏』9, 465下: 心佛及衆生是三無差別.

현세에 받거나 후세에 꼭 받는다고 말한다. 만약 고의로 업을 지은 것이 아니라면 나는 이 사람이 반드시 과보를 받는 것은 아니라고 말한다.[62]

위의 문장을 살펴보면, 고의로 업을 지었다면 꼭 그 과보를 받게 되지만 고의로 지은 업이 아닌 경우에는 반드시 받는 것은 아니라고 하였다. 즉 고의로 짓지 않은 업도 과보를 받을 수 있다는 의미이다. 이와 같이 불교의 업사상은 원칙적으로는 동기를 중요시하면서도 상당 부분 결과론을 수용한다고 볼 수 있다.[63]

그렇지만 대부분의 경전에서 동기의 중요성에 대해 강조하고 있다. 예를 들면 『사분율』 권55 「조부지일(調部之一)」[64]과 권56 「조부지이(調部之二)」[65]에서도 마찬가지로 의도와 관계없이 벌어진 행위는 계율을 범한 것으로 간주하지 않는다.

이러한 동기론 우선주의는 법정에서도 흔히 적용된다. 양심 결정론에 따르면 사건은 비슷할지라도 그 동기가 고의·착오·과실이냐에 따라서 형벌의 경중이 달라진다. 범죄 행위가 고의적인 경우에는 유죄로, 착오로 인한 것이거나 과실이면 가벼운 형벌이나 무죄로 판결되는 경우가 많은데, 이러한 동기 우선주의는 대부분의 경전에서 중요하게 취급되고 있다.

---

62) 『大正藏』1, 437中: 若有故作業 我說彼必受其報 或現世受 或後世受 若不故作業 我說此不必受報.
63) 박경준, 「불교 업설에서의 동기론과 결과론」 『불교학보』29 (서울: 동국대학교 불교문화연구원, 1992), 531쪽.
64) 『大正藏』22, 974下~975上, 976下.
65) 『大正藏』22, 982上.

2) 선과(善果) 지향(指向)의 불교

불교에서 탐냄·성냄·어리석음[貪瞋癡]을 3독심(三毒心)이라 부르는 이유는 탐·진·치의 마음을 가지고 행동을 하면 그 결과가 우리에게 고통을 가져다주는 경우가 대부분이기 때문이다. 불교에서 동기론을 중요시하는 이유도 나쁜 동기에서 나온 행위는 대부분 나쁜 결과를 초래하기 때문이다. 하지만 아무리 동기가 순수했다 해도 나쁜 결과를 초래하는 행위가 모두 묵인되는 것은 아니다. 다음의 내용은 동기론과 결과론이 함께 적용되는 경우이다. 『현우경』 권10, 「아오살부품(兒誤殺父品)」의 내용을 살펴보자.

> 아버지는 늙었기 때문에 걸음이 느렸다. 아들은 온갖 독한 짐승들이 무서워, 급히 아버지를 부축하여 밀고 가다가, 단단히 잡지 못해 그만 아버지를 밀어 땅에 넘어뜨렸다. 그래서 그 아버지는 아들 손에 맞아 죽은 셈이 되었다. … 그러자 붓다는 "그 스승인 아버지가 죽었지만 그것은 악의에서 벌어진 일이 아니다."라 하시고, 곧 아들인 사미(구족계를 받기 이전의 나이 어린 수행자)에게 물으셨다.
> "너는 네 스승을 죽였느냐?" 사미는 대답하였다. "저는 진실로 죽였습니다. 그러나 악의로 죽인 것은 아닙니다." 붓다는 그 말을 옳다 하시고 "그렇다. 사미여, 나는 네 마음을 안다. 네게는 악의가 없었다. 지나간 세상에도 그와 같이 악의가 없이 죽인 일이 있었다." …
> "세존이시여, 지난 세상에 이 부자(父子)는 어떤 인연으로 서로 죽였습니까?" 붓다께서 말씀하셨다. "자세히 들어라. 나는 너를 위해 설명하리라. … 파리가 자꾸 아버지 이마에 날아오기 때문에 그는 몽둥이로 파리를 잡으려다가 그만 아버지를 죽였다. 그러나 그 때도 악의는 아니었다. 비구들이여, 알라. 그 때의 그 아버지는 바로 이 사미요, 그 때 몽둥이로 아버지 이마를 때린 아들은 바로 지금

죽은 저 비구였다. 그 때 그 사미는 몽둥이로 아버지를 죽였으나 악의가 아니었고, 지금의 그 갚음도 일부러 죽인 것이 아니다. 그래서 그 사미는 게으르지 않고 차례로 부지런히 공부하여 마침내 아라한이 되었다."[66]

실수로 아버지를 죽음에 이르게 한 아들을 붓다께서는 꾸짖거나 벌을 가하지 않았다. 악의가 없이 벌어진 일이었기 때문이다. 과거세에도 그들 사이에는 부자관계가 뒤바뀌어 그런 일이 있었다는 설명으로 사건은 마무리 되고 있다.

이 경의 내용에서 중요한 것은 아버지를 죽인 아들에게 그에 대한 죄과로 교단에서 추방하는 벌칙인 바라이죄를 적용시키지 않았다는 점이다. 동기에 고의성이 없는 과실 치사였기 때문이었다. 그렇지만 눈여겨보아야 할 것은 아들과 아버지의 관계가 서로 뒤바뀌면서 과보를 주고받았다는 점이다. 고의적인 일은 아니었지만 똑같은 사건을 서로 주고받았다. 바로 살인의 결과에 대한 과보이다.

이런 경우가 바로 동기론과 결과론이 모두 적용된 경우이다. 우리는 이 내용을 통해서 고의가 아닌 업이라도 과보를 받는다는 것을 알 수 있다. 불교가 아무리 동기를 중요시 한다 하더라도 악한 결과가 예상되는 행동까지 용납하는 것은 아니다. 이에 대하여 『중아함경』권3, 「라운경」에 다음과 같이 말하고 있다.

'나는 장차 몸의 업을 지으려 한다. 그 몸의 업은 깨끗하다. 그러나 혹 자기를 위해서나 남을 위해서나 그것은 선하지 않아 괴로움의 결과를 주고 괴로움의 갚음을 받게 하는 것이다.' 이렇게 알거든 라

---

66) 『大正藏』4, 418上~中.

홀라야, 너는 마땅히 그 장차 지으려는 몸의 업을 버려야 한다.[67]

동기의 순수성만 있으면 결과의 선악 여부가 문제되지 않는다는 것이 결코 아님을 알 수 있다. 그러므로 선한 의도에서 행한 일이라 할지라도 그 결과가 나쁠 것이라고 예상하는 일은 결코 해서는 안 된다. 어떤 행동을 하기 전에 그 결과의 선악 여부를 미리 잘 살펴보아야 한다는 것이다.

이에 근거하여 하비(Harvey)는 행동의 선악을 결정하는 기준으로 탐·진·치의 유무뿐만 아니라 행동의 동기와 행동의 직접적인 영향을 들고 있다.[68] 달리 말하면 행동의 동기가 선하지 않은 것은 물론이고 동기가 순수하더라도 결과가 좋지 않은 것(유용성)은 악이 되는 것이다. 그러므로 그는 동기가 아무리 순수하더라도 어리석은 행위로 초래되는 악한 결과를 용납해서는 안 된다고 주장하고 있다. 어리석음은 그 결과에 관계없이 항상 경계해야 할 대상인 것이다.

선행 중에서도 갑작스런 심경의 변화로 일회성의 선을 행하는 경우와 오랜 시간에 걸쳐 선행이 몸에 배어 행한다는 생각 없이도 자연스럽게 선행을 하는 경우가 있다. 의지를 중시한다는 입장에서 본다면 앞의 경우의 선행이 뛰어나다고 할 수 있지만, 실제로는 선행의 의지조차 없는 것처럼 보이는 무의식적인 상태에서 행해지는 뒤의 경우와 같은 선행이 훨씬 더 훌륭하다고 평가할 할 수 있다.[69] 행위의

---

67) 『大正藏』1, 436下: 我將作身業 彼身業淨 或自為 或為他 不善與苦果受於苦報 羅云 汝當捨彼將作身業.
68) Harvey, Peter, An Introduction to Buddhist Ethics, (Cambridge: Cambridge University Press, 2000), p.46.
69) 水野弘元, 「業について」 『日本佛敎學會年譜』vol 25 (京都: 日本佛敎學會, 1959), 311쪽.

중요성에 대하여 『대비바사론』 권112에 다음과 같이 말하고 있다.

> 3가지 바른 행동[三妙行]은 몸의 바른 행동·말의 바른 행동·마음
> 의 바른 행동이다. 무엇이 몸 등의 바른 행동인가? 세존의 말씀과
> 같다. 무엇이 몸의 바른 행동인가 하면 생명을 끊는 것을 떠나는
> 것·주지 않는 데 취하는 것을 떠나는 것·삿된 음행을 떠나는 것이
> 다. 무엇이 말의 바른 행동인가? 거짓말[虛誑語]을 떠나는 것·이간
> 질하는 말[離間語]을 떠나는 것·추악어(麤惡語)를 떠나는 것·꾸며
> 대는 말[雜穢語]을 떠나는 것이다. 무엇이 마음의 바른 행동인가?
> 탐욕이 없고 성냄[瞋恚]이 없는 정견이다. 이 가운데서 붓다는 오
> 직 근본업도에 포섭되는 묘행을 설하였지 가행이나 후기에 포섭되
> 는 묘행을 설하지 않았음을 알아야 한다.[70]

위에서 바른 행동[妙行]을 하게 된 동기와 준비과정인 가행(加行)
그리고 행위 후에 남아 있는 업력[後起]의 중요성을 설하지 않고, 오
로지 남에게 영향을 직접 미치는 행위[根本業道]만을 바른 행동으로
설한 것은 결과로서 직접 나타나는 현상, 즉 남이나 사회에 미치는
직접적인 영향을 중요시한 것으로 판단할 수 있다.

불교에서 어리석음을 3독심에 포함시켜 경계하는 이유도 결과론
을 중요시하기 때문이다. 본인의 의도가 악의는 아니었을지라도 어리
석음에서 판단한 행동은 나쁜 결과를 가져올 수밖에 없기 때문이다.
무의식에서 이루어진 행위라 하더라도 모든 행위에 면죄부가 주어지
는 것은 아니다. 실은 그 행위 자체도 습관으로 굳어지기 전에는 의

---

70) 『大正藏』27, 581上: 三妙行者 謂身妙行 語妙行 意妙行 云何身等妙行 如世尊
說 何者身妙行 謂離斷生命 離不與取 離欲邪行 何者語妙行 謂離虛誑語 離
離間語 離麤惡語 離雜穢語 何者意妙行 謂無貪無瞋正見 應知此中 世尊唯說
根本業道所攝妙行 不說業道加行後起所攝妙行.

식적인 행동이었고 그 후 수많은 반복에 의해 무의식적인 습관으로 이루어지는 경우도 있기 때문에 모든 무의식적 행위가 의식과 모두 무관하게 이루어진다고 말할 수는 없다.

예를 들면, 자동차를 운전하다가 위급상황이 닥쳐왔을 때 제동장치를 밟는 것은 의식적인 행위가 아니고 거의 무의식 상태에서 이루어진다. 사고를 내지 않아야 된다는 구체적 사고의 판단을 거치는 것이 아니고 거의 자동반사적인 행위에 의해서 이루어지는 과정이다. 이러한 무의식적 행위는 훈습된 결과이다. 사고가 발생하면 안 된다는 의지작용의 무의식화에서 이루어지는 것이다.

그와 같이 행위자에게 고의성이 없는 것처럼 보이는 무의식적인 행위일지라도 실제로는 숱한 인습에 의한 의식의 무의식화 과정을 거치기 때문에 그것을 우리는 인식하기가 힘들 뿐이다. 그러한 무의식적인 행위가 남이나 자기에게 즐거움이나 고통을 가져다줄 수 있는 것이다. 따라서 무의식적으로 벌어지는 일일지라도 결과적으로 남에게 해를 준다면 모든 경우에서 다 용납될 수 있는 것은 아니다. 특히 생태적인 폐해를 주는 행동은 동기의 선악과 관계없이 있어서는 안 될 일이다.

3독심 중에서 탐욕이나 성냄으로 악업이 행해지는 경우는 자신의 의지 결정과정이나 그로 인한 해악의 결과를 알아차릴 수 있으나 어리석음에 의해서 업을 행하는 경우는 당사자 자신은 그것을 알아차리지 못하고 남에게 해악을 미치는 경우가 대부분이다. 잘못된 견해나 사회제도와 문화에 의해 자행되는 악행을 옳은 것으로 여기기 때문이다.

예를 들면 이런 것들이다. 제단에 희생물을 바쳐야 내세에 복을 받고 하늘에 태어날 수 있다고 생각하거나, 자기 종교만이 진리이기 때문에 타종교를 격파의 대상으로 생각하거나, 자기와 사상이 다르다는 이유로 사람을 죽이는 경우이다. 심지어는 자기가 믿는 종교를 수호하기 위하여 자폭을 하면서 살상을 하는 경우도 그렇다.

어리석음에 의해 생태계가 파괴되는 것도 마찬가지다. 국력신장을 위해 인구를 증가시켜야 하고, 인간의 안녕과 편의를 위하여 경제를 성장시켜야 된다고 생각하여 자연의 파괴에는 아랑곳하지 않거나, 현재의 환경문제를 과학이 다 해결해 줄 것으로 기대를 하는 사람은 대표적인 생태적 어리석음을 가진 생태치(生態癡)인 것이다.

3) 생태문제에서 결과론의 중요성

생태계는 수천만 년이나 수십억 년 동안의 징구한 세월에 걸쳐서 이루어진 진화의 산물이다. 진화는 상호간에 영향을 주고받으면서 진행되는 현상이다. 그런데 생태계는 일단 파손되고 나면 상호의존성에 손상을 입어 자연의 부조화를 초래하게 된다.

그러므로 생태계의 파괴를 가져오는 인간의 행위는 선악의 동기와 관계없이 피해야 할 행위이다. 따라서 생태학적 입장으로 본 업사상에서는 동기의 선악보다는 결과론 중심적인 사고에 초점이 맞춰져야 할 것이다.

생태계의 파괴를 막고 이를 보존하기 위해서는 사회제도의 개선도 필요하다. 또 사고의 전환이 필요하다. 편의 우선, 국익 우선, 경제 우선주의로 생각하는 인간 위주의 이기적 사고는 경계의 대상이다. 생태계의 보존을 위해서는 잘못된 사회관습이나 제도를 고쳐야 한다. 생태우선적인 사고를 길러야 한다. 생태적인 어리석음에서 벗어나야 한다. 자연은 우리 생명의 근원이기 때문이다.

인간이라는 생물종은 근본적으로 무명에 덮여 있기 때문에 그들의 동기가 아무리 순수하다 할지라도 인간의 행위가 생태계에 악영향을 미치는 경우가 비일비재하다. 어리석음 즉 사견의 폐해가 얼마나 큰 지 『앙굴리말라경』을 살펴보자. 그 내용을 요약하면 다음과 같다.

> 지혜와 용모가 뛰어난 청년 앙굴리말라는 스승의 지도하에 열심히 수행하였다. 스승의 아내는 앙굴리말라에 연정을 품고 있던 중 남편이 멀리 떠나 집을 비웠을 때 그에게 추파를 던졌다. 그 때 거절을 당한 스승의 부인은 수치심으로 앙심을 품게 되었고, 자신의 부정한 모습이 남편에게 알려질까 두려워서 오히려 앙굴리말라가 자신을 강제로 욕 보였다고 거짓말을 하였다. 이에 화가 난 스승은 제자를 파멸시키기 위해 앙굴리말라에게 1000명의 사람을 죽이고, 죽은 사람의 1000개의 손가락을 잘라 목걸이를 만들어 걸면 생천(生天)할 수 있다고 말한다.
>
> 스승의 말씀인지라 이를 믿은 앙굴리말라는 닥치는 대로 사람을 죽이기 시작하였고, 그 소문은 사위성을 삽시간에 공포의 도가니로 몰아넣었다. '앙굴리'는 손가락을 뜻하며 '말라'는 염주를 의미한다. 이 청년의 이름은 원래 따로 있으나, 이로 인해 앙굴리말라로 불리게 된 것이다. 999명을 죽인 앙굴리말라는 마지막으로 살해할 한 명을 찾아 헤매던 중 붓다를 만나 제도(濟度)받게 되지만 나중에 성난 군중에 의해 맞아 죽게 된다.[71]

이 경에서 결론적으로 말하고자 하는 것은 앙굴리말라와 같은 극악무도한 사람도 깨달음을 얻을 수 있다는 것이다. 그러나 내용을 자세히 살펴보면 과보(果報)에 대한 문제와 어리석음의 폐해가 얼마

---

71) 『央掘魔羅經』 『大正藏』2, 512中~下.

나 인간사회를 파탄으로 이끄는지 생생하게 보여주고 있다.

앙굴리말라가 사람을 죽인 것은 존경하는 스승의 말을 충실히 따르려는 순수한 마음에서 저지른 일이었다. 앙굴리말라가 살인마가 된 것은 스승의 말을 분별하지 못하고 무조건 믿는 어리석음으로 인하여, 사람을 죽이는 것이 하늘에 태어나는[生天] 수단이 되는 줄 알았기 때문이다. 이처럼 동기가 순수했다 하더라도 그 어리석음으로 저지르게 된 업행에 면죄부가 주어지는 것은 아니다.

동기론으로만 생각하면 스승이나 그의 아내가 과보를 받아야 마땅하다. 그러나 그러한 언급이 없이 앙굴리말라는 사람을 죽인 과보로 현생에 맞아죽게 된다. 동기가 아무리 순수했다 하더라도 결과가 좋지 못할 가능성을 예측하지 못한 어리석음은 항상 질책과 괴로운 과보가 따르게 된다는 것을 보여주고 있다. 그리고 깨달음의 유무에 관계없이 저지른 악업에 대한 과보는 받게 되어 있다는 것이다. 앙굴리말라는 깨달은 수행자로서 인과의 도리를 알기 때문에 운명을 거역하지 않고 그 과보를 이생에 받아들였다는 것이다.

어리석음으로 인해 자행된 업이 나와 남 모두에게 얼마나 큰 해악을 끼치게 되는지를 가르쳐주는 내용이다. 사람을 죽이면 하늘에 태어날 수 있다는 스승의 말씀을 그대로 믿고 행동으로 옮긴 제자의 어리석은 행위는 잘못된 사회제도나 법규 또는 문화를 무심코 따르다가 생태계에 피해를 주는 인간의 어리석음에 비유할 만한 일이다.

이러한 예는 현대 사회에서 더 많이 벌어지고 있다. 집단화·정보화·산업화된 사회에서 정책 입안자의 무지와 판단 착오로 전쟁을 일으키고 무역 갈등을 조장하고 소속 집단의 이익만을 위해 힘을 앞세우는 행위와 정책은 결국 온 지구촌의 생태계에 폐해를 주게 될 것이다.

생태문제에서 특히 강조되어야 할 것은 행위가 미치게 될 결과론적 사고이다. 생태문제에서는 동기의 선악 여부에 관계없이 나쁜 결과가 예측되는 일은 피해야 한다. 왜냐하면 생물종의 소멸은 복구가 불가능하고 이미 교란된 생태계를 회복시키는 길은 너무나 큰 대가를 치러야 하기 때문이다.

불을 보듯이 뻔한 결과가 예상되는데도 예방을 위한 아무런 노력을 하지 않으면서 시대의 조류에 순응적인 자세만을 견지하면서 그러한 태도를 고고함으로 자처하거나 전생의 업으로 돌리는 것은 악업의 발아와 성장을 묵인해 주는 것과 다를 바 없는 일이다. 특히 생태위기시대를 사는 우리의 행위는 결과론적인 행동주의로 나가야 할 것이다. 그래서 구체적인 행동지침으로 생태적 악업은 차단하고 생태적 선업이 시대에 맞게 실천되어야 할 것이다.

『대반열반경』의 「교진여품(憍陳如品)」에 중생들이 고락을 받게 되는 원인으로 다음과 같은 내용이 제시되어 있다.

> 모든 중생들이 현재에 4대와 시절과 토지와 인민들로 인하여 괴로움을 받고 즐거움을 받나니, 그러므로 온갖 중생이 모두 과거의 본업만으로 인하여 괴로움과 즐거움을 받는 것이 아니다.[72]

위의 내용에서 우리의 즐거움과 고통은 타고난 운명에 의해서만 결정되는 것이 아니라 (1)지수화풍(地水火風) 4대(四大)로 이루어진 육신(불공업의 결과)의 상태, (2)역사적으로 결정되는 시대적인 상황

---

72) 『大正藏』12, 851中: 一切衆生 現在因於四大時節土地人民受苦受樂 是故我說 一切衆生 不必盡因 過去本業受苦樂也.

[공업]인 시절, (3)토지로 대표할 수 있는 자연환경(공업의 결과로서의), (4)현실사회의 성격을 규정하는 사회대중인 인민(人民) 등의 여러 가지 요소에 의해 결정된다는 가르침을 통하여 개인 차원의 선악에 의해서만 우리의 고와 낙이 결정되는 것이 아니고[73] 다양한 요인에 의해서 결과가 나타나게 된다는 것을 알 수 있다.

오늘날 벌어지고 있는 예측 불가능한 기상이변과 환경오염은 현세대 사람들의 의도적인 악업 때문에 야기된 문제는 아니다. 무심코 편리하고 풍요롭게 살다보니 벌어진 일이다. 이유야 어찌 되었든 결과적으로 생태계에 폐해를 끼치는 행위는 온 생태계의 구성원에게 고통을 가져다주기 때문에 우리 모두가 피해야 할 악업이다. 그러나 산업화의 풍요로움과 편리함에 도취되어 그의 부작용을 애써 외면하고 사는 현대인들의 어리석음이 언젠가는 후회하기에도 이미 늦은 과보로 다가올 수 있음을 빨리 알아차려야 할 것이다.

환경윤리의 진화는 인간 이외의 다른 생명체들도 인간의 이익이나 관심과 무관하게, 생태적 주체의 지위를 누릴 권리가 있다는 인식이 있을 때 가능하다. 그러나 환경윤리나 생태문제가 어떤 한 가지 이론으로 간단히 정립되지 못하는 것은 자연이나 생태의 문제가 철학적인 사유의 대상일 뿐만 아니라 과학과 문화, 경제, 정치 등의 여러 분야와 복잡한 관계 속에서 이루어지는 문제이기 때문이다.

생태적 악업 역시 우리의 마음속에 있는 탐·진·치(貪瞋癡) 3독을 근본으로 하여 나타나게 된다. 따라서 마음의 활동인 의업(意業)이 중요한 것은 두말할 나위가 없다. 그러나 아무리 선한 마음을 가졌

---

73) 박경준, 「불교 업설에서의 동기론과 결과론」『불교학보』 29, (서울: 불교문화연구원, 1992), 558쪽.

다 할지라도 그 마음을 적극적인 행동으로 표현하지 않고 탈세속적으로 살아가는 것을 고고한 생활이라고 생각한다면 이는 불교가 지향하는 가치관과는 거리가 먼 생활태도이다.

일부 불자들의 경우처럼 '모든 것은 오직 마음에 달려 있다[一切唯心造]'고 생각하여 마음가짐만을 지나치게 중요시하여 행동과 말로 구체적인 행동을 표출하지 않는 것은 불교에서 추구하는 바가 아니다. 항상 바른 마음이 행동으로 표출될 수 있는 회향정신이야말로 불교가 지향하는 바이기 때문이다. 이러한 행위는 특히 생태문제에서는 더욱 중요한 일이다. 생태윤리는 인간 중심의 윤리적 기준과는 다른 새로운 시각으로 접근해야 한다. 인간끼리 생각하는 동기의 선악은 생태계에 아무런 의미가 없는 경우가 많다. 따라서 현재의 생태문제를 해결하기 위해서는 결과론적인 사고가 절실히 필요하며 인간끼리만 통하는 도덕적인 가치관에서 벗어나 모든 생태계 구성원이 공존할 수 있는, 한 차원 더 높은 생태적 윤리관이 정립되는 데 불교의 가치관이 크게 기여해야 할 것이다.

Ⅵ. 맺음말

산업문명의 발달로 인류가 풍요로움과 편리함을 누리는 동안 지구촌의 생태계는 하늘과 땅과 물을 가리지 않고 혼돈의 세계에 휩싸이게 되었다. 이는 전적으로 인간에 의해 자행된 환경의 파괴와 오염 때문이다. 현재의 생태위기는 산업화와 인구증가에 비례하여 점차 심화되고 있으며 그 영향이 대규모 자연 재해, 생태계의 파괴, 생물종의 소멸로 이어지고 있다.

일단 생태계는 파괴되고 나면 복구가 불가능한 경우가 대부분이고 복구가 가능한 경우에도 커다란 대가를 지불해야 한다. 특히 생물종의 소멸은 나중에 회생이 불가능하고 먹이사슬의 단절이 연쇄적으로 나타날 수 있다. 이렇게 되면 생물의 종 다양성이 줄어들게 되어 생태계의 상호의존성과 안정성을 해치게 된다. 종의 소멸은 지구의 온난화, 환경의 오염, 서식지 파괴 및 남획으로 생물종이 살아남을 수 없는 데서 오게 된다. 이러한 생태문제는 결국 인류의 생존과 직결될 수밖에 없는 심각한 문제다. 그러므로 생태문제는 생물종의 소멸 방지에 초점이 맞춰져야 하고 결과론적 사고를 우선으로 해야 할 것이다.

이러한 생태문제에 대한 해법으로 불교 교설 가운데 업사상의 적용을 시도해 보았다. 불교 업사상은 주로 세속적 일상생활을 영위하는 사람을 위한 실천지향의 가르침이다. 또한 생태문제도 우리가 일

상생활을 영위하는 가운데서 벌어지는 일이다. 그러므로 불교 업사
상을 현 시대상황에 맞게 재해석하여 현재 벌어지고 있는 생태문제
에 적용하여 다음과 같은 결론에 도달할 수 있었다.

첫째, 불교에서는 모든 행위의 근원을 마음에서 유래하는 것으로
볼 뿐만 아니라 자연환경 자체도 인간의 마음이 반영된 것으로 본
다. 따라서 현재의 생태파괴는 인간의 마음속에 있는 탐·진·치가 밖
으로 표출된 것이다. 그러므로 생태문제의 근원적인 해법은 우리 마
음에서 탐·진·치를 소멸시키고 자비심을 확산시키는 데 있다. 이를
위해 가정뿐만 아니라 학교와 사회에서 지속적인 교육이 필요하며,
특히 종교지도자들의 끊임없는 관심과 가르침이 요구된다

둘째, 생태적 윤리관의 확립이 중요하다. 오염물질의 직간접적
인 배출행위나 재생 불가능자원의 과소비행위는 생태계파괴, 자원
고갈, 인류건강의 위협과 직결되는 행위이므로 이런 행위가 사회
적으로 지탄받는 생태윤리관으로 정립되어야 할 것이다. 이러한 생
태윤리관의 정립을 위하여 새로운 법적·제도적 장치가 고안되어야
할 것이다.

셋째, 생태계의 안정성은 모든 동식물의 종 다양성에 의한 공존과
공생으로 이루어지기 때문에 개체생명에 대한 불살생보다는 종의 소
멸 방지에 초점을 둔 불살생관으로 생태문제를 접근해야 할 것이다.

넷째, 서구지향적인 식생활문화와 소비지향의 문화를 지양(止揚)
해야 한다. 과도한 에너지와 곡물이 투입되는 양축산업이 생태계에
가하는 부담을 줄이기 위해서는 식육중심 식생활문화에서 채식 위
주의 식생활문화로 전환해야 한다. 또한 생태계에 부담을 가중시키

는 소비주의문화를 지양하기 위해서는 자본주의체제의 대안이 모색되어야 할 것이다.

다섯째, 생태문제는 인구의 팽창 억제 내지는 감소가 없이는 개선되기 어렵다. 그러므로 인구증가율이 높은 개도국의 인구팽창 억제는 물론이고 인구의 증가가 없는 나라에서도 소비지향적 생활을 계속적으로 유지하려 한다면 인구의 감소는 필수적이다. 따라서 생태위기시대의 현명한 생태지향적 인구정책은 자발적인 출산율 저하로 오는 인구감소에 대한 방지대책보다는 불임률 증가의 원인이 되는 환경오염에 대한 대책을 세우는 것이다.

여섯째, 생태문제는 사유체계의 논리적인 완벽성보다 실천적인 측면에 초점이 맞춰져야 하며 생태문제의 원인과 해법은 다인다과(多因多果)의 원칙에 입각하여 개인생활의 변화[不共業]와 사회제도적·문화적[共業] 관점에서 종합적으로 검토되어야 하며 어떤 인류문명의 발전도 자연과의 조화를 무시한 채 생태계의 희생을 담보로 해서는 안 될 것이다.

일곱째, 현대 인류는 불교에서 주장하는 '모든 생명체들이 불성을 가지고 있다(一切衆生悉有佛性)'는 불성관에 입각하여 현대사회가 지향하는 인간중심주의의 모순점을 과감하게 시정하고 모든 생태구성원들이 공생 공존할 수 있는 생태중심의 사회가 바로 정토임을 자각해야 할 것이다.

[참고 문헌]

1. 한역원전

康僧會 譯, 『六度集經』, 『大正藏』 3권.

求那跋陀羅 譯, 『雜阿含經』, 『大正藏』 2권.

求那跋陀羅 譯, 『央掘魔羅經』, 『大正藏』 2권.

瞿曇法智 譯, 『佛爲首迦長者說業報差別經』, 『大正藏』 1권.

鳩摩羅什 譯, 『大莊嚴論經』, 『大正藏』 4권.

鳩摩羅什 譯, 『大智度論』, 『大正藏』 25권.

鳩摩羅什 譯, 『妙法蓮華經』, 『大正藏』 9권.

鳩摩羅什 譯, 『梵網經』「盧舍那佛說心地戒品」, 『大正藏』 24권.

鳩摩羅什 譯, 『成實論』, 『大正藏』 32권.

窺基 撰, 『成唯識論述記』, 『大正藏』 43권.

吉迦夜共曇曜 譯, 『雜寶藏經』, 『大正藏』 4권.

那連提耶舍 譯, 『阿毘曇心論經』, 『大正藏』 28권.

曇無讖 譯, 『金光明經』, 『大正藏』 16권.

曇無讖 譯, 『大方等大集經』, 『大正藏』 13권.

般若流支 譯, 『金色王經』, 『大正藏』 3권.

菩提留支 譯, 『大薩遮尼乾子經』, 『大正藏』 9권.

菩提流志 譯, 『五佛頂三昧陀羅尼經』, 『大正藏』 19권.

弗若多羅共羅什 譯, 『十誦律』, 『大正藏』 23권.

佛陀耶舍共竺佛念 譯, 『沙門果經』, 『大正藏』 1권.

佛陀耶舍共竺佛念 譯, 『四分律』, 『大正藏』 22권.

佛陀耶舍共竺佛念 譯, 『遊行經』, 『大正藏』 1권.

釋法顯 譯, 『大般涅槃經』, 『大正藏』 1권.

釋元照 撰, 『四分律行事鈔資持記』, 『大正藏』 40권.

紹德慧詢等 譯, 『菩薩本生鬘論』, 『大正藏』 3권.

僧伽提婆 譯, 『增壹阿含經』, 『大正藏』 2권.

僧伽提婆 譯,『中阿含經』,『大正藏』1권.

僧伽提婆共惠遠廬山 譯,『阿毘曇心論』,『大正藏』28권.

失譯,『別譯雜阿含經』,『大正藏』2권.

失譯,『佛說五王經』,『大正藏』14권.

安世高 譯,『佛說一切流攝守因經』,『大正藏』1권.

一然 撰,『三國遺事』,『韓佛全』6책.

日稱等 譯,『福蓋正行所集經』,『大正藏』32권.

宗密 述,『原人論』,『大正藏』45권.

眞諦 譯,『佛性論』,『大正藏』31권.

眞諦 譯,『阿毘達磨俱舍釋論』,『大正藏』29권.

天台智者 說,『金光明經文句』,『大正藏』39권.

天頙 造,『湖山錄』,『韓佛全』6책.

玄奘 譯,『大乘阿毘達磨集論』,『大正藏』31권.

玄奘 譯,『成唯識論』,『大正藏』31권.

玄奘 譯,『順正理論』,『大正藏』29권.

玄奘 譯,『阿毘達磨俱舍論』,『大正藏』29권.

玄奘 譯,『阿毘達磨大毘婆沙論』,『大正藏』27권.

玄奘 譯,『阿毘達磨順正理論』,『大正藏』29권.

慧覺等在高昌郡 譯,『賢愚經』,『大正藏』4권.

慧皎撰,『高僧傳』,『大正藏』50권.

慧遠 撰,『大乘義章』,『大正藏』44권.

2. 팔리어 원전

( )안은 본 논문에서 사용한 약자임.

VINAYA-PIṬAKA(VN)

    Ed. H. Oldenbert, 5 vols, London : PTS, 1969, 1977, 1881, 1882 & 1982, respectively (reprints).

    Tr. I.B. Horner; *The Book of the Discipline*, 6 vols, London : PTS, 1983~1966 (reprints).

Tr. T.W. Rhys Davids and H. Oldenberg, SBE, vols. 13, 17, 20, Delhi :
Motilal Banarsidass Publishers, 1990~1991.

DĪGHA NIKĀYA(DN)

Ed. T.W. Rhys Davids & J.E. Carpenter, 3 vols, London : PTS, 1942, 1982
& 1932 respectively (reprints).

Tr. T.W. & C.A.F. Rhys Daivds; *The Dialogues of the Buddha;* 3 vols,
London : PTS, 1992, 1989 & 1991 (reprints).

Tr. M. Walshe; *Thus Have I Heard;* London, Wisdom Publications, 1987.

MAJJHIMA NIKĀYA(MN)

Ed. V. Trenckner & R. Chelmers, 3 vols, London : PTS, 1979, 1925 & 1951
respectively (reprints).

Tr. I.B. Horner; *The Collection of Middle Length Sayings,* 3 vols, London
: PTS, 1987, 1989 & 1990 (reprints).

SAṀYUTTA NIKĀYA(SN)

Ed. M.L. Feer, 5 vols, London : PTS, 1991, 1989, 1975, 1990 & 1976
respectively (reprints).

Tr. C.A.F. Rhys Davids and S. Sumangala Thera, vol. I; C.A.F. Rhys Davids,
vol. II; F.L. Woodward, vols. III, IV, V, *The Book of the Kindred Sayings,*
London : PTS, 1950, 1950, 1992, 1956 & 1956 respectively (reprints).

AṄGUTTARA NIKĀYA(AN)

Ed. R. Morris & E. Hardy, 5 vols, London : PTS, 1955~1961 (reprints).

Tr. F.L. Woodward; vols. I, II & V; E.M. Hare, vol. III; F.L. Woodward, vol.IV,
The Book of the Gradual Sayings, London : PTS, 1951, 1992, 1952, 1989
& 1986.

DHAMMAPADA

Ed. O. v. Hinüber and K.R. Norman : PTS, 1994.

Tr. Mrs C. A. F. Rhys Davids ; Word of the Doctrine, Minor Anthologies
vol. I, London : PTS, 1931.

SUTTANIPĀTA

Ed. V. Fausböll, London : PTS, 1948 (reprint).

Tr. K.R. Norman; *The Group of Discourses,* with alternative tr. by I.B. Horner & W. Rahula, London : PTS, 1992 (reprint).

Tr. H. Saddhatissa; *The Suttanipāta,* London : Curzon Press, 1985.

MILINDAPANHA

Ed. V. Trenckner, London : PTS, 1962.

Tr. T.W. Rhys Davids, *The Questions of King Milinda,* SBE, vols. 35, 36, Delhi : Motilal Banarsidass Publishers, 1988 &1993.

Tr. Bhikkhu Pesala, *The Debate of King Milinda,* Delhi : Motilal Banarsidass Publishers, 1991.

붓다고샤/대림 스님,『淸淨道論』3권, 서울: 초기불전연구원, 2004.
성경

3. 저서 및 단행본

고영섭,『연기와 자비의 생태학』, 서울: 연기사, 2001.
고익진,『아함법상의 체계성연구』, 서울: 동국대학교 출판부, 1990.
고재종,『초록생명의 길』, 서울: 시와 사람사, 1998.
구승회,『에코필로소피: 생태환경의 위기와 철학의 책임』, 서울: 새길, 1995.
──,『생태철학과 환경윤리』, 서울: 동국대학교출판부, 2001.
김기은 등 공저,『21세기 환경과학』, 서울: 아카데미서적, 2004.
김동화,『구사학』, 서울: 불교시대사, 2001.
──,『원시불교사상』, 서울: 불교시대사, 2001.
──,『불교윤리학』, 서울: 불교시대사, 2001.
──,『불교학개론』, 서울: 불교시대사, 2001.
김번웅·오영석,『환경행정론』, 서울: 도서출판 대영문화사, 1997.
김욱동,『한국의 녹색문화』, 서울: 문예출판사, 2000.
김원형 등 공저,『산업심리학』, 서울: 학지사, 1999.

김정우,『불교경제학』, 서울: 대원정사, 1987.

김종욱,『불교에서 보는 철학, 철학에서 보는 불교』, 서울: 불교시대사, 2002.

김종철,『녹색평론선집 1』, 대구: 녹색평론사, 1993.

김준호 외 9인 공저.『현대생태학』, 서울: 교문사, 1993.

김진수 외,『보전생물학』, 서울: 사이언스북스, 2000.

목정배,『계율학 개론』, 합천: 장경각, 2001.

─────,『한국불교학의 현대적 모색』, 서울: 동국대학교출판부, 2000.

문순홍,『생태위기와 녹색의 대안』, 서울: 나라사랑, 1992.

─────,『생태학의 담론』, 서울: 솔출판사, 1999.

박이문,『문명의 미래와 생태학적 세계관』, 서울: 당대, 1998.

─────,『자비의 윤리학』, 서울: 철학과 현실사, 1994.

박헌렬,『지구온난화, 그 영향과 예방』, 서울: 우용출판사, 2003.

법륜,『불교와 환경』, 서울: 정토출판, 1998.

불교교재편찬위원회,『불교사상의 이해』, 경주: 동국대학교불교문화대학, 1997.

서경수,『불교철학의 한국적 전래』, 서울: 불광출판부, 1990.

송명규,『현대생태사상의 이해』, 서울: 도서출판 따님, 2004.

안광호·유창조,『광고원론』, 서울: 도서출판 법문사, 1998.

안옥선,『불교윤리의 현대적 이해』, 서울: 불교시대사, 2002.

양명수,『녹색윤리:인권과 자연관』, 서울: 서광사, 1997.

양덕조 외 3인,『기초생태학』, 서울: 지구문화사, 1997.

원의범,『인도철학사상』, 서울: 집문당, 1983.

유엔환경계획 한국위원회,『생물다양성협약』, 서울: 유넵프레스, 2002.

윤구병,『잡초는 없다』, 서울: 보리, 1998.

윤상욱 외 3인 공저,『숲과 환경과 인간』, 서울: 문음사, 1998.

윤영수·채승병,『복잡계개론』, 서울: 삼성경제연구소, 2005.

이상돈,『환경위기와 리우회의』, 서울: 대학출판사, 1993.

이진우,『녹색 사유와 에코토피아』, 서울: 문예출판사, 1998.

임홍빈,『기술문명과 철학』, 서울: 문예출판사, 1995.

장회익,『과학과 메타과학』, 서울: 지식산업사, 1998.

─────,『삶과 온생명』, 서울: 솔출판사, 1998.

정승석,『번뇌 업 고통』, 서울: 민족사, 2004.

───, 『윤회의 자아와 무아』, 합천: 장경각, 1999.

정용·옥치상, 『인간과 환경:환경보전의 이해』, 서울: 지구문화사, 1994.

정화열, 박현모 역, 『몸의 정치』, 서울: 민음사, 1998.

조계종 포교원, 『불교교리』, 서울: 조계종출판사, 1998.

조용훈, 『동서양의 자연관과 기독교 환경윤리』, 서울: 대한기독교서회, 2002.

───, 『기독교환경윤리의 실천과제』, 서울: 대한기독교서회, 1997.

지 관, 『가산불교대사림』, 서울: 가산불교문화연구원 출판부, 1998.

진 열, 『업연구-업의 원리와 그 재해석』, 서울: 경서원, 1988

청정국토만들기운동본부, 『불교와 환경보전』, 서울: 아름다운 세상, 1998.

최범술, 『사람은 어떻게 살아야 하나』, 서울: 보련각, 1974.

최봉수, 『팔리 경전이 전해주는 업과 윤회』, 서울: 불광출판부, 1995.

최영길 외 공저, 『환경과 인간』, 서울: 교학사, 1999.

최창현, 『신과학 복잡계이야기』, 서울: 도서출판 종이거울, 2010.

한국불교환경교육원, 『동양사상과 환경문제』, 서울: 모색, 1997.

한국산업사회연구회, 『새로운 사회학 강의』, 서울: 미래사, 1990.

한면희, 『환경윤리:자연의 가치와 인간의 의무』, 서울: 철학과 현실사, 1997.

홍성태, 『생태사회를 위하여』, 서울: 문화과학사, 2004.

황지우 외, 『21세기 문학을 어떻게 볼 것인가』, 서울: 민음사, 1999.

윤상욱, 『숲과 나무와 문화』, 서울: 문음사, 2012.

4. 논문

강찬수, 「인류와 생태위기」, 유네스코 한국위원회, 『교양환경론』, 서울: 따님 1995.

강 헌, 「수질오염」『환경의 이해/시민환경연구소 엮음』, 서울: 환경운동연합출판부, 1993.

고영섭, 「불교의 생태관:연기와 자비의 생태학」『인문학연구』 제5집, 서울: 한림대학 인문학연구소, 1999.

공종원, 「생명 공학의 발전과 인류의 미래」『불교의 시각에서 본 생명복제』, 서울: 동국대학교불교문화연구원, 1997.

구승회, 「현대생태사상의 경향과 전망: '생태학적 불교'의 가능성과 관련하여」(불기 2547년 부처님오신날기념 봉축학술세미나)『불교생태학 그 오늘과 내일』, 서

울: 동국대학교 불교문화연구원, 2003.

권기종, 「불교는 생명복제를 어떻게 보아야 할 것인가」『불교의 시각에서 본 생명복
제』, 서울: 동국대학교불교문화연구원, 1997.

권원태, 「기후변화의 과학적 현황과 전망」『한국기상학회지』 41, 서울: 한국기상학
회, 2005.

김미숙, 「고행에 대한 불교와 자이나교의 논쟁」『불교평론』 통권 제 16호, 서울: 불교
평론사, 2003.

———, 「자이나 철학에서 업과 영혼의 관계」『인도철학』 vol 11, 서울: 인도철학회,
2002.

김이곤, 「성서를 통해서 본 자연과 인간과의 관계」『기독교 사상』, 서울: 대한기독교
서회 1989.

김성규, 「현대인의 정신적·육체적인 병」『석림』 제 31집, 서울: 동국대학교 석림회,
1997.

김성철, 「생명공학에 대한 불교윤리적 조망」『불교문화연구』 3, 경주: 동국대학교 불
교사회문화연구원, 2002.

———, 「윤회의 공간적·시간적 조망」『불교평론』 20호, 서울: 불교평론사, 2004.

김종욱, 「자연과 인간의 바람직한 관계」『불교평론』 통권 2호, 서울: 불교평론사,
2000.

———, 「자연의 도덕적 지위와 불교적 생태윤리」『자연, 환경인가 주체인가』, 서울:
동국대학교불교문화연구원, 2003.

———, 「불교생태학과 포스트모더니티」『불교평론』 통권 16호, 서울: 불교시대사,
2003.

김종주, 「욕망과 생명」『에코포럼』 제6회 정례포럼, 서울: 에코포럼, 2005.

김진열, 「新解不殺生戒」『한국불교학』 제17집, 서울: 한국불교학회, 1992.

김형준, 「고대 문명사회와 인도에서의 윤회」『불교평론』 20호, 서울: 불교평론사,
2004.

김희성, 「인간 자연문명」『철학』, 서울: 한국철학회, 1996.

길희성, 「자연, 인간, 종교」『종교연구』 11, 서울: 한국종교학회, 1995.

목정배, 「자연환경과 불교교설과의 관계」『한국불교학』 제17집, 서울: 한국불교학회,
1992.

———, 「썩는 것이 아름답다」『공해 없는 세상』, 서울: 공해추방운동불교인모임,

1993.

──, 「과학과 불교윤리」 『과학사상』, 서울: 범양사, 1994.

──, 「계율사상에 나타난 불교의 생명관」 『한국불교학』 20, 서울: 한국불교학회, 1995.

──, 「자연환경과 불교교설과의 관계」 『한국불교학』 17, 서울: 한국불교학회, 1992.

──, 「현대세계에 있어서의 계율에 관한 문제」 『불교와 현대세계』, 서울: 동국대 출판부, 1977.

박경준, 「업설을 통해본 불교의 역사정신」 『동국사상』 9호, 서울: 동국대학교 불교대학, 1976.

──, 「초기불교의 연기상의설 재검토」 『한국불교학』 제14집, 서울: 한국불교학회, 1989.

──, 「불교적 관점에서 본 자연」 『자연, 환경인가 주체인가』, 서울: 동국대학교 불교문화연구원, 2004.

──, 「불교업설에서의 동기론과 결과론」 『불교학보』 29, 서울: 동국대학교 불교문화연구원, 1992.

──, 「원시불교의 사회·경제 사상」, 동국대학교 불교학과 학위논문, 1993.

박광서, 「지구환경의 현실과 과제」 『석림』 제31집, 서울: 동국대학교 석림회, 1997.

박병기, 「새로운 환경윤리의 정립을 위한 불교적 접근 : 용수의 『중론』에 대한 환경윤리적 해석을 중심으로」, 『가산학보』 제8호, 서울: 가산불교문화연구원, 2000.

박용철, 「해양생태계와 오염」 『환경의 이해/시민환경연구소편』, 서울: 환경운동연합 출판부, 1993.

박인국, 「생명 복제의 정의와 현황」 『불교의 시각에서 본 생명복제』, 서울: 동국대학교 불교문화연구원, 1997.

백선영, 「불교와 환경교육」 『공해 없는 세상』 제5호, 서울: 공해추방운동불교인모임, 1995.

법 륜, 「불교사상에서의 생명문제와 세계관」 『불교의 시각에서 본 생명복제』, 서울: 동국대학교 불교문화연구원, 1997.

서윤길, 「밀교의 교학적 위상과 그 특성」 『한국불교학』 제20집, 서울: 한국불교학회, 1995.

──, 「현대의 경제생활에 대한 불교의 윤리적 견해」『불교와 현대세계』, 동국대학교 개교 70주년기념 세계불교 학술회의, 1976.

──, 「평화와 협조의 원리로서의 불교」『동국사상』제7집, 서울: 동국대학교 불교대학, 1976.

서재영, 「선의 생태철학 연구」, 동국대학교 선학과 박사학위 논문, 2004.

소기석, 「현대환경윤리의 종교학적 고찰」, 서울대학교 종교학과 박사 학위 논문, 2004.

안옥선, 「현대사회와 생명의 일반문제에 대한 이해」『불교와 문화』5·6호, 서울: 대한불교진흥원, 2003.

──, 「업설에 나타난 불교생명관의 한 특징: 인간과 동물의 평등」『철학연구』제9집, 서울: 철학연구회, 2004.

양형진, 「불교에서는 생명을 어떻게 보는가」『불교와 문화』5·6호, 서울: 대한불교진흥원, 2003.

연세의대 비뇨의과학 연구소(이무상 외 13명), 「한국 남성의 정자수와 비뇨기계질환관련 연구(V)」『내분비계장애물질연구보고서 Vol 5, 2003』.

유정길, 「불교와 환경·생태문제: 생태위기를 바라보는 제반 논의와 불교적 진단」『승가』제10집, 서울: 중앙승가대, 1993.

윤영해, 「기독교와 불교의 인간관과 자연의 관계」『자연, 환경인가 주체인가』, 서울: 불교문화연구원, 2003.

윤용택, 「불교적 관점에서 본 유전공학」『석림』제31집, 동국대학교석림회, 1997.

윤원철, 「현대 한국불교의 사회적 역할」『회당학보』6집, 서울: 회당학회, 2000.

윤호진, 「환경문제의 불교적 조명」『21세기 문명과 불교』, 서울: 동국대학교출판부, 1996.

신성현, 「不食肉戒一考」『불교학보』제32집, 서울: 동국대학교 불교문화연구원, 1998.

이재수, 「초목성불론의 생태학적 함의」『종교연구』제33집, 서울: 한국종교학회, 2003.

이법산, 「불교에 있어서 환경과 생명윤리」『생명과 환경윤리』, 제8회 한·일 학술교류회의-동국대·大正大, 1995.

이병훈, 「생물다양성의 위기와 전망」『자연보존』제78호, 서울: 자연보존협회, 1992.

이수창, 「인간과 환경과의 관계」『불교문화 연구』제14집, 서울: 동국대학교 불교문

　　　화연구원, 2003.

이정배,「그리스도교」『경전으로 본 세계 종교』, 서울: 전통문화연구회, 2001.

이정호,「포스트 모더니즘과 동양사상」『외국문학』제25호, 서울: 열음사, 1990.

이종철,「불교의 시간관」『사회평론』통권 제21호, 서울: 사회평론사, 1999.

이중표,「불교의 생명관」『불교의 시각에서 본 생명복제』, 서울: 동국대학교 불교문
　　　화연구원, 1997.

─────,「불교의 자연관」『한국종교학회 춘계학술대회 자료집』, 서울: 한국종교학회,
　　　2000.

─────,「불교의 인간관」『범한철학』제18집, 서울: 범한철학회, 1998.

─────,「불교에서 보는 자연」『불교학 연구』제2호, 서울: 불교학연구회, 1999.

이진우,「기술 시대의 환경윤리」『인간과 자연』, 서울: 서광사, 1995.

이창복,「환경의 위기」『환경의 이해/시민환경연구소편』, 서울: 환경운동연합출판부,
　　　1993.

이철헌,「초기불교의생태관」『불교문화연구』제14집, 서울: 동국대학교 불교문화연
　　　구원, 2003.

임성빈,「정신과학이야기」『경기고58회 졸업 40주년 기념문집』(경기고58회 졸업생,
　　　2003).

장회익,「자연, 환경인가 주체인가 – 현대 과학의 입장에서 보는 관점-」『자연, 환경
　　　인가 주체인가』, 서울: 동국대학교 불교문화 연구원, 2003.

전재성,「불교사상과 환경문제」『동양사상과 환경문제 / 한국불교환경교육원 편』, 서
　　　울: 모색, 1997.

정병조,「불교 윤리와 생명 복제」『불교의 시각에서 본 생명복제』, 서울: 동국대학교
　　　불교문화연구원, 1997.

정승석,「업설의 양면성과 불교 업설의 의의」『가산학보』, 서울: 가산 불교문화연구
　　　원, 1994.

조수동,「불교생명사상에 관한 한 고찰」『철학논총』제18집, 서울: 새한철학회, 1999.

조용길,「초기불교의 업설에 관한 연구」, 동국대 불교학과 박사논문, 1987.

─────,「불교의 환경관과 말법사상에 대한 고찰」『한국불교학』제17집, 서울: 한국
　　　불교학회, 1992.

─────,「업사상의 현대적 고찰」『한국불교학』제33집, 서울: 한국불교학회, 2003.

최광용·권원태,「20세기 우리나라 자연 계절 전이와 생활 기온지수의 변화」『지리

교육논집』 45, 서울대학교, 2001.

최봉수, 「업과 윤회란 무엇인가」『불교와 문화』 통권 37호, 서울: 대한불교진흥원, 2000.

─────, 「우주 및 역사 전개의 動因으로서의 업의 이해」『백련불교논집』1, 합천: 해인사 백련불교문화재단, 1991.

최인숙, 「서양 철학에서 본 자연」『자연, 환경인가 주체인가』, 서울: 동국대학교 불교문화연구원, 2003.

최재천, 「다윈, 불교에 귀의하다.」『자연, 환경인가 주체인가』, 서울: 동국대학교 불교문화연구원, 2003.

최종석, 「환경보살이 되고 환경보살이 가는길」『21세기 환경문화와 종교 세미나자료집』, 서울: 서강대학교 생명문화연구원, 2000.

최현각, 「불교와 자연」『21세기 문명과 불교』, 서울: 동국대학교출판부, 1996.

─────, 「불교와 자연」『화두와 실천』 제3호, 경기도: 실천불교승가회, 1996.

한국식품개발연구원, 「음식물쓰레기로 버려지는 식량자원의 경제적 가치산정에 관한 연구용역결과」, 연구기간 2001. 8. 26~ 2001. 12. 21.

한자경, 「칸트에서의 자연과 인간」『인간과 자연』, 서울: 서광사, 1995.

허우성, 「불교의 욕망론」『욕망론』, 서울: 경서원, 1995.

홍광표, 「국토개발과 사찰환경의 파괴」『화두와 실천』 제3호, 서울: 실천불교전국승가회, 1996.

황태연, 「경제성장과 환경위기」『생명과 환경윤리』, 제8회 한·일학술교류회의-동국대·大正大, 1995.

5.번역서 및 국외문헌

가토우 히사타케, 한귀현 역, 『환경윤리』, 서울: 동남기획, 2001.

干潟龍祥, 「業の 社會性-共業-について」『日本學士院紀要』 第33卷 第1号.

岡田行弘, 「環境問題に 對する 佛敎思想の 有效性」『佛敎と環境』, 立正大學佛敎學部開設50周年記念論文集, 東京:丸善株式會社, 2000.

글로벌 비즈니스 네트워크 회원, 이주현 역, What's Next 2015, 서울: 도서출판 청년정신, 2005.

箕輪伊織, 「佛敎と 環境問題」『佛敎と環境』, 立正大學佛敎學部開設 50周年記念論

文集, 東京: 丸善株式會社, 2000.

나라 야스야키, 석오진 역, 『불교와 인간』, 서울: 경서원. 1996.

닐스 엘드리지, 김동광 역, 『오카방고: 흔들리는 생명』, 서울: 세종서적, 2002.

달라이라마, 공경희 역, 『마음을 비우면 세상이 보인다』, 서울: 문이당, 2000.

데미언 키온, 허남결 역, 『불교와 생명윤리학』, 서울: 불교시대사, 1995.

──, 배상환 역, 「불교생태학의 덕 윤리적 접근」 『불교평론』 통권 23호, 서울: 불교시대사, 2005.

데자르뎅, J.R., 김명식 역, 『환경윤리』, 서울: 자작나무, 1999.

도날드 휴즈, 표정훈 옮김, 『고대문명의 환경사』, 서울: 사이언스북스, 1998.

램버트 슈미트하우젠, 「불교적 전통에서 본 자연의 가치」 『가산학보』 제8호, 서울: 가산불교문화연구원, 1999.

러브록, J., 홍욱희 역, 『가이아의 시대』, 서울: 범양출판사, 1992.

望月海慧, 「佛教思想は 環境問題に 效果的作用をもたらすのか」 『佛 教と環境』, 立正大學佛教學部開設 50周年記念論文集,

東京: 丸善株式會社, 2000.

매켄지, F.T., 김예동 역, 『환경변화와 인간의 미래: 지구시스템과학입문서』, 서울: 동아일보사, 1997.

머레이 북친, 문순홍 역, 『사회생태론의 철학』, 서울: 솔출판사, 1997.

메도우즈, D. H. 등 저, 김승한 역, 『인류의 위기: 로마클럽 레포트』, 서울: 삼성문화문고, 1972.

木村泰賢, 박경준 역, 『원시불교사상론』, 서울: 경서원, 1992.

사사키 겐준, 김효경·김길상 역, 『업이란 무엇인가』, 서울: 도서출판 홍법원, 1994.

水野弘元, 「業說について」 『印度學佛教學研究』 2卷2號, 通卷4號, 東京: 日本印度學佛教學會, 1954.

水野弘元, 「業について」 『日本佛教學會年譜』 vol 25, 京都: 日本佛教學會, 1959.

水野弘元, 동봉 역, 『원시불교』, 서울: 진영사, 1988.

알도 레오폴드 著; 송명규 옮김, 『모래군(郡)의 열두 달: 그리고 이곳 저곳의 스케치』, 서울: 따님, 2000.

앨런 테인 더닝, 구자건 역, 『소비사회의 극복 』, 서울: 도서출판 따님, 1994.

에드워드 골드스미스, 「기후변화 아래서 세계를 어떻게 먹여 살릴 것인가?」 『녹색평론』 79, 대구: 녹색평론사, 2004.

에드워드 윌슨, 황현숙 역, 『생명의 다양성』, 서울: 까치, 1995.

요시다 타로, 안철환 역, 『생태도시 아바나의 탄생』, 서울: 도서출판 들녘, 2004.

雲井昭善, 「共業について--共業の社會性--」 『天台學報』 45號, 東京: 天台 學會, 2003.

월드워치연구소, 오수길 등 역, 『지구환경보고서 2004』, 서울: 도서출판 도요새, 2004.

─────, 『지구환경보고서 2001』, 서울: 도서출판 도요새, 2001.

유진 오덤, 이도원·박은진 역, 『생태학』, 서울: 사이언스 북스, 2003.

이노우에 마사요시/강석태(카오스와 복잡계의 과학), 도서출판 한승, 2002.

이마미치 도모노부, 정명환 역, 『에코에티카: 기술사회의 새로운 윤리학』, 서울: 솔출판사, 1996.

이안 해리스, 박병기 역, 「환경주의로서의 불교전통: 남방불교와 동남아불교의 풍부한 요소」 『가산학보』 제8호, 서울: 가산불교문화연구원, 1999.

거노트 와그너, 홍선영 역, 『누가 마지막 나무를 쓰러뜨렸나』, 푸른 숲, 2014.

立華俊道, 석도수·홍환기 역, 『考證佛陀傳』, 서울: 시인사, 1982.

제레미 리프킨, 「쇠고기를 넘어서」 『녹색평론』 5호, 대구: 녹색평론사, 1992.

조애너 메이시, 이중표 역, 『불교와 일반시스템 이론』, 서울: 불교시대사, 2004.

칼루파하나, 조용길 역, 『원시근본불교철학의 현대적 이해』, 서울: 불광출판부, 1993.

틱낫한, 서보경 역, 『이른 아침 나를 기억하라』, 서울: 지혜의 나무, 2000.

펠릭스 가타리, 윤수종 옮김, 『세 가지 생태학』, 서울: 동문선, 1989.

프란츠 알트, 박진희 역, 『생태적 경제기적』, 서울: 양문, 2004.

피터 싱어 지음, 황경식·김성동 역, 『실천윤리학』, 서울: 철학과 현실사, 1991.

하워드 오덤, 박석순 역, 『시스템 생태학 II』, 서울: 아르케, 2000.

헬레나 노르베리-호지, 김종철·김태언 역, 『오래된 미래』, 대구: 녹색평론사, 1996.

히라카와 아키라, 이호근 역, 『인도불교의 역사』 상, 서울: 민족사, 1989.

Edited by Allan Hunt Badiner, *Dharma Gaia: A Harvest of Essays in Buddhism and Ecology,* Parallax Berkeley, California, 1990.

Allen, Gerge & Unwin LTD, *Buddhist Ethics: Essence of Buddhist,* Pali Text Society, London, 1995.

Edited by Batchelor, Martine and Brown, Kerry. *Buddhism and Ecology,* Motial Banarsidass Publishers Private Limited, Delhi, 1994.

Bragt, Jan Van. 「인간과 자연환경」『현대와 종교』 10, 대구: 현대종교문제연구소, 1987.

Cantwell, Cathy., 「티베트 문화와 생태윤리: 최근논의 요점」『가산학보』 제 8호, 서울: 가산불교문화연구원, 1999.

Capra, Fritjof, 김용정·김동광 역, 『생명의 그물』, 서울; 범양출판사, 1998.

Chatterjee S. C.·Datta D. M., 김형준 역, 『학파로 보는 인도사』 상, 서울: 예문서원, 1999.

Conze, Edward. *The Buddha 's Law Among the Birds*, Motilal Banarsidass Publishers Private Limited, Delhi, 2002.

Dharmacarya Council of Plum Village Practice Center, Revised *Pratimoksha,. Recitation Ceremony of the Bhikshu Precepts* Plum Village Press, 2003.

Dodson, Stanley I. etc., 노태호 외 역, 『인간과 자연, 생태학』, 서울: 아카데미서적, 2002.

Edited by Drengson, Alan&Inoue, Yuichi. *The Deep Ecology Movement*, North Atlantic Books, Berkeley, California, 1995.

Durning, A. T., 구자건 역, 『소비사회의 극복』, 서울: 도서출판 따님, 1994.

Fromm, Erich. *The Revolution of Hope*, New York: Harper & Row, 1968.

Hemannanda, Madawala. *Nature & Buddhism*, Global Graphics & Printing (Pvt) Ltd., Dehiwala, 2002.

Kahn, J. R. *The economic approach to environmental and natural resources*, Second edition, University of Tennessee at Knoxville Oak Ridge National Laboratory, 1998.

Kalupahana, David J. "Early Buddhism and the Environment,"『21세기 문명과 불교』, 서울: 동국대학교출판부, 1996.

Keowon, Damien., 허남결 역, 『불교와 생명윤리학』, 서울: 불교시대사, 2000.

Lu Feng, "The Crisis of Faith and the Ecological Crisis,"『지구촌 시대의 한국문화와 불교』 교불련논집 11호, 서울: 도서출판 푸른세상, 2005.

Mitchell, Donald W. *Buddhism*, Oxford University Press, 2002.

Molles, Manuel C. Jr, *Ecology*, second edition, McGraw-Hill, New York, 2002.

Jaini, Padmanabh S. *"Karma and Environment in Buddhism,"*『佛と環境』, 立正大學佛教學部開設50周年記念論文集, 丸善株式會社, 2000.

Kaza, Stephanie. "TO save all beings : Buddhist environmental activism," *Engaged Buddhism in the West*, Edited by Christopher S. Queen, Wisdom Publications, Boston, 2000.

Monier-williams, sir monier, 『Sanskrit-english dictionary/Sir monier-williams』(Japan: Oxford at the clarendon press, 1899).

Prime, Ranchor. *Hinduism and Ecology: Seeds of truth*, Motilal Banarsidass Publishers Private Limited, Delhi, 1996.

Rahhula, Walpola. *What the Buddha taught*, The Gordon Fraser Gallery Ltd., London and Bedford, 1990.

Ratanasara, Ven. Pallegama. The *Buddhist Concept of The Environment and Individual*, Buddhist Maha Vihara, 123, Jalan Berhala, 50470, Kuala Lumpur, 2001.

Schwarz, Hans. "Nature and Buddhism," 『21세기 문명과 불교』, 서울: 동국대학교 출판부, 1996.

Science, vol 306, 17 December, 2004.

Silva, Lily de. *Essays on Buddhism Culture and Ecology for Peace and Survival*, Buddhist Cultural Centre, 2001.

Silva, Padmasiri de. *Environmental Philosophy and Ethics in Buddhism*, Macmillan Press Ltd, London, 1998.

Edited by Tucker, Mary Evelyn and Williams, Duncan Ryuken. *Buddhism and Ecology: The Interconnection of Dharma and Deeds*, Harvard University Press, 1997.

Thomas, Chris D. et al, "Extiction risk from climate change," *Nature*, vol 427, 8 January, 2004. White, Lynn. Jr, 이유선 역, 「생태계 위기의 역사적 기원」 『과학 사상』 창간호, 서울: 범양사, 1992.

Wimalaratana, *Bellanwila. Buddhism Society and Environment*, Printpal Graphic System, Colombo, 1989.

색 인

남궁선

연세대학교 의과대학을 졸업하였으며, 정형외과 전문의이다.
동국대학교 대학원 불교학과에서 2006년에 「불교 업사상의 생태철학적
연구」로 박사학위를 취득했으며 불교에 대한 다수의 논문을 발표하였다.
저서로는 『붓다를 애먹인 사람들』과 『템플스테이 길라잡이』가 있다.
현재 불교환경연대 회원이며, 요양병원에 근무 중이다.

불교로 바라본 생태철학

초판 1쇄 인쇄 | 2017년 6월 1일
초판 1쇄 발행 | 2017년 6월 5일

지은이 | 남궁선

펴낸이 | 윤재승
펴낸곳 | 민족사

주간 | 사기순
기획편집팀 | 사기순, 최윤영
영업관리팀 | 김세정

등록 | 1980년 5월 9일 제1-149호
서울 종로구 삼봉로 81 두산위브파빌리온 1131호
02)732-2403, 2404 팩스 | 02)739-7565
지 | www.minjoksa.org
www.facebook.com/minjoksa
minjoksabook@naver.com

2017

9-98742-84-3 93220
0-7009-057-3 (세트)

남궁선

연세대학교 의과대학을 졸업하였으며, 정형외과 전문의이다.
동국대학교 대학원 불교학과에서 2006년에 「불교 업사상의 생태철학적
연구」로 박사학위를 취득했으며 불교에 대한 다수의 논문을 발표하였다.
저서로는 『붓다를 애먹인 사람들』과 『템플스테이 길라잡이』가 있다.
현재 불교환경연대 회원이며, 요양병원에 근무 중이다.

불교로 바라본 생태철학

초판 1쇄 인쇄 | 2017년 6월 1일
초판 1쇄 발행 | 2017년 6월 5일

지은이 | 남궁선

펴낸이 | 윤재승
펴낸곳 | 민족사

주간 | 사기순
기획편집팀 | 사기순, 최윤영
영업관리팀 | 김세정

출판등록 | 1980년 5월 9일 제1-149호
주소 | 서울 종로구 삼봉로 81 두산위브파빌리온 1131호
전화 | 02)732-2403, 2404 팩스 | 02)739-7565
홈페이지 | www.minjoksa.org
페이스북 | www.facebook.com/minjoksa
이메일 | minjoksabook@naver.com

ⓒ남궁선, 2017

ISBN 978-89-98742-84-3 93220
ISBN 978-89-7009-057-3 (세트)